NEUKIRCHENER

Dem Himmel so nah – dem Pfarramt so fern

Erste evangelische Theologinnen im geistlichen Amt

Bearbeitet von
Heike Köhler
Dagmar Henze
Dagmar Herbrecht
Hannelore Erhart

Neukirchener

Umschlaggestaltung: Hartmut Namislow
Satz: Achim Manche
Schrift: Adobe Garamond
Gesamtherstellung: Breklumer Druckerei Manfred Siegel KG
Printed in Germany
ISBN 3-7887-1576-6

Die Deutsche Bibliothek – CIP-Einheitsaufnahme

Dem Himmel so nah – dem Pfarramt so fern: erste
evangelische Theologinnen im geistlichen Amt / bearb. von
Hannelore Erhart ... – Neukirchen-Vluyn: Neukirchener, 1996
ISBN 3-7887-1576-6
NE: Erhart, Hannelore [Bearb.]

Inhalt

Einleitung

»Alle Welt ist ohnmächtig geworden, was für ein verrücktes Frauenzimmer ich war.« Mit diesen Worten beschreibt Liesel Bruckner die Reaktionen auf ihren ungewöhnlichen Wunsch, Anfang dieses Jahrhunderts Theologie zu studieren. Liesel Bruckner gehört zu den Theologinnen der ersten Generation im geistlichen Amt, die in diesem Buch vorgestellt werden. Nach der systematischen Aufarbeitung der Geschichte der Theologinnen in dem Band »Darum wagt es, Schwestern ... Zur Geschichte evangelischer Theologinnen in Deutschland« (1994) soll der vorliegende Biographienband einen Einblick in die Vielschichtigkeit des Lebens und Wirkens der ersten evangelischen Theologinnen in Deutschland geben. Anhand von 27 Biographien, Fotographien und Dokumenten werden die Frauen, die über Jahrzehnte in der Kirchengeschichtsschreibung unberücksichtigt blieben, vorgestellt und ihre Bedeutung für die Arbeit der Frauen im Pfarramt und in der Kirche hervorgehoben.
Seit 1908/9 waren Frauen in allen deutschen Ländern zum Theologiestudium zugelassen. »Menschen zu helfen«, so Ilse Jonas, war eine starke Berufsmotivation der ersten Theologinnen. Wie Sophie Kunert wollten sie die »Verkündigung der Heilsbotschaft Gottes« mit einer »konkreten Umsetzung in die Praxis durch soziales Engagement« verbinden.
Da sich die Landeskirchen jedoch über lange Jahre weigerten, die examinierten und zum Teil promovierten Theologinnen in den pfarramtlichen Dienst zu übernehmen, mußten die ersten Theologinnen in andere Berufsfelder ausweichen. Sie arbeiteten bezahlt oder ehrenamtlich als (Berufsschul-)lehrerinnen, als Gefängnis-, Studentinnen- und Krankenhausseelsorgerinnen, als Katechetinnen, als Diakonissen, als Dozentinnen an der Universität, als Forscherinnen der Frauengeschichte, als Fürsorgerinnen und schließlich als Vikarinnen in der Gemeindearbeit mit Frauen und Kindern. Aufgrund dieser unbefriedigenden Situation war es für die meisten Theologinnen ein selbstverständliches Muß, sich zur Auseinandersetzung mit den Landeskirchen zu vernetzen. Die meisten Frauen organisierten sich im 1925 gegründeten »Verband evangelischer Theologinnen Deutschlands«. Der Verband hatte es sich zur Aufgabe gemacht, ein frauenspezifisches Pfarramt zu fordern, welches das »männliche« Pfarramt entlasten sollte. In den Verhandlungen mit den Landeskirchen nahm er eine vermittelnde Position ein. Mit diesem Vorgehen waren nicht alle Theologinnen einverstanden, und so spalteten sich 1930 einige Frauen vom Verband ab und gründeten die Vereinigung evangelischer Theologinnen, die weitergehend das volle Pfarramt für die Theologinnen forderte.
1927 wurde das Gesetz zur Vorbildung und Anstellung der Vikarinnen in der Kirche der Altpreußischen Union verabschiedet, welches richtungsweisend die Gesetzgebung anderer Landeskirchen beeinflußte. Das Gesetz sah vor, daß die Theologinnen anders als ihre männlichen Kollegen eingesegnet und nicht ordiniert wurden. Das hatte zur Folge, daß sie keine Sakramente verwalten durften, an das Zölibat gebunden und kirchlichen LaiInnen und Diakonissen gleichgestellt waren.
Während des Zweiten Weltkrieges wurde aus der Not heraus vieles möglich, was kirchenrechtlich und theologisch vorher nicht sein durfte: So wurden doch vereinzelt Theologinnen wie Ilse Härter und Hannelotte Reiffen, obwohl auch die Mehrheit Bekennenden Kirche dagegen war, von Kurt Scharf ordiniert. Auch andere Theologinnen wie z.B. Grete Gillet oder Cornelia Weyrauch wurden mit der Verwaltung einer Pfarrstelle beauftragt, die sie nach dem Krieg an die heimkehrenden Männer abgeben mußten.

Während bis 1933 der Kampf um das geistliche Amt für die Theologinnen im Vordergrund ihres Interesses stand, trat dieses Engagement vielfach durch die (kirchen-) politischen Spannungen in den Hintergrund. Ein großer Teil der Theologinnen war in der Bekennenden Kirche organisiert. Kritische Frauen wie Annemarie Rübens, Ina Gschlössl, Doris Faulhaber und Erica Küppers wurden in den ersten Jahren des Nationalsozialismus aus dem Schuldienst entlassen bzw. es wurde ihnen die Befugnis zur Erteilung von Religionsunterricht durch den nationalsozialistischen Staat entzogen, weil sie sich gegen seine Politik ausgesprochen hatten.
Einige Theologinnen engagierten sich für diskriminierte und verfolgte Menschen und riskierten dadurch, in Konflikt mit dem Staat zu geraten; so etwa: Hannelotte Reiffen, die zu einem kleinen Kreis der Bekennenden Kirche gehörte, der verfolgten Juden und Jüdinnen aktiven Beistand leistete, oder Katharina Staritz, die sich für ChristInnen jüdischer Herkunft einsetzte, und Klara Hunsche, die im Kontext des »Büro Pfarrer Grüber« die Familienschule mitaufgebaut hatte, in der sie christlichen Kindern jüdischer Herkunft evangelischen Religionsunterricht erteilte.
Auch in anderer Weise gerieten engagierte Theologinnen in Konflikte mit dem nationalsozialistischen Machtapparat. Elisabeth Grauer wurde verhaftet, weil sie der als illegal geltenden Prüfungskommission der Bekennenden Kirche angehörte. Katharina Staritz wurde verhaftet und ins Konzentrationslager gebracht, weil sie sich u.a. öffentlich für die Teilnahme von ChristInnen jüdischer Herkunft am Gottesdienst ausgesprochen hatte.
Aber auch unter den ersten Theologinnen selbst gab es Frauen wie Dore Schellenberg und Hilde Schneider, beide Theologin und Diakonisse zugleich, die nach den Rassegesetzen des nationalsozialistischen Staates als »nichtarisch« galten und somit direkt gefährdet waren. Hilde Schneider wurde ins Konzentrationslager deportiert.
Nach Kriegsende und Mauerbau wurden auch die Theologinnen in Ost und West gespalten. So gehörte Ingeborg Becker zu den wenigen ungewöhnlichen Menschen, die Anfang der fünfziger Jahre von West- nach Ostberlin umzogen. Dabei ließ sie sich von der Überzeugung leiten: »Das Evangelium kann ich nur verkünden, wo ich Menschen auch nahe bin.«
Aus den Erfahrungen des Krieges lernend, haben sich Theologinnen wie Erica Küppers und Elisabeth Grauer aktiv der Friedensbewegung angeschlossen.
Neben den mehr in der praktischen Arbeit engagierten Frauen gab es unter den ersten Theologinnen Frauen, wie die Kirchengeschichtlerin Hanna Jursch, die sich der theologischen Wissenschaft verschrieben hatten. Hierzu gehörte auch die Alttestamentlerin Marie Louise Henry, eine der ersten Theologieprofessorinnen Deutschlands, und auch Maria Heinsius, die beharrlich ihrem Ziel nachging, anhand der Lebensbilder der »theologischen Ahnfrauen« deutlich zu machen, daß das Amt der Theologin »sich im Lauf der Geschichte unter den von ihr gegebenen Möglichkeiten entfaltet und daß es schon in sehr früher Zeit eine bedeutsame kirchliche Frauenarbeit auf der Grundlage einer vollwertigen theologischen Ausbildung gegeben hat.«
Es war den Frauen jedoch nicht nur daran gelegen, theologisches Wissen zu erforschen, sondern auch die Bibel auf verständliche Weise den Gemeinden nahezubringen. So bemühte sich z.B. Maria Weigle um die Weitergabe ihres theologischen Wissens an die Frauen in den Gemeinden. Sie entwickelte eine spezielle Methode der Bibelarbeit, mit dem Erfolg, daß Frauen zum selbständigen Bibellesen befähigt wurden und so zu der Erkenntnis kamen: »Das ist ja für uns geschrieben!« Marianne Timm widmete sich in vielen Veröffentlichungen dem Religionsunterricht und der Aus- und Fortbildung von LehrerInnen.
Angesprochen durch die Themen der bürgerlichen Frauenbewegung versuchten Theologinnen wie Meta Eyl, an der Spitze der evangelischen Frauenarbeit stehend, diese im Kontext von Kirche zu verwirklichen. Dabei mußten sie so oft wie Sophie Kunert feststellen: »Es ist schon lange

eine der schmerzlichsten Frauenerfahrungen für die, die ihre Kirche liebgewonnen haben, daß auf die brennenden Menschheitsfragen, wie sie sich in der Frauenbewegung verkörpern und darstellen, seitens der Kirche ... kaum eingegangen wird«.
Da von den ersten Theologinnen, die ein Amt in Kirche oder Schule bekleideten, eine zölibatäre Lebensweise gefordert wurde, schieden die verheirateten Theologinnen, so Maria Heinsius und Katharina Müller-Krüger, automatisch aus dem Dienst aus. Andere, wie Elisabeth Grauer, schlossen Lebensgemeinschaft mit Freundinnen oder waren wie Meta Eyl und Cornelia Weyrauch jahrelang für die Versorgung ihrer Eltern und Geschwister zuständig. Annemarie Rübens erfüllte sich ihren Kinderwunsch gegen alle Konventionen ohne die Ehe. Von Klara Hunsche wird berichtet, daß sie immer nur »mit ihrem Beruf verheiratet war«.
Auffällig ist das trotz der zahlreichen Schwierigkeiten und Entbehrungen fast durchweg hohe Alter der Theologinnen. Dieses resultiert nicht zuletzt daraus, daß die meisten, wie Ilse Hartmann, »trotz aller Schwierigkeiten gerne an ihre Zeit im Dienst zurückdenken, den sie als Auftrag Jesu Christi gesehen« haben und weil sie ihre Arbeit wie Maria Weller »über alles liebten«. Auch wenn manche an der Institution Kirche verzweifelten und wie Claudia Bader nur noch ironisch über die mühsam abgerungenen Zugeständnisse für die ersten Theologinnen als »die ›Gremiums-Brosamen‹, die von der ›Herren-Tisch‹ uns zufielen«, sprechen konnten, waren sie jedoch im Vertrauen und im Bewußtsein eines von Gott gefügten Weges »dem Himmel so nah«. Bis auf wenige Ausnahmen, wie die in diesem Band vorgestellten Theologinnen Claudia Bader, Liesel Bruckner, Elisabeth Grauer und Hannelotte Reiffen, blieben jedoch die ersten Theologinnen im geistlichen Amt »dem Pfarramt so fern«.
»Dem Himmel so nah – dem Pfarramt so fern« stellt 27 evangelische Theologinnen im geistlichen Amt vor. An dieser Stelle möchten wir um Verständnis dafür bitten, daß manche bekannte und wichtige Theologin aus Platzgründen leider nicht berücksichtigt werden konnte, da wir schweren Herzens eine Auswahl unter den ersten Theologinnen treffen mußten. Die getroffene Auswahl, dies sei ausdrücklich betont, ist zufällig und entspricht keiner von uns vorgenommenen Gewichtung. Vielmehr haben wir uns zum einen an die uns bekannten Theologinnen gehalten, und zum anderen war bei der Auswahl die Suche nach solchen AutorInnen ausschlaggebend, die sich vorstellen konnten, eine Biographie zu übernehmen, und denen entsprechendes Material aus Archiven und von Privatpersonen zur Verfügung stand.
Schließlich gilt unser Dank den 22 Autorinnen und Autoren der Beiträge für ihre kooperative Mitarbeit. Das Erscheinen dieses Buches ist durch großzügige Spenden ermöglicht worden. Dafür danken wir herzlich der Evangelischen Landeskirche in Baden, der Evangelisch-lutherischen Kirche in Bayern, der Evangelischen Kirche in Berlin-Brandenburg, der Evangelisch-lutherischen Landeskirche Hannovers, der Evangelischen Kirche in Hessen und Nassau, der Nordelbischen Evangelisch-lutherischen Kirche, der Evangelischen Kirche der Union und der Evangelischen Kirche im Rheinland. Ebenfalls gilt unser herzlicher Dank dem Konvent Evangelischer Theologinnen in der Bundesrepublik Deutschland, die zum einen unsere Arbeit finanziell unterstützt haben und zum anderen das Konventsarchiv (AKET) zur Verfügung gestellt haben. Desweiteren wäre diese Veröffentlichung nicht möglich gewesen ohne die zahlreiche Unterstützung von Archiven und Privatpersonen, die Fotos und Dokumente zur Verfügung gestellt haben.

Göttingen, Kassel und Peine im Juni 1996

Hannelore Erhart, Dagmar Henze, Dagmar Herbrecht und Heike Köhler

Claudia Bader
1900 – 1974

Claudia Bader

»Es war des schmerzvollen Kampfes genug!
– neben tiefer Freude in der ›Gemeinde‹ .«
(1966)

Einen lebenslangen »Kampf gegen die Kirche für die Kirche« habe er gekämpft, schreibt Claudia Bader über den Pfarrer und Freund Hermann Schafft. Und mit eben diesem »Kampf« kann, ja muß auch ihr Leben beschrieben werden. Leidenschaftlich hat sich Claudia Bader im Denken, Reden und Handeln für Menschen (auch für außerhalb der Kirche lebende!) eingesetzt und sich dabei oft aufgeopfert. Ebenso leidenschaftlich hat sie sich mit den ihr eigenen intellektuellen Gaben gegen Unwahrhaftigkeit in der Kirche gewehrt, vor allem auch gegen die Unterschätzung und ungerechte Behandlung der Theologinnen. Dabei war sie selbstkritisch auf der Hut, ja nicht ein »falsches Ärgernis« an der Institution Kirche zu nehmen, so schwer das für sie auch manchmal war. Daß sie zeitlebens in diesen Konflikten stand, hat sicher etwas mit ihrer Biographie und ihrem beruflichen Werdegang zu tun:
Am 12. November 1900 in Codacal/Malabar (Ostindien) als viertes Kind eines deutschen Pfarrers geboren, kommt sie 7-jährig nach Basel. Über die Stationen Heidelberg und Frankfurt zieht die Familie 1912 nach Marburg, wo der Vater die Leitung des Fürsorgeheims »Elisabethenhof« innehat und sie das Lyzeum besucht. 1917 erfolgt ein Wechsel an das Oberlyceum der Evangelischen Brüderunität zu Gnadau bei Magdeburg, an dem sie 1920 die Reifeprüfung ablegt und nach einem praktischen Seminarjahr die Lehrbefähigung für Lyzeen, Mittel- und Volksschulen erhält. Sie übernimmt sogleich Unterricht und Internatsdienst als Erzieherin am dortigen Lyzeum.
1922 hat sie das Glück, ihr erstes Studiensemester (Theologie, Philosophie, Pädagogik) in Genf verbringen zu können. Sie nimmt an den Arbeitsgemeinschaften der Association Chrétienne des Étudiants teil und schreibt rückblickend 1946 in ihrem Lebenslauf: Die »vielseitige geistige Auseinandersetzung mit außerdeutschem Geistesleben« war »ein Reichtum, von dem ich lebenslänglich zehre«. Sie kommt mit sozialistischen und kommunistischen Kreisen der Jugendbewegung zusammen, und ihr Wunsch, sich mit den philosophischen, soziologischen und pädagogischen Problemen *theologisch* auseinanderzusetzen, wird immer dringender.
1925 kehrt sie – nach Jahren der Lehrtätigkeit in Gnadau – nach Marburg zurück, kann sich aber wegen des Widerstandes der Familie, die im Theologiestudium keine Zukunftssicherung sehen kann, zunächst nicht in der Theologischen Fakultät einschreiben, sondern wird zum Philologie-Studium (Religion und Deutsch) genötigt. Erst 1929 kann sie in die Theologische Fakultät überwechseln und im Sommer 1932 das Erste Theologische Examen (Fakultätsexamen) ablegen. Warum war sie an der Marburger Universität geblieben? Weil, wie sie sagt, »in Marburg in jenen Jahren die für die Zukunft unsrer evangelisch-protestantischen Kirche entscheidenden theologischen Fragen aufgeworfen und um ihre Antwort gerungen wird in echter Verantwortung vor dem ›Geiste der Wahrheit, der in alle Wahrheit führt‹«. Es folgt – von Januar 1933 an – ein Lehrvikariat im Fürsorgeheim »Elisabethenhof«, in dem sie Gottesdienst, Andachten und

Bibelstunden hält und daneben als Erzieherin tätig ist. Sie bleibt bis 1938 im Heim, übernimmt zusätzlich Konfirmanden-, Berufsschul- und Hilfsschulunterricht und vor allem die Seelsorge für die ihr Anvertrauten. Daneben hat das Landeskirchenamt sie noch zur Mitarbeit als Seelsorgerin auf den Frauenstationen der Marburger Universitätskliniken (einschließlich Nervenklinik und Landesheilanstalt) eingesetzt. Nachdem sie 1934 das Zweite Theologische Examen bestanden hat, wird ihr die Sakramentsverwaltung für alle Frauenstationen der Universitätskliniken übertragen. Das ist, da sie ja nicht ordiniert ist, ganz und gar keine Selbstverständlichkeit.

Klinikseelsorge und »Elisabethenhof«: eine Doppelbelastung, die vermutlich mit dazu führt, daß sie wieder ein Studium (zum Lic. theol.) anstrebt. Sie schreibt an Prof. Martin Rade am 17. Juni 1937: »Ich kann *nicht nur* ›praktisch‹ existieren«. Dieser Wunsch erfüllt sich nicht. Sie bleibt Klinikseelsorgerin – bis zum NS-Verbot kirchlicher Klinikarbeit. Und so hat sie diese Tätigkeit gesehen: »Als Klinikspfarrer ist man nie in einer Gemeinde verwurzelt, weil die Krankengemeinde eine völlig fluktuierende, d.h. sonntäglich wechselnde, Gemeinde ist. Kein Gemeindepfarrer ahnt, was es heißt: 8½ Jahre Sonntag für Sonntag 3-4 Mal *nur Kranken* zu predigen und immer wieder auf der Hut zu sein vor sich selbst, daß man nicht aus Übermüdung falschen menschlichen Trost anstelle des wirklichen ›Trostamtes‹ der Verkündigung setzt. Aber gerade in diesem konkreten praktischen Umgang mit kranken Menschen ist mir erst die letzte theologische Tiefe dessen aufgegangen, was es im N.T. mit der ›Krankheit‹ für eine Bewandtnis hat, und ich bin dankbar für die sehr weitreichenden seelsorgerlichen Erfahrungen und psychotherapeutischen Erkenntnisse, die mir die besondere Zusammenarbeit mit aufgeschlossenen Ärzten und Kranken der Nervenklinik und der Landesheilanstalt Kappel gebracht hat. Daß wir Theologen gerade in dieser Arbeit ganz von selbst klein und bescheiden werden in unserm ›Wissen‹ und im Blick auf das Unvermögen unsrer menschlichen ›Seelsorge‹ und mit den wirklich bescheiden gewordenen Psychotherapeuten eins sind in dem Wissen, daß wir erst tastende Versuche machen können auf *dem* Gebiet und immer wieder vor dem ›Geheimnis‹ Gottes und des Menschen stehen, diese Erkenntnis verdanke ich den menschlich und sachlich sehr anstrengenden, aber darum reichen Jahren meiner Kliniksarbeit.«

Wie sehr die Kirche damals die Theologinnen bis zur Erschöpfung ausgenutzt hat, mag auch am Beispiel dessen, was Claudia Bader in der Zeit zwischen 1941 und 1945 zu bewältigen hat, deutlich werden:

Kriegsvertretungen für eingezogene Pfarrer aus dem Marburger Land (»keinerlei Widerstand aus den Bauerngemeinden«), Katechumenen- und Konfirmandenunterricht für zwei Stadtpfarrer, Erteilung des »freiwilligen Religionsunterrichts« für Oberstufenschülerinnen, Leitung einer theologischen Arbeitsgemeinschaft für Studentinnen (die ihr große Freude macht, ihr wohl auch ganz besonders liegt), und 1945 kommt noch die Leitung des weiblichen Jugendpfarramtes in Marburg dazu. Claudia Bader ist eine rasche und großzügige Arbeiterin, aber sie klagt doch oft über unendliche Müdigkeit. Dennoch engagiert sie sich weiterhin über ihr kräfteverzehrendes Arbeitsgebiet hinaus: 1947 wird sie in Frankfurt in den siebenköpfigen Vorstand der »Arbeitsgemeinschaft für Christentum und Sozialismus« gewählt, dessen Mitglieder sich verpflichtet fühlen, »innerhalb der sozialistischen Bewegung die Kräfte des Christentums für sie wirksam zu machen«.

Ihr sicherlich intensivster Einsatz gilt jedoch der rechtlichen Gleichstellung der theologisch ausgebildeten Frauen mit ihren männlichen Kollegen. Claudia Bader schickt 1945 als Landesgruppenleiterin des Verbandes evangelischer Theologinnen Deutschlands »Thesen zur Frage der Pfarramtskandidatin und ihres Amtes« an den Bischof der Evangelischen Landeskirche von Kurhessen-Waldeck. In diesem Papier wird vom weiblichen Pfarramt als von einem »Amt eigener Art« gesprochen, das »dem bestehenden männlichen Pfarramt verwandt« ist, aber »durch seinen Auftrag eine besondere Ausprägung des kirchlichen Frauenamtes, das viele verschiedene Formen und Möglichkeiten kennt«, darstellt. Was sagen diese Thesen aus? Ist Claudia Bader von ihrer früheren Forderung, Gleichstellung in allen Punkten, zurückgewichen? Oder will sie – wie heute die neue Frauenbewegung – eine andere Art von Leben, eine andere Kultur, andere menschliche Beziehungen, kurz: eine Welt, die anders strukturiert ist? Diese Fragen müssen wohl offen bleiben. Immerhin besteht Claudia Bader in dem Thesenpapier auf Kernpunkten wie: Ordination der Vikarin, die »klare kirchenrechtliche Folgen« haben müsse, Neuregelung der »bisher rein individuell gehaltenen, weithin willkürlich gehandhabten Gehaltslage«, inhaltliche Änderung des Titels »Vikarin«, »würdige Gewandung für den liturgischen Dienst« und wünscht, daß die Vikarin »als ›Kirchenbeamtin‹ in die kirchliche Ordnung eingefügt werden könnte«. Die Realität sieht jedoch zu dieser Zeit und noch für länger ganz anders aus. In kirchenbehördlichem Schriftwechsel heißt es 1949: »Fräulein Bader hat einen Auftrag für Marburg und erhält das Hilfspredigergehalt aus der Landeskirchenkasse.«

Dennoch: am 21. Dezember 1952 wird Claudia Bader in der Universitätskirche Marburg durch Bischof D. Wüstemann ordiniert. Anfang Oktober 1953 wird endlich eine Vikarinnenstelle für den Sprengel Marburg eingerichtet, und diese wird Claudia Bader zum 1. Dezember 1953 offiziell »verliehen«. Beide Ereignisse sind für sie persönlich ein Schritt nach vorn zu mehr innerer und äußerer Sicherheit. Es hat sich allerdings weder am Titel noch in der Gehaltsfrage dadurch etwas geändert. Die intensiven Bemühungen um die rechtliche Gleichstellung der Theologin müssen also weitergehen, und sie gehen weiter auf Konvents- und Ausschußsitzungen, durch Vorlage von Anträgen und Gesetzesentwürfen. Nach einer Sitzung des von der Landeskirche eingesetzten »Vikarinnen-Ausschusses«, auf der die Erhöhung des Gehalts der Vikarin von bisher 80% des Pfarrergehalts auf nunmehr 90% und die Abänderung des Titels »Vikarin« in »Pfarrvikarin« beschlossen worden war, schreibt Claudia Bader mir am 15. Oktober 1958 bitter und ironisch: »... Dank für ... die ›Gremiums‹ -Brosamen, die von der ›Herren Tisch‹ uns zufielen. Im Augenblick habe ich zu viel und bin einfach zu müde und traurig über die Institution Kirche ... Aber menschliche Hilfe ist wohl kaum mehr zu erwarten. Ich bin jetzt 24 Jahre im ungern gesehenen ›Dienst‹ dieser Landeskirche.« Als die Theologinnen wieder einen kleinen Schritt weitergekommen sind, fragt sie im Oktober 1960: »Ist die gehaltliche ›Gleichstellung‹ nur eine Abfindung oder soll das der Anfang zur weiteren auch arbeitsmäßigen und den Titel einschließenden Rechtsgleichheit bedeuten? Es ist sehr komisch, daß jetzt einstige Konfirmanden von mir schon ›Vikare‹ sind und ich noch immer nach 26 Jahren den gleichen Titel trage!!! diese aber in 2 Jahren Pfarrer sein sollen ... Auch dies machen sich die Herren Gewaltigen nicht klar ... Es ist einfach nicht einzusehen, wie lange sie uns Selbstverständlichkeiten vorenthalten.«

Der für Claudia Bader besonders lange währende und besonders leidvolle Kampf hat also immer noch kein Ende. Von Intrigen und Querelen zermürbt, meint sie: »Ich bin zu traurig und müde von all dem und ging am liebsten auf eine Schwarzwaldwiese, hielte mir eine Kuh und sähe den lieben Gott in dem Himmel! – bis zu meinem Tode!« (27. September 1961)

So leidenschaftlich-kämpferisch sie sein konnte, so traurig und verzweifelt war sie oft – aber auch so tief dankbar für jedes Geschenk verstehender menschlicher Zuwendung und Nähe. Claudia Bader hatte viele Freunde: es seien hier nur Paul Tillich, dessen Theologie sie ihr Leben lang verpflichtet blieb, Martin Rade und Hermann Schafft genannt. Für sie waren Freundschaft und Teamarbeit wichtig, aber in beidem war sie keine bequeme Partnerin. Als »Vertrauensvikarin« war sie voller persönlicher Anteilnahme um ihre Konventsschwestern bemüht.

Auf der Dezember-Synode 1961 sollte über ein neues Gesetz beschlossen werden. Mit welchem

Bangen sie den Synodal-Verhandlungen entgegensah, geht aus dem abgedruckten Dokument hervor. Am 1. Januar 1962 trat in der Evangelischen Kirche von Kurhessen-Waldeck das »Kirchengesetz über das Amt der Pfarrerin« in Kraft. Nun konnte Frau Bader endlich zur »Pfarrerin der ersten Pfarrstelle der Paulusgemeinde in Marburg« (für die sie bereits seit 1959 verantwortlich war!) ernannt werden. Die Gemeinde gab ihrem Dank für Pfarrerin Baders hingebungsvollen Dienst beim Abschied am 30. Oktober 1966 bewegenden Ausdruck. Claudia Bader sah ihr Leben als Theologin so: »Es war des schmerzvollen Kampfes genug! – neben tiefer Freude in der ›Gemeinde‹ .« Mit Claudia Baders Tod am 3. Juni 1974 ging ein Stück kurhessischer Kirchengeschichte zu Ende.

Dietgard Meyer

Bader, Claudia: Pazifismus, Kommunismus und der völkische Gedanke, in: Die Frau, 37. Jg. 1930, Heft 4, S. 235-239.

Dies.: Unsere oekumenische Verantwortung, in: Mitteilungen des Verbandes evangelischer Theologinnen Deutschlands, 6. Jg. 1936, S. 1-4.

Dies.: Oekumenische Arbeitstagung, in: Mitteilungen des Verbandes evangelischer Theologinnen Deutschlands, 6. Jg. 1936, S. 4-14.

Dies.: Rade und das Frauenstudium, in: Die Christliche Welt, Nr. 7 1937, Sp. 317-319.

Dies.: Niklaus Ludwig Graf von Zinzendorf und die »Liturgie«, in: Evangelische Jahresbriefe 1950/51, S. 100-106.

Dies.: Der Pfarrer als Freund, in: Hermann Schafft. Ein Lebenswerk, Kassel 1960, S. 97-108.

Dies.: Paul Tillichs Bedeutung für die christliche Gemeinde, in: »Gemeindebote« der Evangelischen Kirchengemeinde des Kirchenkreises Marburg-Stadt, 30. Jg. Februar 1966, S. 3f.

Meyer, Dietgard: »Finden Sie das in Ordnung?« Nachruf auf Claudia Bader, in: Hessisches Pfarrerblatt, Aug./Sept. 1974, S. 123f.

Mbg [illegible] 4 Dez. 61

Liebe Dietgard,

nun ist also morgen der „entscheidende Tag" für uns alle auf dem harten Wege all der Jahre, die soviel an unnötiger Kraft von uns gefordert haben, die anders besser angewandt worden wären. Aber wir haben zu diesem Kampf nicht geschickt, als wir das Studium ergriffen! – Ob es ein „guter Tag" wird? ob er uns ein Stück dem Ziele näher bringt? oder ob es zu einer Ablösung kommt? – Wir wollen es Gott befehlen und meinen Gemeindegliedern, und meinen [illegible] wollen morgen – statt meiner zur Sitzung nach [illegible] fahren und nehmen diesen Gruß mit. Ich hätte gern zu als „[illegible]"! – Aber mein Tag ist voll besetzt, und es ist besser, wenn ich unsichtbar bleibe! – Grüßen Sie alle, die ich kenne, bes. [illegible] [illegible] ich heute mit [illegible] abreisen, aber es geht nicht! Wie wird es sich entfalten? Ach, es [illegible]

Ingeborg Becker
1910 – 1983

Ingeborg Becker

»Nur Zeuge sein, nur Durchgangsstation sein, nur Hinweis auf den anderen,
der der Erste und der Letzte ist, das ist kein Geschenk, das man einmal bekommt und dann hat.
Nur bezeugen, das heißt: je wieder neu empfangen, neu hören,
was in der Situation zu hören und zu sagen ist.«
(1972)

Nachdem sich 1945 auf deutschem Boden zwei Staaten mit unterschiedlicher gesellschaftlicher und wirtschaftlicher Ordnung gebildet hatten – in gegensätzliche politische Machtblöcke eingebunden –, gab es in den Folgejahren viele Menschen, die aus dem Gebiet der DDR »in den Westen« gingen. Im Gegensatz zu dieser Ost-West-Bewegung zog im März 1951 eine Theologin aus dem vornehmen Dahlem im Westen Berlins in den Ostteil der Stadt um. Was war der Grund? Die Probleme in der Situation der Kirchen mehrten sich. Das betraf auch die Arbeit des Burckhardthauses, der Zentrale für weibliche Jugendarbeit in Deutschland.
Künftig würden Jugendarbeit und Ausbildung für die Kirchen in der DDR nur von dort aus geschehen können und nicht etwa von einer Zentrale in West-Berlin aus. Ingeborg Becker, im Burckhardthaus angestellt, sah das schon lange so. Ihr war – Zeit ihres Lebens – ein untrügliches Gespür für das, was »dran ist«, eigen, und ihr Umzug in den Osten war für sie nicht nur praktisch sinnvoll, sondern theologisch notwendig. Sie war davon überzeugt: Das Evangelium kann ich nur verkündigen, wo ich den Menschen auch nahe bin.
In der Tasche hatte Ingeborg Becker den schriftlichen Auftrag der Kirchenbehörde, eine Geschäftsstelle aufzubauen. Als Wohnung wurde ihr ein Zimmer in einem kircheneigenen Gebäude in Berlin-Mitte zugewiesen. Sie fing an. Noch vor Ende des Jahres hatte sie erreicht, daß die Zentrale für weibliche Jugendarbeit in einer Etage des Gemeindehauses der Versöhnungskirchengemeinde, Bernauer Str. 4, eingerichtet werden konnte.
In der Zwischenzeit hatten sich in Dahlem fünf weitere Mitarbeiterinnen bereit gefunden, im Osten zu arbeiten, sie zogen mit in die Bernauer Straße. 1952 folgte das »Seminar für kirchlichen Frauendienst« (kurz: »Bibelschule« genannt) und etablierte sich ebenfalls im dortigen Gelände auf engstem Raum.
In kurzer Zeit war es Ingeborg Becker gelungen, fast aus dem Nichts, das »Burckhardthaus in der DDR« aufzubauen. Unter ihrer Leitung wurde es möglich, daß wichtige Dienste für die Jugendarbeit in den acht östlichen Gliedkirchen der EKD wieder ungehindert geschehen konnten: der Reisedienst, Tagungen, die Herausgabe von gedrucktem Arbeitsmaterial, nämlich die »Bibelhilfe« für die kirchliche Arbeit mit Jugendlichen und Kindern, sowie das Andachtsbuch »Halt uns bei festem Glauben«. Ingeborg Becker unterrichtete auch in der Bibelschule, und in Vierteljahreskursen bildete sie Ehrenamtliche für Aufgaben in der Gemeinde aus.
Als 1952/53 die Politik Walter Ulbrichts es darauf anlegte, die kirchliche Jugend- und Studentenarbeit zu zerschlagen, waren viele im Land froh, bei Ingeborg Becker und ihren Mitarbeiterinnen Unterstützung, Beratung und seelsorgerliche Stärkung zu finden.
In den vielfältigen Aufgaben, die sie sah und anpackte, konnte sie ihre Gaben reich entfalten: Zuwendung zu Menschen, Liebe zur Theologie und die Fähigkeit, sie zu vermitteln, Organisationstalent und Durchsetzungsvermögen. Sie war sehr schnell – sowohl im Erfassen von Situatio-

nen, als auch im Denken und Reagieren. Es war schwierig, wenn Menschen in ihrer Umgebung nicht so schnell mitkonnten! Nicht jeder traute der blonden, mittelgroßen, sehr schlank und schmal wirkenden Frau das enorme Arbeitspensum zu. Als sie eine Putzfrau für die Räume in der Bernauer Straße anstellen wollte und sich eine zierliche Berlinerin meldete, gab sie zögernd zu bedenken, ob die Aufgabe nicht vielleicht körperlich zu schwer sei. Die Frau maß ihr Gegenüber von oben bis unten und konterte: »Na, Sie sind doch man ooch bloß so 'ne halbe Portion!«
Ingeborg Becker wurde am 13. Mai 1910 als Älteste von vier Geschwistern geboren. Die Mutter war künstlerisch begabt, der Vater preußischer Offizier. Da er sehr oft versetzt wurde, kam sie von ihrem Geburtsort Biebrich am Rhein über Oberschlesien, Westpreußen und die Uckermark schließlich nach Quedlinburg im Harz, wo sie an einem Oberrealgymnasium für Knaben das Abitur ablegte – mit Auszeichnung.
Für ihre Familie war ein Theologiestudium keineswegs üblich, aber die Eltern respektierten den Berufswunsch ihrer Ältesten. Berlin, Bonn, Marburg und Halle wurden die Universitätsstationen. Karl Barth in erster Linie, aber auch Rudolf Bultmann und Günter Dehn hatten als theologische Lehrer besonderen Einfluß auf die junge Studentin. Im Sommer 1933 machte sie das Erste Theologische Examen und schloß sich sehr bald während ihres Vikariats in Quedlinburg dem Pfarrernotbund bzw. der Bekennenden Gemeinde an. Das brachte Schwierigkeiten für den zweiten Teil des Vikariats (1934/35) in den Neinstedter Anstalten. Diese Ausbildungsstätte für Diakone und Einrichtung der Inneren Mission für »Geistesschwache« und »Epileptische« hatte sich Ingeborg Becker für sich selbst als Arbeitsfeld denken können. Sie geriet aber fast vom ersten Tag an in Auseinandersetzungen mit dem Leiter der Anstalt, der überzeugter »Deutscher Christ« war. Es gelang ihr schließlich, Beziehungen zum Burckhardthaus in Berlin zu knüpfen, und sie erhielt die Zusicherung, nach dem Zweiten Theologischen Examen (das sie 1935 vor dem Bruderrat der Kirchenprovinz Sachsen ablegte) dort anfangen zu können.
So kam sie nach Berlin in ein Arbeitsfeld, in dem sie 28 Jahre lang blieb. Innerhalb der Bekennenden Kirche wurde sie 1936 in der Jesus-Christus-Kirche in Berlin-Dahlem eingesegnet/ordiniert. Die folgenden Jahre führten sie vor allem im Reisedienst für Kinder- und Jugendarbeit von Ostpreußen bis Westfalen und Süddeutschland. Kurz vor Kriegsbeginn konnte sie noch an Tagungen des Weltbundes Christlicher Junger Frauen (YWCA) in Genf und Kanada teilnehmen. Dabei traf sie Menschen aus verschiedenen Ländern, mit denen sie ihr Leben lang verbunden blieb. Daß Jugendarbeit ökumenische Arbeit sein muß, hatte sich ihr tief eingeprägt.
Eine besondere Aufgabe, die sie mit all ihren Fähigkeiten beanspruchte, ergab sich, als in der Kriegszeit 1943 die Bibelschule von Berlin nach Lobetal bei Bernau (in die Hoffnungsthaler Anstalten) evakuiert werden mußte. Es gelang ihr, in großer Enge und Primitivität mit den Schülerinnen und einigen Mitarbeiterinnen das gemeinsame Leben zu gestalten. Neben dem Unterricht gab es gemeinsame Feste, aber auch praktische Einsätze für die Anstalt, die vom Spargel schälen oder Äpfel ernten bis zum Krippenspiel reichten. »Bei Frl. Becker habe ich nicht nur Dogmatik, sondern auch Wäschelegen gelernt!« erzählt eine ehemalige Schülerin. Von den Kranken der Anstalt, an denen sich einige der Schülerinnen stießen, sagte Ingeborg Becker: »Die wissen viel besser als wir, wie lieb Gott sie hat.« Die Zeit in Lobetal blieb ihr und denen, die sie miterlebten, lebenslang nachhaltig in Erinnerung; wahrscheinlich deshalb, weil für jede in diesen Jahren Tod und Leben, Bedrohung und die Geborgenheit in einer Gemeinschaft so dicht beieinander lagen. Rückblickend hat sie später einmal geäußert: »In vielem waren wir Bonhoeffers ›Gemeinsamem Leben‹ recht nahe.«
Mitte der 50er Jahre war Ingeborg Becker von der Provinzialsynode von Berlin-Brandenburg als erste und einzige Frau in die Kirchenleitung gewählt worden. Auf diese Weise wuchs sie in ge-

samtkirchliche Verantwortung hinein. Sie hat insgesamt 12 Jahre das Geschick ihrer Landeskirche mitverantwortet. Es waren die Jahre eines gespannten Verhältnisses zwischen Staat und Kirche in der DDR, und diese Situation spitzte sich in der Landeskirche, die durch Westberlin an beiden deutschen Staaten Anteil hatte, besonders zu.

1961 mußte das Burckhardthaus in der Bernauer Straße dem Mauerbau weichen. Daß die Arbeit weitergehen konnte, war noch einmal eine große Herausforderung und schwere Verantwortung für Ingeborg Becker.

1963 nahm sie die Berufung in ein neues Amt an. Bei ihrem Abschied faßte der Theologe, mit dem sie zuletzt in der Leitung des Burckhardthauses gestanden hatte, ihre Tätigkeit so zusammen: »Die weibliche Jugendarbeit unserer Kirche verdankt ihr Weite und Aufgeschlossenheit, theologische Klarheit und sachliche Nüchternheit.«

Im Sprachenkonvikt Berlin, das sich nach der Teilung der Stadt zur eigenen Kirchlichen Hochschule herausbildete, wurde Ingeborg Becker 1964 erster weiblicher Ephorus. Dieser Lebensabschnitt stellte sie vor Aufgaben, in die sie ihre bisherigen Erfahrungen einbringen konnte. Diesmal waren es Studentinnen und Studenten, für die sie verantwortlich war, aber auch das Dozentenkollegium und die Angestellten beanspruchten ihre Zeit und ihre Kräfte. Mit Lehrveranstaltungen und Übungen wurden an ihre pädagogisch-didaktischen Fähigkeiten neue Anforderungen gestellt.

Sehr beliebt waren Einladungen in ihre kleine Wohnung. Es gab dabei immer ein festliches Essen. Und spätestens bei der Gelegenheit wurden die Eingeladenen gewahr, daß Frau Becker hervorragend kochen konnte! Rückblickend urteilen zwei der damaligen Dozenten übereinstimmend: »Sie war die eigentliche geistliche Leitung unseres Hauses. Sie war unbestritten Autorität, nicht nur für die Studenten, auch für uns.« Zu ihrem 56. Geburtstag verlieh ihr die Kirchliche Hochschule Berlin (West) den Ehrendoktor. Sie war ahnungslos und schreibt später darüber: »Als Dr. Jüngel mir plötzlich im großen Saal einen Doktorhut aufsetzte und eine lateinische Ansprache hielt, war ich so überrascht, daß ich zunächst alles für einen großartig gelungenen Scherz hielt. Erst nach und nach ging mir auf, worum es sich eigentlich handelte.« Der feierliche Akt selbst fand dann später statt, und sie hielt bei der Gelegenheit eine Vorlesung über das Gebiet, auf dem sie damals im Auftrag der Berlin-Brandenburgischen Synode gearbeitet hatte: »Fragen um die Konfirmation heute«. Als sie mit 63 Jahren in den Ruhestand ging, soll bei ihrer Verabschiedung – so wird überliefert – der damalige Bischof gesagt haben: »Wenn sie ein Mann gewesen wäre, dann wäre sie hier Bischof geworden.«

Danach hat sie nie gestrebt! Sie gehörte überhaupt nicht zu den um das Amt kämpfenden Frauen. Wohl hat sie sich stets für den Dienst der Theologin in der Kirche eingesetzt und in Synoden, Ausschüssen und vielen Einzelgesprächen dafür argumentiert, aber sie war nicht der Meinung, um jeden Preis »Rechte« durchsetzen zu müssen. Sie konnte es sich leisten! Mit ihrem scharfen Verstand, ihrer Sachlichkeit und ihrem Einfühlungsvermögen war sie in den Männer-Gremien anerkannt und doch zugleich als Frau respektiert. Von denen, die ihr begegneten, haben viele sie geliebt, andere sie gefürchtet. Mit einem trockenen, schlagfertigen Humor hat sie manche Situation entspannt. Aber sie konnte auch in einer Diskussion jemandem so »über den Mund fahren«, daß derjenige oder diejenige lange nicht mehr wagte, sich zu Wort zu melden. Ihre Bibelarbeiten oder Vorträge haben oft die Zuhörer fasziniert, ihre schriftlichen Ausführungen dagegen hatten diese Wirkung nicht. Sie konnte geduldig und sensibel einem Menschen zuhören, sie sah aber auch, wo praktische Hilfe nötig war. Besonders solche, die es schwer hatten mit dem Leben, hingen an ihr, darunter auch immer Menschen, die gar keinen oder nur geringen Kontakt zur Kirche hatten. Andererseits wirkte sie auf viele sehr herb. Sie hatte einen ausge-

sprochenen Sinn für Geschmack und Stil und war sehr kunstverständig. Für sich selbst war sie anspruchslos.
Noch 10 Jahre hat Ingeborg Becker »im Ruhestand« gelebt, hat es genossen, jetzt privat reisen zu dürfen und war dennoch weiter in verschiedenen Gremien der Kirche, auf Tagungen und Kongressen tätig. Als Zeitzeugin schrieb sie die »Geschichte der kirchlichen Jugendarbeit in der DDR« mit einer wichtigen Dokumentensammlung. (Wegen der Brisanz der Thematik war ein Druck damals nie vorgesehen, sie wurde hektografiert verbreitet.)
Die letzten Jahre ihres Lebens waren durch verschiedene Operationen überschattet. Sie starb am 5. Oktober 1983 in Berlin – bis zum Ende klar bestimmend, was sie wollte und was nicht. Eine, die sie gut kannte, schrieb damals: »Sie hat mich begleitet all die vielen Jahre lang – so hart und so zart wie sie eben war.«

Ursula Radke

Becker, Ingeborg: Fragen um die Konfirmation heute, Sonderdruck aus Theologie in Geschichte und Kunst, Witten 1968.
Dies.: Winter, F.: Auf der Suche nach dem Partner, Berlin 1976.
Dies.: Seelsorge an Alleinstehenden, in: Handbuch der Seelsorge, Berlin 1983, S. 357-371.
Dies.: Zur Geschichte der Jugendarbeit in der Evangelischen Kirche in der DDR (hektographiert), AKET.
Quell, Gottfried: Adlocutio in actu sollemni promotionis hon.c. D. Ingeborg Becker in atrio Borsigniani Berolinensis, in: Die Theologin, 25. Jg. 1966, S. 29-30.

Urkunde

über die Einsegnung als Vikarin

Gott, der da hieß das Licht aus der Finsternis hervorleuchten, der hat einen hellen Schein in unsere Herzen gegeben, daß durch uns entstünde die Erleuchtung von der Erkenntnis der Klarheit Gottes in dem Angesichte Jesu Christi.

Gemäß dem Beschlusse des Bruderrates der Kirchenprovinz Berlin vom 21. April 1936 haben wir Fräulein Ingeborg Becker, geboren am 13. Mai 1910 zu Duisburg a/Rh., nachdem sie am 30. Oktober 1935 ihre zweite theologische Prüfung zu Magdeburg bestanden hat und zur Vikarin in der Arbeit an der weiblichen evangelischen Jugend berufen ist, am heutigen Tage im Gottesdienst der evangelischen Kirchgemeinde der Jesu Christi-Kirche zu Berlin Dahlem als Vikarin eingesegnet und bezeugen solches glaubhaft und ordnungsmäßig.

Die Eingesegnete befehlen wir dem alleinigen Herrn der Kirche, Jesus Christus, dem alle Gewalt im Himmel und auf Erden gegeben ist. Er erfülle an ihr die Verheißung: Siehe, ich bin bei euch alle Tage bis an der Welt Ende.

Die Vikarin soll innerhalb der ihrem Amt gewiesenen Grenzen teilhaben an der Ausbreitung des teuren Evangeliums sowohl in der Wortverkündigung als in der Seelsorge. Dabei ist sie gebunden an die Heilige Schrift Alten und Neuen Testamentes und an die Bekenntnisse der evangelischen Kirche. Die Ordnungen der Kirche wie der Gemeinde soll sie sorgfältig beachten und die Regeln, die die Kirche dem Amt der Vikarin gibt, treulich halten.

Berlin, den 22. August 1936

Der Präses der Bekennenden Kirche von Berlin:
Jacobi.

Bruderrat der Bekennenden Kirche Berlin-Brandenburg – Christus allein der Herr

Die assistierenden Pfarrer:
O. Riethmüller Pf.
W. Hildebrandt Pfr.

Liesel Bruckner
* 1912

Liesel Bruckner

»Wenn den jungen Leuten aufgegangen ist,
was Christus uns bedeutet,
dann sind sie offen und bereit und dankbar gewesen.«
(1940)

Seitdem Liesel Bruckner als Konfirmandin Schrift um Schrift die Bibel für sich als aufregende und herausfordernde Lektüre entdeckte, ist sie ihr als Begleiterin auf ihrem Lebens- und Arbeitsweg treu geblieben. Als sie zur Zeit des Nationalsozialismus zunächst auf Dekanats-, dann auf Kirchenkreis- und Landeskirchenebene in der Jugendarbeit tätig war, beschrieb sie als Ziel ihres Engagements, »daß den Mädchen die Bibel zur Heimat wird«. Auch in den jahrzehntelangen Auseinandersetzungen mit der bayerischen Landeskirche um eine befriedigende Gestaltung der Theologinnenarbeit in Bayern war ihr die Schriftgemäßheit stets eine zentrale Frage.

Liesel Bruckner wurde 1912 in Dortmund geboren als Tochter eines Ingenieurs für Hoch- und Tiefbau und einer Mutter, die bis zur Heirat als Bäuerin einen großen Bauernhof mit Gasthof im oberfränkischen Wunsiedel bewirtschaftet hatte. Nach dem Tod des Vaters von Liesel Bruckner sorgte sein Bruder für die Witwe und ihre drei Kinder. Sie lebten seit 1920 in Amberg. Liesel Bruckner erlebte dort den größten Teil ihrer Schulzeit. Ursprünglich wollte sie wie ihr Vater Ingenieur werden. Im Laufe des Konfirmandenunterrichts, den sie gemeinsam mit ihrem Bruder besuchte, wandte sie sich Bibel und Theologie zu, ohne Vorstellungen von einem möglichen Berufsbild für eine Theologin zu haben. Eine Jugendfreizeit mit der Vikarin Martha Voigt vom Burckhardthaus in Berlin bestärkte sie in ihren Überlegungen. Die Reaktion ihrer Umwelt auf den Wunsch, Theologie zu studieren, beschreibt sie so: »Alle Welt ist ohnmächtig geworden, was für ein verrücktes Frauenzimmer ich war.« Eine Diakonisse allerdings ermutigte sie und wies sie darauf hin, daß die Frauen aufgrund ihrer mütterlichen Art auch in der Seelsorge mit Männern ein wichtiges Arbeitsfeld wahrnehmen könnten. Ihre Mutter setzte sich aufgrund ihrer eigenen Erfahrung, als Witwe ohne eigene Berufsausbildung nur eine bescheidene Rente zu besitzen, für eine gute Berufsausbildung ihrer Töchter anstelle einer Mitgift ein. So konnte Liesel Bruckner von 1931 bis 1935 in Erlangen und Tübingen studieren. Nach dem Ersten Kirchlichen Examen 1935 lehnte die bayerische Kirchenleitung ihre Einstellung in den kirchlichen Dienst ab: »Wir sehen, wo Sie hinwollen, aber in Bayern werden Sie nie Arbeit bekommen.«

Nach einer Überbrückungstätigkeit als Haustochter des Dekans in Sülzbach ging sie im Herbst 1935 für drei Monate in das Jugendleiterseminar des Burckhardthauses in Berlin. Anschließend arbeitete sie eineinhalb Jahre als Dekanatsjugendleiterin in Amberg. Sie führte Freizeiten durch, motivierte bei Mitarbeiterbesprechungen die auf Gemeindeebene tätigen Pfarrfrauen oder Pfarrer zur Schulung von ehrenamtlichen Jugendlichen und entwickelte Konzepte für neue Arbeitsformen, wie z.B. die Schülerarbeit. 1937 bis 1940 leistete sie in Erlangen ebenfalls auf Dekanatsebene Jugendarbeit.

Zur besonderen Herausforderung wurde für sie 1940 ihre Berufung in das Landesjugendpfarramt. Landesjugendpfarrer Riedel übertrug ihr die Verantwortung für die Jugendarbeit im Ansbacher Kirchenkreis, der die Regionen Mittel- und Unterfranken umfaßte. Auch gerade unter den schwierigen Bewegungs- und Kommunikationsbedingungen der Kriegs- und ersten Nachkriegsjahre war Liesel Bruckner ständig im Reisedienst unterwegs und machte Einzel- sowie Dekanatsbesuche, führte Dekanatsjugendtage und andere Großveranstaltungen durch. Ein besonderes Anliegen war ihr die Schulung von ehrenamtlichen Mitarbeiterinnen zu sogenannten »Verantwortlichen«, die nach einer Bewährungs- und Fortbildungszeit in einem Gottesdienst ihre Bereitschaft zur Übernahme einer besonderen Verantwortung in der Kirche Jesu Christi bekundeten. Die Beschränkungen der Jugendarbeit zur Zeit des Nationalsozialismus auf die Arbeitsmittel Bibel und Gesangbuch erlebte Liesel Bruckner als Chance zur Konzentration und Neubegegnung mit der Bibel, aber auch als Einschränkung, die sie z.B. bei illegalen Freizeiten punktuell durchbrach. Allerdings drohte in diesem Fall die Verfolgung durch die Gestapo, wie es Liesel Bruckner selbst erfuhr im Anschluß an eine Freizeit mit 30 jungen Frauen, deren Freunde oder Verlobte im Krieg gefallen waren. Besondere Verantwortung spürte sie, wenn sie in größeren Städten bei Veranstaltungen vor manchmal mehreren hundert Menschen zu sprechen hatte, die von ihr Orientierung in der schwierigen politischen und kirchenpolitischen Situation erwarteten. Neben Gesang und Bibelarbeit bemühte sie sich bei solchen Gelegenheiten, auch deutliche Worte zur Lage der Kirche zu sagen, ohne den unter der Zuhörerschaft sitzenden Spitzeln Belastungsmaterial zu liefern.

Über die Situation in den Konzentrationslagern und den Ernst der politischen Lage in Deutschland erfuhr sie durch den bayerischen Pfarrer Karl Steinbauer, als dieser aus dem Konzentrationslager entlassen war. Er warnte seine Kollegen und Kolleginnen im geistlichen Amt: »Also wenn Ihr nicht den Mut habt, Märtyrer zu werden, dann kriegt Ihr einen Krieg, bei dem uns die Männer draußen verbluten, garantiert.«

Neben der Jugendarbeit galt in den Jahren ab 1935 das besondere Engagement Liesel Bruckners auch dem Zusammenschluß der bayerischen Theologinnen zu einem Theologinnenkonvent. Sie bemühte sich als dessen Vorsitzende, mit der Kirchenleitung ins Gespräch über geregelte Arbeits- und Anstellungsformen für Theologinnen zu kommen. So lud Liesel Bruckner im Herbst 1935 zu einem ersten bayerischen Theologinnentreffen nach Nürnberg ein, bei dem der neu ernannte bayerische Landesjugendpfarrer Riedel und die Leiterin des bayerischen Mütterdienstes, Dr. Antonie Nopitsch, den Theologinnen Arbeitsmöglichkeiten in ihren Bereichen anboten.

Nach 1945 blieb Liesel Bruckner zunächst in der Jugendarbeit auf landeskirchlicher Ebene tätig, bis sie 1950 in ihr Elternhaus nach Amberg zurückkehrte und mit dem dortigen Pfarrer in der Gemeindearbeit einer Diasporagemeinde zusammenarbeitete, die durch die Flüchtlinge von 3000 auf 12.000 Gemeindeglieder angestiegen war. Nach dem Inkrafttreten des bayerischen Vikarinnengesetzes 1946 wurde sie mit anderen Vikarinnen im September 1947 eingesegnet. Der bayerische Landeskirchenrat erkannte ihre seit Bestehen des Konvents ausgeübte Funktion als Vertrauensvikarin und Vorsitzende des Theologinnenkonvents an. Diese Aufgabe übte sie bis 1970 aus, als erstmals offiziell den bayerischen Theologinnen öffentliche Wortverkündigung und Sakramentsverwaltung möglich war. 1976 wurde sie kurz vor ihrer Pensionierung entsprechend dem Pfarrerinnengesetz von 1975 unter ökumenischer Anteilnahme ordiniert. Auch danach arbeitete sie ehrenamtlich in der Frauen- und Seniorenarbeit in Amberg weiter.

Gerdi Nützel

Bruckner, Liesel: Arbeitsbericht, in: Mitteilungen des Verbandes evangelischer Theologinnen Deutschlands, 10. Jg. 1940, Heft 1, S. 29f.

Dies.: Der Lebensweg einer Theologin, Autobiographie, 1994.

Arbeitsbericht.

Liesel Bruckner, Nürnberg.

Wir Theologinnen in Bayern stehen hauptsächlich in der Jugendarbeit und im Schuldienst. Dazu kommt für manche von uns Frauenarbeit und Büroarbeit im Pfarramt. Ich selbst bin Dekanatsjugendleiterin und habe nur aushilfsweise in der Kriegszeit einige Stunden Religionsunterricht und Christenlehre übernommen. Deshalb möchte ich ausschließlich aus meiner Jugendarbeit im Erlanger Dekanat erzählen.

Der Erlanger Dekanatsbezirk besteht aus 14 Pfarrgemeinden, von denen zwei zur Stadt gehören. In diesem Gebiet habe ich die Aufgabe, „dem Aufbau der Gemeindejugendarbeit in allen Gemeinden zu dienen", soweit nicht bereits andere Kräfte in dieser Arbeit stehen. Letzteres ist nur in wenigen Gemeinden der Fall. Deshalb habe ich außer der Arbeit in der Stadt ziemlich viel Außendienst auf dem Lande. Im Sommer ist er sehr schön, aber im Winter bei dem tiefen Schnee und der großen Kälte oft recht anstrengend, da viele Wege zu Fuß gemacht werden müssen. Doch ist das bald vergessen, wenn man dann in einem größeren oder kleineren Kreis von jungen Menschen das Wort sagen darf.

Durch die Verschiedenheit von Land und Stadt wird die Arbeit recht vielseitig. In den Landgemeinden, in denen noch gute kirchliche Tradition herrscht, ist es selbstverständlich, daß die Mädel nach der Konfirmation zum Gemeindejugendkreis kommen und bis zu ihrer Verheiratung bleiben. Da sie sehr verschlossen sind, dauert es einige Zeit, bis sie aus sich herausgehen. Dagegen sind die Dörfer mit Fabrikbevölkerung ein harter Boden. Es kann vorkommen, daß an manchen Abenden niemand kommt. Bei all den Enttäuschungen darf man aber nie die Geduld verlieren, sondern muß immer wieder neu anfangen können. Nach ein, zwei, oft erst drei Jahren bildet sich dann ein kleiner Kreis. Das ist dann eine große Freude.

In der Stadt ist die Beteiligung an den Kreisen verhältnismäßig nicht so gut wie auf dem Lande. Außerdem gliedert sich die Arbeit noch nach den Altersstufen. Wir alle kennen die 10—14jährigen, die frisch und fest angefaßt sein wollen und so sehr an der Leiterin hängen. Für die 14—18jährigen ist viel Liebe und Geduld nötig, um die schwierigen und lauten Mädel recht zu führen, die stillen und schüchternen nicht zu vergessen und auf die vielen Fragen der Schülerinnen genügend einzugehen. Besonders fein ist die Arbeit bei den Mädel über 18 Jahren. Da lebt, oft unter viel Äußerlichkeit verborgen, die Sehnsucht nach einem echten Christentum, das mit den Nöten des Alltags fertig wird. Den Studentinnen ist es eine Hilfe zu wissen, daß immer jemand für sie da ist. Neben den Kreisen stehen die einzelnen, die den Weg zur Gemeinde noch nicht gefunden haben oder nicht in einer Gemeinschaft leben können und die gerade deshalb jemanden brauchen. Dazu kommt der Briefwechsel mit all denen, die fortgekommen sind und jetzt allein draußen stehen.

Das Ziel unserer Arbeit ist, daß den Mädchen die Bibel zur Heimat wird. Deshalb steht die Bibelarbeit und die bibelkundliche Arbeit im Mittelpunkt. Daneben wird viel gesungen: Lieder, Kanons, mehrstimmige Sätze. Bei den Älteren wird ab und zu einmal ein Buch besprochen, z. B.: Paul Schütz „Warum ich noch ein Christ bin". Daß die Jugend auch Dienst in der Gemeinde zu tun hat, darf dabei nicht übersehen werden. Solche Dienste sind: Schmücken der Kirche, Adventssingen, Singen bei Alten und Kranken, Gemeindespiele, Werbedienst, Helferamt im Kindergottesdienst und in den Kindergruppen. Das Schönste ist, daß ein kleiner Kreis die Arbeit im Gebet trägt. Neben dieser Arbeit ist es wichtig, daß man immer für die Mädel Zeit hat, und daß man immer bereit ist, sie zu hören und ihnen zu helfen. Wenn man das Zuhause der Mädel kennt, tut man sich darin noch leichter.

So bescheiden die Arbeit auch nach außen hin erscheinen mag, sie verlangt doch ganze Hingabe. Einmal im Jahr am Bezirksjugendtag, zu dem alle Jugendkreise des Dekanats zusammen kommen, wird sichtbar, daß all die kleinen Kreise Glieder der einen großen Gemeinde sind, deren Herr Jesus Christus ist. Sein Wort gilt auch heute: Siehe, ich habe vor dir gegeben eine offene Tür, und niemand kann sie zuschließen.

in: Mitteilungen des Verbandes evangelischer Theologinnen Deutschlands, 10. Jg. Heft 2, Oktober 1940, S. 29f.

Meta Eyl
1893 – 1952

Meta Eyl

*»Jede Bewegung lebt aus der Tatsache,
daß sich ihr Menschen leidenschaftlich und ganz
eben ihr hingegeben haben.«
(1936)*

Mit ihrer ganzen Überzeugung und Hingabe widmete sich Meta Eyl der Evangelischen Frauenbewegung. Während der Zeit der nationalsozialistischen Herrschaft stand sie an der Spitze des Evangelischen Frauenwerks und prägte dieses durch ihre erfrischende Art, ihren Führungsstil, durch zahlreiche Vorträge und Artikel.

Grete Gillet, ebenfalls geborene Hannoveranerin und spätere badische Theologin, beschreibt nach dem Tode Meta Eyls ihre Freundin als »Mensch von großer geistiger Weite und Lebendigkeit, von großartiger Wahrhaftigkeit und Unbedingtheit ... Eine Führernatur. Sie war ein völlig souveräner Mensch, von Vornehmheit und Sauberkeit auch im Denken und im Ausdruck. Zugleich war dieser Mensch eine Frau von Charme und geistiger Anmut, von Fröhlichkeit und Wärme. Ihre das Mittelmaß überragende hohe und früher so schlanke Gestalt mit dem schmalen feinen Kopf, blond und blauäugig, war eine Verkörperung des nordischen Wesens.«

Nicht nur äußerlich entsprach Meta Eyl einem der Frauenbilder der damaligen Zeit. Sie war geprägt durch ein nationalkonservatives Denken, suchte aber gleichzeitig Kontakte zur Ökumene und setzte ihre Führungskraft für die Emanzipation der Frauen in der Kirche ein.

Am stärksten drückte sich ihre Verbundenheit zum Norden in ihrer Liebe zu ihrer Heimatstadt Hannover aus, in der sie am 21. Februar 1893 geboren wurde. Ihr Vater Hans Eyl war der damalige Stadtsyndikus von Hannover, ihre Mutter Meta Runge eine gebürtige Deutsch-Amerikanerin aus Texas. Zu der angesehenen hannoverschen Familie gehörten noch zwei Brüder und eine Schwester.

Ihre ersten prägenden Einflüsse außerhalb des Elternhauses erhielt Meta Eyl in der Sophienschule in Hannover. Charakteristisch für die Sophienschule war nicht ein Lernen »fürs Haus«, sondern sie galt als »Denk- und Arbeitsschule«, in der es über ein bloßes Vermitteln von Wissen weit hinausging.

1910 starb Meta Eyls Mutter. Als unverheiratete Schwester mußte sie die Haushaltsführung für den Vater und die Brüder übernehmen und ihre noch nicht abgeschlossene Schulbildung in der Untersekunda abbrechen. Mit 18 Jahren ließ sie ihr Vater für volljährig erklären. Drei Jahre später wurde sie Vollwaise.

Im Ersten Weltkrieg wurde sie 1914 bis 1916 als Rot-Kreuz-Helferin, zu der sie eine Ausbildung gemacht hatte, in zwei Lazaretten in Hannover zum Kriegsdienst verpflichtet.

Auch anschließend blieb ihr keine Zeit, einen eigenständigen Weg einzuschlagen. Nach dem Tod ihrer Schwester mußte sie die Haushaltsführung für den Schwager und den Neffen in Allenstein/Ostpreußen übernehmen. In diese Zeit fiel ihr Entschluß, Theologie zu studieren. 1918 bereitete sie sich in Göttingen auf das Abitur vor, welches sie schließlich 1920, im Alter von 27 Jahren, auf dem humanistischen Gymnasium in Holzminden ablegte.

Noch im selben Jahr zu Ostern begann sie mit dem Studium in Greifswald, welches sie in Berlin

und Heidelberg fortsetzte. Ab Ostern 1922 war sie wieder in Greifswald.
»Ich promovierte 1925 zum Licentiaten in Systematik und legte, kombiniert mit der Licentiatenprüfung, das theologische Fakultätsexamen ›für Ausländer und Frauen‹ ab. Das Thema der Licentiatenarbeit war aus dem Randgebiet von Theologie und Germanistik über Wolfram von Eschenbach.«
Nach dem Abschluß lehnte sie eine angebotene Stelle im Burckhardthaus ab, um wieder in ihre Heimat zurückkehren zu können. Da es bis dahin noch keine gesetzlich geregelte Anstellung für Theologinnen in Hannover gab, wurde ihr 1925 eine Stelle als Gemeindehelferin an der Gartenkirche angeboten. Meta Eyl war somit die erste ausgebildete hannoversche Theologin, die zur Anstellung kam, wenn auch mit einem anderen Arbeitstitel. Ihre Arbeit als Theologin wurde davon nicht beeinflußt, denn sie hatte verschiedene Altersheime und Kliniken seelsorgerlich zu betreuen und hielt Kindergottesdienste und Bibelstunden im Wechsel mit ihren Kollegen.
Zwei Jahre später löste sie Dr. Hanns Lilje als Dozentin der Christlich-sozialen Frauenschule des Deutschen Evangelischen Frauenbundes (DEF) ab. Gleichzeitig zu ihrer Tätigkeit an der Gartenkirche wurde Meta Eyl Hauptdozentin und nahm Prüfungen ab.
1927 beendete sie die Arbeit in der Gartenkirche und konzentrierte sich nun auf Vortragszyklen über sozialethische und kirchengeschichtliche Themen, die sie als Reisesekretärin des DEF in ganz Deutschland hielt.
Im März 1929 folgte ihr Zweites Theologisches Examen vor der ev.-luth. Landeskirche Hannovers. Von 1932 bis 1934 wurde Meta Eyl erste Vorsitzende des Verbandes evangelischer Theologinnen.
Mit der Einrichtung des Amtes einer Studentinnenseelsorgerin an der Göttinger Universität eröffnete die hannoversche Landeskirche das erste Arbeitsfeld für akademisch ausgebildete Theologinnen. Dieses Amt war zu jener Zeit eine absolute Besonderheit, die es an anderen Universitäten noch nicht gab. Dennoch erhielt Meta Eyl keine feste Anstellung, sondern ihre Arbeit wurde mit einem landeskirchlichen Studienstipendium vergütet.
Bereits kurze Zeit später trat sie ihre »Lebensstellung« an.
Paula Mueller-Otfried, die langjährige Vorsitzende und prägende Persönlichkeit des DEF, suchte Meta Eyl, eine junge Theologin, als ihre Nachfolgerin aus. Am 1. Februar 1934 übernahm sie den Vorsitz, den sie 13 Jahre lang durch die gesamte Zeit des Nationalsozialismus hindurch verwaltete. Sie tat dies in der Überzeugung, als Theologin die Verantwortung für ein innermissionarisches Werk zu übernehmen. Hier konnte sie ihre Fähigkeit, Menschen zu leiten, ihre Lust an der theologischen Auseinandersetzung und ihr soziales Engagement miteinander verbinden.
In den Jahren des Kirchenkampfes pflegte sie enge Beziehungen zur Inneren Mission und zur hannoverschen Landeskirche. Fritz von Bodelschwingh wurde »ihr treuer Berater und Freund ..., dessen Bild neben dem ihres alten Bischofs Marahrens bis zuletzt auf ihrem Schreibtisch stand.«
»Hannover« war für sie nicht nur Heimat, sondern auch theologisch und kirchenpolitisch richtungsweisend, so schrieb sie in ihrem Lebenslauf: »Als überzeugte lutherische Theologin hatte ich in den folgenden kirchenpolitischen Kämpfen überreichlich Gelegenheit, das lutherische Bekenntnis und meine Herkunft aus der hannoverschen Landeskirche mit ihrer niedersächsischen Besonnenheit in die Waagschale zu werfen.«
Als zweite Vorsitzende stand sie auch an der Spitze der Evangelischen Frauenarbeit in Deutschland von 1934 bis 1947. Auch hier war für sie die »›hannoversche Linie‹ ein unerläßlicher Faktor«, den sie einsetzte, um den Bestand der Evangelischen Frauenarbeit gegenüber dem nationalsozialistischen Deutschen Frauenwerk, aber auch gegenüber der Reichskirche zu sichern. Wichtig war ihr dabei, die Frauen von jeglicher Bevormundung, sei es durch nationalsozialistische

Ideologien von der Frau, aber auch von Machtansprüchen kirchenleitender Männer, sei es in theologischer Hinsicht oder in dem Willen, sich die Frauenarbeit einzuverleiben, zu befreien. Gerade in der kirchlichen Frauen(bibel)arbeit sah sie einen Anknüpfungspunkt, die dogmatisch festgefahrene Theologie der Männer zu überwinden, denn die »Frauenfragen«, so Meta Eyl, führen die Theologie an die konkreten »Lebenszusammenhänge« zurück.

Eine ihrer bemerkenswertesten Eigenschaften charakterisierte Grete Gillet: »Eines konnte Meta Eyl: Freundschaft halten. Sie hatte beglückende Beziehungen zu vielen Menschen, und in ihren freundschaftlichen Beziehungen auch mit Jüngeren war sie von unverwandelbarer Güte und Treue.«

Auskunft über diese Fähigkeit geben auch die von ihr über Jahre abgefaßten sog. »Freundschaftsbriefe« an FreundInnen und Bekannte im In- und Ausland, die 450 Leser und Leserinnen erreichten.

Gegen Ende des Krieges leistete sie wieder Einsätze als Rot-Kreuz-Krankenschwesternhelferin im Bahnhof und im Mütter- und Säuglingsheim des DEF in Hannover. Angeregt durch diesen Dienst wurden nach dem Krieg die »dringendsten Notstände« unter den Frauen zu ihrem Thema. Dazu gehörte u.a., aufgeworfen durch die Massenvergewaltigungen der damaligen Besatzer, die Frage nach dem §218 und die neue Ehegesetzgebung.

Weiterhin wurde in dieser Zeit der Aufbau der Krankenhausseelsorge zu ihrer Sache. Im Januar 1946 wurde sie auf eigenes Drängen hin für den Dienst in den Frauenkliniken durch Landessuperintendent Laasch eingesegnet.

Bis 1948 widmete sie sich zunächst mit ehrenamtlichem Auftrag dem Aufbau der Krankenhausseelsorge an den Frauenkliniken in Hannover. Ihr »Lieblingsprojekt« wurde die Schaffung eines besonderen Krankenhauses für krebskranke Frauen.

Das Ende des Krieges traf Meta Eyl schwer, glaubte sie doch bis zuletzt an dessen Notwendigkeit. Grete Gillet schrieb über ihren Zustand: »Es ist, als ob das Ende dieses Krieges, der Zusammenbruch unseres Volkes, ihr Herz gebrochen hat, denn überraschend und viel zu früh setzten bei ihr plötzlich Krankheits- und Alterserscheinungen ein, von denen sie sich nicht mehr ganz erholen sollte.« Tatsächlich folgten viele Wochen Arbeitsunfähigkeit und ärztlich verordnete Kuren.

Für den Vorstand des DEF war sie nun mit ihren politisch-konservativen Ansichten nicht mehr tragbar. Ihr wurde die Kündigung als erste Vorsitzende nahegelegt. Am 22. Juli 1947 legte Meta Eyl nach zermürbenden Auseinandersetzungen ihr Amt als Vorsitzende des DEF in einer erweiterten Gesamtvorstandssitzung nieder.

Nach mehrfachem Insistieren bei der hannoverschen Landeskirche erhielt sie ab Juni 1949 eine feste Anstellung als Klinikseelsorgerin im städtischen Krankenhaus Schwarmstedt. Zu ihren körperlichen Leiden wie Unterernährung und einem Herzleiden kam nun noch mehrmals wöchentlich die Anstrengung einer Zugfahrt mit anschließendem Fußmarsch nach Schwarmstedt hinzu.

1951 wurde sie nach ihrem ersten Schlaganfall frühzeitig pensioniert. Sie starb am 28. Juli 1952 im Haus einer Freundin im Kreise ihrer alten Schulfreundinnen im Sauerland. Bis dahin war sie soweit verarmt, daß das Geld für ein Begräbnis nicht ausreichte und ihre Nachlaßverwalterin Vikarin Freda Niemann einen Zuschuß von der Landeskirche erbitten mußte.

Meta Eyl war eine außergewöhnliche Frau, die sich nicht in ein bestimmtes emanzipatorisches Schema pressen läßt. Ihre Biographie ist geprägt von Ambivalenzen. Einerseits wandte sie sich gegen nationalsozialistische Frauenbilder und knüpfte ökumenische Kontake, andererseits war ihre Identität als Deutsche verknüpft mit der nationalsozialistischen Kriegsideologie. Ihre schar-

fen Konturen als »Führernatur« stehen einer sensiblen und offenen Beziehungsfähigkeit gegenüber.
Ihre letztendliche Unterordnung unter nationalkonservatives Denken trotz gleichzeitigem Engagement für die Emanzipation der Frau führte zum zwangsweise herbeigeführten Verzicht auf ihr Lebenswerk.

Heike Köhler

Meta Eyl: Zur theologischen Diskussion über das Theologinnenamt, in: Mitteilungen des Verbandes evangelischer Theologinnen Deutschlands, 2. Jg. 1932, S. 4-8.
Dies.: Das Gebot der Stunde, in: Evangelische Frauenzeitung, 35. Jg. 1933, S. 98-102.
Dies.: Der innermissionarische Auftrag der evangelischen Frau, in: Aufgaben und Ziele, 14. Jg. 1934, S. 189-193.
Dies.: Der Auftrag der evangelischen Frau im Volke, in: Aufgaben und Ziele, 15. Jg. 1935, S. 84-88.
Dies.: Kirchliche Frauenarbeit als Ausdruck evangelischen Glaubens, in: Aufgaben und Ziele, 18. Jg. 1938, S. 50-55.
Dies.: Die evangelische Frau in der Bildung theologischen Denkens, in: Die Frauenarbeit in der Kirche, hg. v. Adolf Brandmeyer, Leipzig 1940, S. 133-151.

Christus spricht:
Ich bin der Weg und die Wahrheit und das Leben

Christus hat geliebt die Gemeinde und hat sich selbst für sie gegeben, auf daß er sie heiligte und hat sie gereinigt durch das Wasserbad im Wort, auf daß er sie sich selbst darstellte als eine Gemeinde, die herrlich sei, die nicht habe einen Flecken oder Runzel oder des etwas, sondern daß sie heilig sei und unsträflich. Epheser 5, 25 b – 27.

Was ist der Deutsch-Evangelische Frauenbund?

I.

Im Deutsch-Evangelischen Frauenbund haben sich Glieder der Kirche zu einer Gemeinschaft des Glaubens, des Lernens und des Wirkens zusammengeschlossen, die als Frauen den besonderen Auftrag ihres Herrn Christus erkennen und ihren Dienst durch gemeinsame Haltung und Tat in Kirche und Welt bezeugen möchten.

Diese evangelischen Frauen sind aus der christlichen Erfahrung von Schuld und Erlösung der Ueberzeugung, daß es Aufgaben in Kirche und Volk gibt, die nur von der Verantwortung der Frau her in der Schwere ihrer Zusammenhänge erkannt und schwesterlich mitgetragen und angegriffen werden können. Sie stellen daher insbesondere ihren Dienst zur Verfügung als Frauen und für die Frauen. Der Deutsch-Evangelische Frauenbund ist der Ueberzeugung, daß die evangelische Kirche eines aus der Einzelgemeinde herausgerufenen Kreises von Frauen bedarf, dem sie die oft schwierige und abseitige Sonderbearbeitung von Frauenfragen ohne Gefahr für die Gemeinde auflegen kann. Diese Aufgaben sind zwar nur im Rahmen von Volk und Kirche und im Zusammenhang mit der Einzelgemeinde zu begreifen und zu lösen. Aber es bedarf in der Kirche einer Stätte, wo diese Verantwortung, die grundsätzlich allen Männern und Frauen der Kirche aufliegt, stellvertretend geübt wird von einem zum Forschen, Lernen und Wirken besonders verpflichteten Kreis.

Damit die im Deutsch-Evangelischen Frauenbund angegriffenen Aufgaben sinngemäß erfüllt werden können, liegt die Zielsetzung und Leitung der Arbeit in den Händen von Frauen. Aus ihrer Erkenntnis und Erfahrung bilden sich die notwendigen Methoden der Arbeit heraus. Dabei verbünden sich die Frauen des Deutsch-Evangelischen Frauenbundes gern zum gemeinsamen Werk mit allen Männern und Frauen, die sich mit zu den besonderen Frauenaufgaben bekennen. Mancher Mann im evangelischen Deutschland ist durch die Begegnung mit Frauen unseres Bundes in der Familie oder in der Oeffentlichkeit von neuen und wichtigen Fragestellungen berührt worden, die er ohne das nicht kennengelernt hätte.

Doris Faulhaber
1907 – 1991

Doris Faulhaber

»Glaube ist immer Aktion,
ein Wagnis der Tat.«
(1935)

Sie, deren Berufsziel von Anfang an immer die Gemeindepfarrerin war, die sich darum auch unermüdlich für das volle Pfarramt der Frau und damit für die Frauenordination einsetzte, – sie hat ernsthaft in Erwägung gezogen, ihre Teilnahme an ihrer eigenen Ordination abzusagen. Grund: Ihr wurde 1942 telefonisch vom zuständigen Oberkirchenrat die Sakramentsverwaltung für das Städtische Krankenhaus und für die Gemeinde Mannheim-Wallstadt übertragen. Auf ihren Einwand, sie sei doch nicht ordiniert, erhielt sie die Antwort, sie solle sich durch dieses Telefongespräch als ordiniert betrachten. Das traf sie tief. Denn sie wollte bewußt und verantwortlich bevollmächtigt werden. Andererseits erkannte sie, daß es in der derzeitigen Situation keine andere Lösung gab. So tat sie – ohne Segen, was sie doch gern tat: sie taufte, reichte das Heilige Abendmahl und vollzog die kirchlichen Amtshandlungen. Nur: als sie 1944 zusammen mit acht anderen badischen Theologinnen ordiniert werden sollte, brachte sie ihren Wunsch nach Segen und Sendung und ihre schon zweijährige Berechtigung zur Sakramentsverwaltung nicht in Einklang. Sie sah die jetzt bevorstehende Ordination/Einsegnung als etwas nachträglich und äußerlich Aufgesetztes. Dagegen sträubte sie sich im Innern. Aber da war D. Martin Dibelius, Professor für Neues Testament in Heidelberg; bei ihm hatte sie im Februar 1935 über das Thema »Das Johannesevangelium und die Kirche« promoviert. Mit ihm sprach sie sich aus, und er schickte sie – zur Ordination: »Jetzt feiern Sie natürlich mit, ohne neue Vollmachten zu erlangen.«
Doris Faulhaber wurde am 17. Oktober 1907 in Mannheim-Rheinau geboren. Ihr Vater stammte aus einer streng katholischen, ihre Mutter aus einer streng evangelischen Familie. Die Eltern konnten sich auf die Konfession ihres Kindes lange nicht einigen, und so wurde es erst mit vier Jahren evangelisch getauft. Die Frage, was es denn »mit den Konfessionen auf sich habe«, der starke Eindruck, den die Konfirmation in ihr bewirkt hatte, der bleibende Kontakt zu ihrer Gemeinde und zu ihrem Konfirmator und schließlich ihr Wunsch, selbständig und eigenverantwortlich ihr Leben zu gestalten, führten sie zum Theologiestudium. Aber zunächst war es bis dahin ein weiter Weg.
Ihr Vater starb, als sie zwölf Jahre alt war. Die Mutter mußte – damals für eine Frau eine schier unlösbare Aufgabe – in den Beruf des Mannes einspringen. Aber sie brauchte dazu die Hilfe der Tochter. So mußte diese, in ihrem unbändigen Drang, zu lernen und zu wissen, sich die Schule immer wieder von neuem erkämpfen. Nachdem sie 1926 das Abitur abgelegt hatte, studierte sie Theologie in Heidelberg, Tübingen und Münster. 1929 und 1930 legte sie die beiden theologischen Prüfungen ab. Obwohl ihr eine Anstellung ausdrücklich in Abrede gestellt worden war, wurde sie doch in der Gemeinde Mannheim-Waldhof eingesetzt. – Es war ein ganz andersartiger Dienst als der der männlichen Vikare, den sie dort zu erfüllen hatte. So ließ sie sich beurlauben, »um promovieren zu können«. Nach der Promotion wurde sie zunächst nicht wieder in den Dienst der Landeskirche aufgenommen. Sie suchte sich selbst Arbeit und erhielt in Freiburg die

»Stelle einer Lehrerin an der Diakonissenhausschule und die Stelle einer Gehilfin für den Hausgeistlichen«. Immerhin konnte sie jetzt auch Bibelarbeiten halten, Besuche auf der Frauenabteilung machen und den Organistendienst ausüben. Es war insgesamt eine Zeit, über die sie ihr Leben lang glücklich war. 1937 von der Landeskirche zurückgerufen, tat sie ihren Dienst von da an bis zu ihrem Ruhestand im Jahr 1969 immer in Mannheim.

Zuerst im Religionsunterricht an »Hilfsschulen« und Berufsschulen, auch einige Stunden an einer Mittelschule. Später kam »Mithilfe« am Städtischen Krankenhaus dazu. Der Religionsunterricht fiel allerdings ab 1943 weg. Nachdem die Gestapo Hausdurchsuchungen bei ihr durchgeführt hatte, wurde ihr vom Staat »die Befugnis zur Erteilung des Religionsunterrichts an den Schulen des Landes« entzogen, unter anderem weil sie »seit 1934 Mitglied der Bekenntnisfront in Baden« war. Dem Antrag der Finanzabteilung, das Dienstverhältnis mit ihr zu lösen, hat der Oberkirchenrat jedoch nicht stattgegeben. Von nun an oblag ihr allein die Seelsorge am ganzen Städtischen Krankenhaus. Dazu kamen andere Kliniken und die Versehung der Gemeinde Mannheim-Wallstadt. Trotz des riesigen Arbeitsbereiches und aller Belastungen durch den Krieg war es wieder glückliche Zeit. Zugleich war es auch die Zeit, in der sie den Frauentalar schuf. In ihrem Aufsatz »Die Pfarrerin in der Evangelischen Landeskirche« hat sie dies selbst beschrieben.

Ihre Erwartung, daß nach dem Krieg die Frauen in ihren Pfarrämtern bestätigt würden, hat sich nicht erfüllt. Es wurde lediglich das Vikarinnengesetz von 1944 bestätigt, das den Theologinnen viel weniger Rechte zugestand, als sie während des Krieges tatsächlich innegehabt hatten. 1947 hielt der Landesbischof vor den badischen Theologinnen ein grundsätzliches Referat, in dem er den Frauen die Berechtigung zu Verkündigung und Sakramentsverwaltung im öffentlichen Gemeindegottesdienst absolut absprach. Doris Faulhaber antwortete ihm in ihrem Aufsatz »Der theologische Dienst der Frau und das Predigtamt«: »Wo die Theologin predigt, da ist Galater 3,28 Wirklichkeit. Da verschwindet für das Bewußtsein der Gemeinde der armselige Mensch, es bleibt aber der Bote, der das Wort sagt, selbst nur noch ein Gefäß des Geistes, in dem Maß, wie ihn Gottes Gnade walten läßt.« Es war deutlich, daß alle Frauen aus den Gemeinden zurückgezogen würden. Auch darum hatte Doris Faulhaber sich schon 1946 entschlossen, eine Stelle als hauptamtliche Religionslehrerin an Mannheimer höheren Mädchenschulen zu übernehmen. Sie schrieb darüber an Oberkirchenrätin Dr. Elisabeth Schwarzhaupt: »Es kamen bei meiner mir nicht leicht gefallenen Entschließung auch noch andere Momente hinzu: Ich bedachte den großen Bildungsauftrag, den die höhere Schule jetzt an den Heranwachsenden hat, bei dem die Kirche mit ihrem Unterricht sehr beteiligt sein müßte ... Ich habe lange bei mir bedacht, ob ich diesen Schritt überhaupt machen dürfe im Blick auf die Gesamtsituation der Theologinnen. Ich dachte daran, daß ich ja tatsächlich zu einem Pfarramt gelangt war, das ich um der Gesamtheit willen nicht leichtherzig aufgeben durfte. Aber: dem ist nicht so. Ich hatte wohl das Pfarramt, aber nicht definitiv, nur in Vertretung.« So schwer ihr die Entscheidung für den Übergang in den Religionsunterricht gefallen war, – sie behielt diese Arbeit bis zu ihrem Ruhestand und hat sie sehr gern getan. Dennoch hat sie nie aufgehört, sich für das volle Pfarramt der Frau einzusetzen, – obwohl sie klar erkannt hatte, daß sie dies für sich selbst nicht mehr erreichen könnte. »Es geht um das Prinzipielle und um die Frauengeneration nach uns.«

Seit 1949 Leiterin des badischen Theologinnenkonventes, hat sie für die Theologinnen Treffen veranstaltet, sich mit ihnen beraten, Gespräche mit der Kirchenleitung geführt, Eingaben an die Landessynode gerichtet. Es ging in kleinen Schritten von der »Einsegnung« zur »Ordination«, vom Stehkragentalar zum Beffchentalar, von der Amtsbezeichnung »Pfarrkandidatin« und »Pfarrgehilfin« weiter zur »Vikarin« und schließlich zur »Pfarrerin«, – bis 1971 die Landessynode Frauen die Berechtigung gab, Gemeindepfarrerin zu werden und sie damit den männlichen

Pfarrern gleichstellte.
Doris Faulhaber war zu diesem Zeitpunkt bereits im Ruhestand. Sie freute sich darüber, daß Frauen damit letztlich alle Ämter offenstehen. Ihr Ruhestand war erfüllt von vielfältigen Aufgaben, auch gekennzeichnet von mancher körperlicher Belastung. Aber alles ist von ihr abgefallen, was ihr je Beschwer gemacht haben sollte. Sie war der fröhliche und bereite Mensch, der sie ihrem Wesen nach immer gewesen war.
1935 hatte sie geschrieben: »Hoffnung lebt der Überzeugung, daß im Leid Gott am Werk, daß diese Zeit ein erfülltes Jetzt ist.« Sie starb am 17. Juli 1991.

Hilde Bitz

Faulhaber, Doris: Das Johannesevangelium und die Kirche, Diss. theol. Heidelberg 1935.

Dies.: Das Johannesevangelium und die Kirche, in: Kirche im Aufbau, hg. v. C. Mahrenholz; W. Stählin; H.D. Wendland, Heft 7, Kassel 1938.

Dies.: Der theologische Dienst der Frau und das Predigtamt, maschinenschriftlich 1947.

Dies.: Die Frau im Amt der Kirche, in: Ein Leben für die Kirche, Festschrift für Johannes Bauer, hg. v. Fritz Hauß; Erich Roth, Karlsruhe 1961, S. 212-220.

Dies.: Die Pfarrerin in der Evangelischen Landeskirche, in: Die ersten hundert Jahre 1892-1992, Festschrift zum Hundertjährigen Jubiläum des Evangelischen Pfarrvereins in Baden, Karlsruhe 1992, S. 69-75.

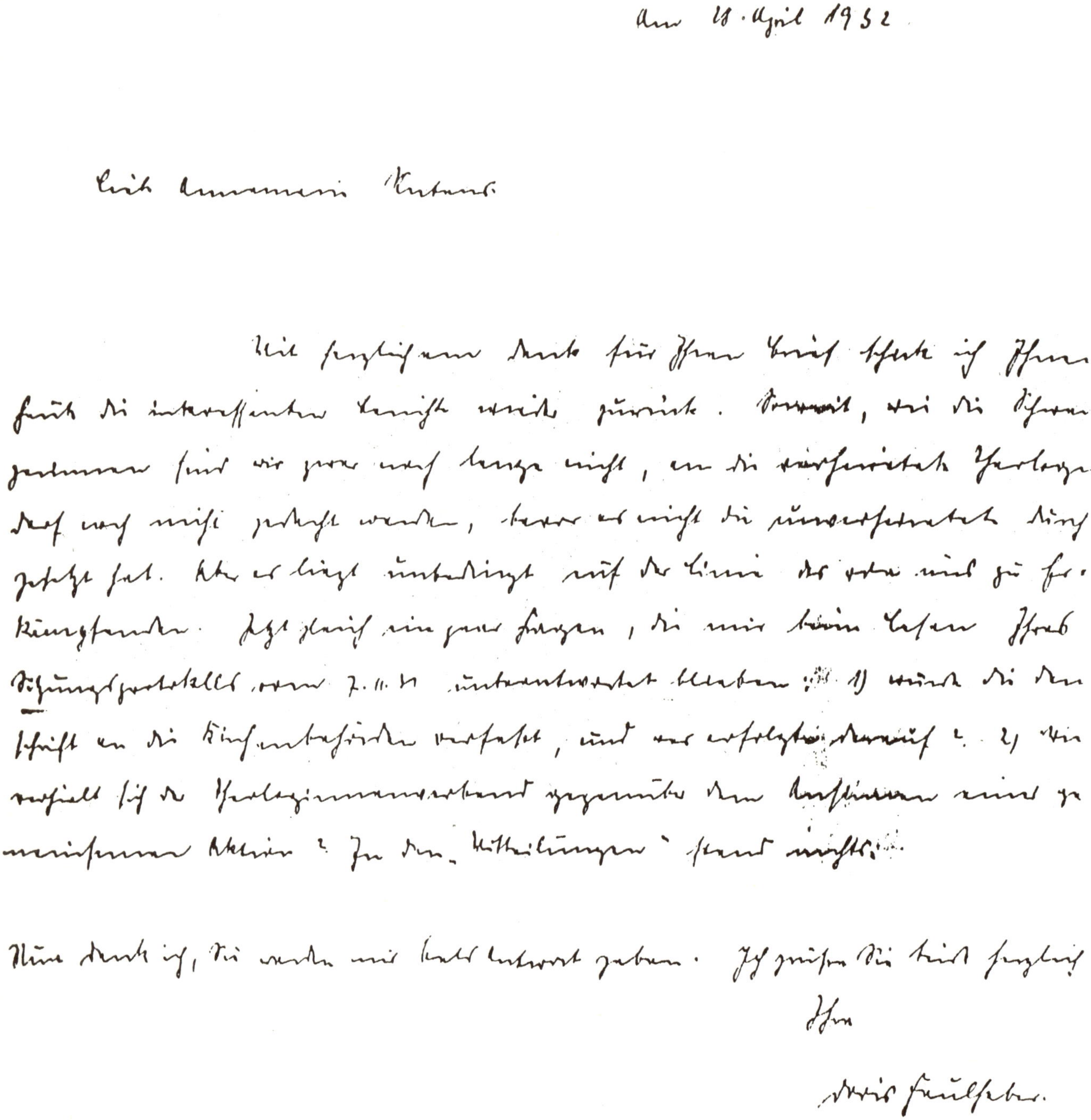

Am 18. April 1932

Liebe Annemarie Rübens!

Mit herzlichem Dank für Ihren Brief schicke ich Ihnen heute die interessanten Berichte wieder zurück. Soweit, wie die Sachen gediehen sind wir ganz noch lange nicht, an die [illegible] Vorlage darf noch nicht gedacht werden, bevor es nicht die [illegible] Dinge gesetzt hat. Aber es liegt unbedingt auf der Linie der [illegible] zu [illegible]. Jetzt gleich ein paar Fragen, die mir beim Lesen Ihres Sitzungsprotokolls vom 7.11.31 unbeantwortet bleiben: 1) Wer hat die Denkschrift an die Kirchenbehörde verfaßt, und was erfolgte darauf? 2) Wie verhielt sich der Theologinnenverband gegenüber den [illegible] einer gemeinsamen Aktion? Zu den „Mitteilungen" stand nichts.

Nun denke ich, Sie werden mir bald Antwort geben. Ich grüße Sie heute herzlich

Ihre

Doris Faulhaber.

Sammlung Hartmut Ludwig

Professor Dibelius Heidelberg, Bergstr.115, den 20.I.44.

Liebe Doris Faulhaber,

Bitte seien Sie nicht bitter! Es ist doch ein geschichtliches Werden in dem allen. Als Sie so weit waren, war eben der Prozeß noch nicht vorgeschritten und jetzt feiern Sie natürlich mit, ohne dadurch neue Vollmachten zu erlangen. Das für Ihr Leben wichtige liegt eben darin, daß Sie als Wegbereiterin diese Vollmachten schon erstritten hatten, die denen nach Ihnen nun kraft Einsegnung zukommen sollen.

Aber wie man nach einer Andeutung in Hermas, Pastor, Sim.IX,16,6 sich in der Alten Kirche überlegt hat, ob die Apostel (außer Paulus)eigentlich getauft waren, und sie das dann nachholen ließ, aber im Totenreich, so hätte auch in Baden bei den dienstälteren Vikarinnen die Frage aufkommen können, ob sie denn "richtig"eingesegnet seien. Dem wollte der OK wohl entgehen - und das ist richtig so. Und darum werden Sie eingesegnet, damit festgelegt werde, daß Sie schon immer legitime Vikarin waren.

Wenn Sie auch keine neue Vollmacht bekommen, so treten Sie doch durch den Akt in die Kette der badischen eingesegneten Vikarinnen, die ihre Tradition mit von ihrer Generation beziehen.Mag Ihnen der Tag und das neu bestätigte Amt zum Segen werden und mögen Sie immer weiter als dieGesegneten,die Eingesegneten, auch wieder ein Segen sein. Herzlich in Gedanken bei Ihnen

Ihr Martin Dibelius. [illegible]!

Grete Gillet
1895 – 1970

Grete Gillet

»Nein, wir geben unseren Beruf nicht verloren
sowenig wie die Frauenarbeit«
(1940)

Wenn man dem Weg von Dr. Grete Gillet – in ihren eigenen Aufzeichnungen und den der Zeitzeugen – nachgeht, so wird deutlich, gegen wie vieles sie ankämpfen mußte: gegen theologische, gegen juristische und verwaltungstechnische Bedenken; gegen Behinderungen im kirchenpolitischen Spannungsfeld der Jahre 1938 bis 1945; gegen schwierige innerkirchliche Strukturen. Grete Gillet hat wohl auch manchmal ankämpfen müssen gegen eigene Entmutigung. Aber wenn ihr von seiten der Kirchenleitung im Blick auf die Vikarinnenfrage und den Einsatz der Theologin, im Blick auf die Zukunft kirchlicher Arbeit überhaupt, Niederdrückendes und Pessimismus entgegenschlug, so hielt sie in einem Brief vom Dezember 1939 daran fest: »Aber ich glaube eben, dass es einen Sinn hat, in der Kirche zu arbeiten«.

Baden war für Grete Gillet nicht Ursprungs- sondern Wahlheimat. Geboren ist sie am 23. Juli 1895 in Nienburg an der Weser als Tochter von Franz Gillet und seiner Frau Agnes. Der Vater, an der belgischen Grenze bei Malmedy beheimatet, war katholisch, ließ sich aber evangelisch trauen und seine Tochter evangelisch erziehen. Kindheit und Jugend erlebte Grete Gillet dann in Hannover, wohin der Vater als Grundbuchbeamter versetzt worden war.

Sie wuchs ohne Geschwister auf, hochbegabt, aber eher einsam als Kind, bis zwei Ereignisse große Bedeutung für sie gewannen: »Das eine war die Konfirmation ... Weder in meinem nicht kirchlich gesinnten Elternhaus noch im Religionsunterricht in der Schule war mir bisher Gott so nahegetreten. Das andere war mein Eintritt in die Freideutsche Jugendbewegung, die mir Lebensziele und Jugendfreude gab.«

Ursprünglich sollte sie Lehrerin werden, machte 1915 Abitur und begann in Marburg Religion, Geschichte und Deutsch zu studieren. Aber schon dort wurde ihr Interesse an der wissenschaftlichen Beschäftigung mit dem Neuen Testament geweckt. Nach einem Semester in Berlin, wo sie u.a. sich der von Siegmund-Schultze begründeten »Sozialen Arbeitsgemeinschaft Berlin-Ost« anschloß, ging sie nach Heidelberg. Nun widmete sie sich nur noch dem Theologiestudium und fand dabei die freundliche Förderung der Heidelberger Professoren. Als eine der ersten Frauen in Deutschland wurde sie von der Theologischen Fakultät zur Licentiatenprüfung zugelassen, und am 10. April 1919 promovierte sie »magna cum laude« bei Martin Dibelius mit der Arbeit: »Evangelium, Studien zur urchristlichen Missionssprache«.

Schon damals war Grete Gillet entschlossen, nicht als Lehrerin in den Staatsdienst zu gehen, sondern sich mit allen Gaben und Kräften der Kirche zur Verfügung zu stellen. So meldete sie sich 1919 beim Evangelischen Oberkirchenrat in Karlsruhe zum Ersten Theologischen Examen (diese Möglichkeit gab es für Frauen erst seit 1917), und nach dem Besuch des Praktisch-Theologischen Seminars bei Prof. Johannes Bauer in Heidelberg legte sie 1920 das Zweite Theologische Examen ab.

Sie war eine der Pionierinnen auf dem Weg der Theologin. Es gab noch kein klares Berufsbild,

und es gab natürlich keine gesicherte berufliche Zukunft. Aber diese Frauen damals – mit ihrem Mut zum Risiko, mit ihrer Geduld und Unbeugsamkeit – wagten die ersten Schritte, weil sie wußten, es gibt für sie, von ihrer tiefen inneren Überzeugung her, keine Alternative dazu.
Welche Etappen hatte dieser Weg für Dr. theol. Grete Gillet? – Zunächst war sie als »Pfarrgehilfin« des Waldkircher Gemeindepfarrers in der Schwarzwälder Diaspora eingesetzt, ab 1923 dann im Religionsunterricht an weiblichen Berufsschulen in Mannheim. Als der Religionsunterricht an Berufs- und Fachschulen aufgehoben wurde und sie vom Evangelischen Oberkirchenrat zur Frauenarbeit der Landeskirche berufen werden sollte, genehmigte die von der »Reichskirche« eingesetzte Finanzabteilung die Stelle nicht. Und so konnte sie nur in der vom Religionsunterricht (in Karlsruhe) freien Zeit für die badische Frauenarbeit tätig sein.
Am 23. Januar 1944 wurde Grete Gillet zusammen mit acht anderen Theologinnen in der Schloßkirche in Karlsruhe eingesegnet (ordiniert wurden nur Männer). Diese Frauen sind dann in kriegsbedingt verwaiste Pfarreien gesandt worden. Die äußere Notsituation ließ also bisherige theologische Bedenken gegen sie zurücktreten und hob die Beschränkung ihres Dienstes auf Frauen und Kinder auf. So wurde Dr. Grete Gillet im November 1944 zur Versehung der Pfarrei Heidelberg-Pfaffengrund abgeordnet – unter Mitnahme der Geschäftsstelle der Frauenarbeit und lediglich unterstützt von ihrer damals noch sehr jungen Sekretärin Lore Sauder.
Nach Beendigung des Krieges war es überhaupt keine Frage, daß alle Vikarinnen (der Titel Pfarrerin wurde ihnen in Baden erst 1962 zuerkannt) wieder auf die ihnen vor dem Krieg eingeräumten Plätze zurückberufen wurden. Und so kehrte Grete Gillet Ende 45 nach Karlsruhe zurück, um von dort aus, jetzt hauptamtlich, die evangelische Frauenarbeit in Baden wahrzunehmen und weiter aufzubauen – von 1955 an bis zu ihrem Ruhestand 1963 als verantwortliche Theologin in der Leitung des Werks.
Dr. Grete Gillet steht denen, die ihr begegnet sind, ganz lebendig vor Augen. Sie hatte eine sehr behutsame, fast scheue Art im Umgang mit Menschen, die ihren seelsorgerlichen Rat suchten, und immer war ihre warme Anteilnahme spürbar, ein dem anderen Menschen ganz konzentriertes Zugewandtsein. Das spiegelt sich auch in den vielen Briefen wider, die sie schrieb und durch die sie – noch bis kurz vor ihrem Tod am 2. Juni 1970 – mit Ungezählten seelsorgerliche und freundschaftliche Verbindung hielt.
Die besondere, behutsame Art von Grete Gillet im Umgang mit Menschen, die soviel Vertrauenerweckendes und Ermutigendes hatte, war gepaart mit großer Energie und Unerschrockenheit beim Wahrnehmen einer Aufgabe. Ein Elan ging von ihr aus, der mitreißend und ansteckend wirkte bei denen, die mit ihr zusammenarbeiten konnten und viel von ihr empfangen haben.
Ohne ihre immense Schaffenskraft und das Arbeitspensum, das sie sich auferlegte, wäre vieles in der Frauenarbeit nicht möglich gewesen – in der schweren, äußerlich und innerlich angefochtenen, von Leid und Entbehrung geprägten Kriegs- und Nachkriegszeit und in der Zeit danach mit immer mehr sich erweiternden Arbeitsbereichen: bei den Reisen durch das Land zu Konfirmandenmütterabenden und katechetischen Kursen, zu Vortrags- und Gesprächsabenden, zu Tagungen für Pfarrfrauen und Leiterinnen der Frauenkreise; bei der monatlichen Herausgabe von Material zur Erarbeitung von Themen und biblischen Texten; bei den literarischen Arbeitskreisen, in denen Lebens- und Glaubensfragen anhand moderner Literatur besprochen wurden.
Aber Grete Gillet war nicht nur unermüdlich fleißig, sie konnte auch feiern! Sie tat das gern und wirkte heiter und gelöst vor allem bei den Freizeiten, die sie im In- und Ausland gehalten hat und in denen Alleinstehende oder einfach sich nach ganzheitlicher Erholung Sehnende neue Kraft schöpften.

Ein Arbeitsgebiet lag Dr. Gillet besonders am Herzen: die Studientagungen »Umgang mit der

Bibel«. Sachliche Information, Meditation und praktische Bibelauslegung kamen hier zusammen, und so wurde die eigene Beschäftigung mit biblischen Texten angeregt und ihr Verständnis vom jeweiligen Zusammenhang her ermöglicht. Bei Grete Gillet war großes Wissen verbunden mit der Fähigkeit einer einfachen, schlichten Sprache, die die Angst vor Theologie nehmen konnte und die Entdeckerfreude am Reichtum der Bibel geweckt hat.

Verkündigung und Seelsorge – dem hat Dr. Grete Gillet ihr Leben gewidmet. 1966 schreibt sie: »Dieser Dienst, den ich seit 1940 tun durfte, ist ein Auftrag vom Evangelium her und ein ›Trostamt‹ für die evangelische Frau in den Wirren und Ausweglosigkeiten von heute. Es ist ein Auftrag von dem, der gesagt hat: ›Ich will euch trösten, wie einen seine Mutter tröstet‹. Wir alle sollen ›Mütter der Kirche‹ werden.«

Ruth Pfisterer

Gillet, Grete: Evangelium. Studien zur urchristlichen Missionssprache, Diss. theol. Heidelberg 1919.

Dies.: Die Bedeutung der Geschichte für unsere christliche Erkenntnis, in: Aufgaben und Ziele, 18. Jg. 1938, S. 98-105.

Dies.: Vom katechetischen Amt, in: Mitteilungen des Verbandes evangelischer Theologinnen Deutschlands, 9. Jg. 1939, S. 5-9.

Dies. (Hg.): Der Kreis. Ein Blatt für die evangelische Frau (von 1948-67 Schriftleitung und unzählige Beträge).

Der Kreis. Ein Blatt für die evangelische Frau, Dr. Grete Gillet Gedenkheft, Aug./Sep. 1970.

Winnecke, Maria: Grußwort an Grete Gillet zum 70. Geburtstag, in: Die Theologin, 24. Jg. 1965, Heft 1, S. 37-39.

Bericht über die erste Tagung des Verbandes evangelischer Theologinnen Deutschlands zu Marburg vom 27.–29. Oktober 1925 (Ausschnitt)

Bericht über die erste Tagung
des Verbandes evgl. Theologinnen Deutschlands
zu Marburg vom 27–29. Oktober 1925.

Dienstag, den 27., abends 7–1/2 Uhr fand die Begrüssung der zur Tagung in Marburg erschienenen 18. Theologinnen statt. Teilnehmerinnen der Tagung waren:

Frl. Begemann, Gotha, cand. theol.	Frl. Haas, Marburg, stud. theol.
" Braun, Wiesbaden, " "	" v. Harten, Halle, cand. "
" Lic. Eyl, Hannover, " "	" Jonas, Marburg, stud. "
" Fischer, Halle, stud. "	" Krüger, " " "
" Friesen, Marburg, " "	" Menzel, " " "
" Geissler, Kiel, " "	" Rübens, Bonn, " "
" Lic. Gillet, Mannheim, cand. theol.	" Schmöckel, Berlin, cand. theol.
" Gschlössl, Marburg, stud. "	" Schümer, Magdeburg, stud. "
" Freund, " " "	" Türk, Marburg, " " .

Am Nachmittage berichteten einige berufstätige Theologinnen über ihre Arbeit.
Frl. Lic. Gillet, Mannheim, gab zunächst einen Ueberblick über die Verhältnisse in Baden. Es haben bis jetzt dort 6. Theologinnen das 1. Examen gemacht, 3 das 2. Drei von ihnen sind in Baden sebstselbst beschäftigt, und zwar eine als Pfarrgehilfin (Frl. Oberbeck in Seelsorge mit Sakramentsverwaltung in Krankenhaus und Gefängnis), eine im Jugendausschuss und Frl. Gillet selbst im Unterricht. Sie berichtete zunächst über ihre frühere Tätigkeit in Waldkirch, einer evgl. Diasporagemeinde. Sie erteilte dort Kindergottesdienst, leitete einen Arbeiterinnenverein und Mädchenbund, besuchte als Seelsorgerin die Frauen auch in Krankenhaus und Gefängnis; in der Filiale hielt sie Gottesdienste und Bibelstunden ab und half dem Pfarrer bei den schriftlichen Arbeiten. In der Inflationszeit war ihre Stellung nicht zu halten, und sie gimg daher als Religionslehrerin nach Mannheim und unterrichtete seitdem an Fortbildungs=und Fachschulen. Sie ist von der Landeskirche als Beamtin übernommen.

 AKET, Abgabe Frieda Schindelin

Grete Gillet an den Evangelischen Oberkirchenrat, 20. Juli 1938 (Ausschnitt)

Mannheim, am 2o. Juli 1938.

Evang. Oberkirchenrat
27. JUL. 1938 10278

An den

Evangelischen Oberkirchenrat

Karlsruhe / B.

Zwei Ereignisse der allerjüngsten Zeit sind die Veranlassung, aus der heraus wir badischen Theologinnen uns neuerdings mit einer Bitte an den Oberkirchenrat wenden .

1. Die kürzlich erfolgte Vereidigung geschah für den Geistlichen "gebunden an mein Ordinationsgelübde". Da wir ja nicht ordiniert sind, mussten jene Worte bei uns eingeklammert werden. Ist für die Trägerin eines ja auch geistlichen Amtes schon in dieser Preisgabe an das Ungebunden= und Unverpflichtetsein eine grosse Not beschlossen, so wird sie noch grösser, wenn wir hören, dass ein kleiner Teil der Pfarrerschaft diese selbe Formel, aus anderen Gründen, durchgestrichen hat. An dieser Parallele wird uns klar, wie dringend auch die Ausübung unserer Arbeit eine Bindung an Schrift und Bekenntnis erfordert, wenn wir sie in der jetzigen Zeit tapfer und unbeirrt tun sollen. In der gegenwärtigen Lage ist es für uns schwer, ja fast untragbar, in unserem kirchlichen Amt nicht der Kirche, sondern nur dem Staat durch Gelöbnis verpflichtet zu sein.

2. Die am 6. Juli tagende Mannheimer Bezirkssynode schnitt (im Bericht des Referenten, Pfarrer Simon, und in der nachfolgenden Aussprache) gleichfalls die Theologinnensache an und beschloss,

2

durch Herrn Dekan Joest dem Oberkirchenrat ihre Bitte um eine rite vocatio ihrer Theologinnen durch eine Verpflichtung und Einsegnung vortragen zu lassen .

Wir Theologinnen bitten nun auch unsererseits herzlich darum. Uns bewegt kein Grund und Interesse irgendwelcher frauenrechtlerischer Bestrebungen, sondern allein die Not unserer kirchlichen Amtslage, die uns dringend eine verpflichtetere und berufenere Einordnung in die kirchliche Arbeit nötig werden lässt .

Wir gestatten uns daher, dem Oberkirchenrat als Material zu einer neueren Überlegung dieser Frage folgende Schriftstücke mitzusenden :

1. Die Richtlinien für die Verwendung von Pfarrkandidatinnen .... der bad. Landessynode von 193o .
2. Die Denkschrift des Verbandes evangelischer Theologinnen an die Reichskirche, aus dem Jahre 1934 .
3. Das Formular der Ordination der Theologinnen in Württemberg .
   Das Formular, das die hannöversche Landeskirche benutzt, folgt nach .
4. Auszug aus dem Bericht von Pfarrer Simon zur Bezirkssynode .

Wir bitten schliesslich den Oberkirchenrat auch noch darum, durch Mitteilung an die Dekanate zu veranlassen, dass die Verordnung vom 13.11.34 (wiederholt 6.4.38), die Beteiligung der Religionslehrer am kirchlichen Leben betreffend, vorab in § 5, Absatz 2 und 4 , sinngemäss auch auf die theologischen Religionslehrerinnen auszudehnen ist .

Namens der badischen Theologinnen :

Dr. Grete Gillet.

Landeskirchliches Archiv Karlsruhe, Bestand: Evangelischer Oberkirchenrat, Generalia GA 5906

Elisabeth Grauer
1904 – 1995

Elisabeth Grauer

»Ich war doch sehr glücklich
in meinem Beruf.«
(1993)

Aus der Geschichte lernen, – für Elisabeth Grauer bedeutete das im Ruhestand aktives Engagement in der Friedensbewegung. Anfang der achtziger Jahre gehörte sie zu den Gründungsmitgliedern der Gruppe »Göttinger Bürger für Frieden und Abrüstung«, die noch 1993 bestand. Allerdings war sie inzwischen auf drei Personen zusammengeschrumpft: Elisabeth Grauer, ihre Lebensgefährtin Annerose Doerry und ein Mann der gleichen Generation. Unermüdlich standen die beiden Frauen jeden Freitag auf dem Göttinger Marktplatz und schwiegen. Das mitgeführte Transparent gab Auskunft über die Bedeutung des Schweigens: »Eine Mahnung zu Frieden und Abrüstung, eine Anklage gegen Rüstungswahnsinn, Folter und Gewalt in Ost und West.«

Elisabeth Grauer wurde am 20. März 1904 in Kiel als Tochter von Beate Grauer, geb. von Simson, und dem Konteradmiral und Ministerialrat Willibald Grauer geboren. Durch die Familie ihrer Mutter galt sie im Nationalsozialismus als »nicht voll arisch«. Aufgewachsen ist sie in Berlin, dort hat sie auch hauptsächlich studiert und noch vor Beginn des Nationalsozialismus beide theologischen Examina abgelegt. Gegenüber dem Nationalsozialismus verhielt sich Elisabeth Grauer eindeutig und konsequent: schon im Dezember 1933 trat sie dem drei Monate zuvor gegründeten Pfarrernotbund bei, 1934 erhielt sie die »rote Karte«, den Mitgliedsausweis der Bekennenden Kirche.

Eine der ersten Arbeiten als ausgebildete Theologin fand sie als Studentinnenseelsorgerin an der Berliner Universität. Sie verstand ihre Arbeit im Studentinnenpfarramt als Missionsarbeit. So schrieb sie 1937 in einem Artikel für die Mitteilungen des Verbandes evangelischer Theologinnen Deutschlands: »Es soll durch unseren Dienst an der Universität ein kleines Stück Gemeinde gesammelt werden: sehr wechselnd und fließend, der eine geht, der andere kommt, von vielen Schwierigkeiten bedrängt – der Zeitmangel der Studierenden ist für unsere Arbeit ein ungelöstes Problem –, von völlig anders gerichteten Mächten umgeben, und dennoch ein Stück Gemeinde.« Hier scheint – in vorsichtiger Formulierung – auch ein Feld der Auseinandersetzungen auf, die sie führen mußte. An der Universität war die Bekenntnisgemeinde auch von den »völlig anders gerichteten Mächten« der Deutschen Christen umgeben. Andere Schwierigkeiten ergaben sich durch die Beschränkung ihrer Arbeit auf Studentinnen. So monierte sie im gleichen Bericht, daß die Studentinnenvikarin »bei den Veranstaltungen, soweit sie nicht für die Studentinnen im besonderen, sondern für Studenten und Studentinnen gemeinsam stattfinden, als Frau nur verhältnismäßig wenig beteiligt« wird. Gottesdienste und Abendmahlsfeiern gehörten selbstverständlich nicht zu ihren Aufgaben.

Am 2. Juli 1936 wurde sie zusammen mit acht anderen Theologinnen eingesegnet/ordiniert. Es war die erste Einsegnung/Ordination, die die Bekennende Kirche von Berlin-Brandenburg vornahm. Neu war, daß die Einsegnung der Form nach der Ordination der Pfarrer glich. Die Vikarinnen durften ein Gelübde sprechen und bei der Feier wurden Assistenten hinzugezogen, die auch die Urkunde unterschrieben. Anders als die Männer, die bald nach dem Zweiten Theologischen Examen ordiniert wurden, standen diese ersten neun Theologinnen schon lange in der Arbeit, für die sie nun eingesegnet/ordiniert wurden. So schrieb Renate Ludwig, eine der neun Theologinnen, im 5. Rundbrief der Berliner Theologinnen über die Bedeutung der Feier: »... dazu sind wir alle lange genug schon in der Arbeit gestanden, um nicht unser Versagen zu kennen. Damit bekam diese Ordination vielleicht noch einen besonderen Charakter vor allen anderen, daß niemand unbeschwert und ungebrochen, im fröhlichen Vertrauen auf die eigene Kraft vor dem Altar stand, sondern die, die wußten, was ihnen nun auferlegt wird.«

1936 war Elisabeth Grauer die erste Theologin, die in einen kirchlichen Prüfungsausschuß berufen wurde. Als Mitglied der Prüfungskommission der Bekennenden Kirche in Berlin nahm sie die Prüfungen im Fach »Die Arbeit der Frau in der Kirche« ab. Dieses Fach war speziell für die Kandidatinnen der Theologie eingerichtet worden, die Prüfungsordnung legte fest, daß es von Frauen abgenommen werden sollte.

Das Prüfungsamt mußte ab 1937 illegal arbeiten, da Heinrich Himmler der Bekennenden Kirche per Erlaß jede kirchenleitende Funktion verboten hatte. 1941 schritt der Staat gegen die »illegalen« Prüfungen der Bekennenden Kirche ein. Zusammen mit der Prüfungskommission unter Superintendent Martin Albertz und den beiden Sekretärinnen, Grete Michels und Ilse Arnheim, wurde Elisabeth Grauer verhaftet.

Über die Zeit im Gefängnis schrieb sie: »Am 9. Juni kam ich dann in das ehemalige preußische Untersuchungs- und Strafgefängnis Berlin-Moabit, wieder in Einzelhaft. In Moabit ging alles geordnet wie wohl eh und je in einem preußischen Gefängnis zu. Die Zelle war etwas größer als am Alex, ich taxiere 2 x 3 m, die Einrichtung etwas reichhaltiger, es gab einen Klapptisch, einen Stuhl und eine Bank. Die Zelle war eigentlich für 2 Insassen gedacht. Der Tagesablauf: Wecken um 7 Uhr, Frühstück, Reinigen der Zelle, ½ Stunde Rundgang im Gefängnishof. Um 11 Uhr Mittagessen. Vormittags und nachmittags bis 16 Uhr war Arbeitszeit. Ich hatte die Aufgabe, aus Pappe primitive kleine Flugzeuge zu kleben, die wohl als Kinderspielzeug gedacht waren. Auch hatte ich einmal mehrere Tage lang grüne Bohnen zu schnippeln; dabei habe ich den Ärger der Wachtmeisterin erregt, die die Arbeit einteilte, weil ich am Sonntag nicht gearbeitet hatte. Die Sonntage waren grundsätzlich arbeitsfrei, aber da es sich um Heeresbedarf handelte, hatten sie erwartet, daß ich mehr leisten würde. ... Die Ermittlungen zogen sich monatelang hin. Erst im Dezember kam es zum Prozeß. Vom Staatsanwalt bin ich in der ganzen Zeit nur einmal vernommen worden. Die Assessoren der Verteidigung suchten uns des öfteren auf. Mit ihnen durften wir unter vier Augen sprechen. Bei anderen Besuchen, die man in Abständen empfangen durfte, war natürlich stets eine Aufsichtsperson dabei. In diesem Zusammenhang gedenke ich mit sehr großer Dankbarkeit an Ilse Fredrichsdorff, damals eine Vikarin in Berlin, noch ohne feste Anstellung. Sie übernahm meine regelmäßige Betreuung, da meine nächsten Angehörigen nicht in Berlin wohnten. Sie erledigte nicht nur Besorgungen für mich, sondern war mir auch innerlich eine große Hilfe. ... Ich wurde zu 4 Monaten Gefängnishaft verurteilt, die durch die Untersuchungshaft als verbüßt galten. Die Entlassung aus Moabit erfolgte am nächsten Tag (23. Dezember 1941), führte aber nicht direkt in die Freiheit, sondern noch einmal nach dem Alex vor die Geheime Staatspolizei. Nach einem kurzen Gespräch dort kam ich frei, wie auch alle übrigen unserer Gruppe, mit Ausnahme von Superintendent Albertz und Günther Dehn, die längere Haftstrafen erhalten hatten, und der Sekretärin Ilse Arnheim. Sie war ›vollnichtarisch‹ und wurde deshalb direkt von dort aus zum Transport nach dem Osten, und damit in den Tod geschickt, mit ihren Eltern zusammen ...«.

Da Elisabeth Grauer *nur* »¼ nicht-arisch« war, ist die Gefahr der Deportation an ihr vorübergegangen. Einige Monate später begann sie eine neue Arbeit in Breslau, zunächst in der Gemeinde St. Bernhardin, noch ohne pfarramtliche Befugnisse. Am 1. April 1945 wurde sie mit der Gemeinde nach Breslau-Zimpel evakuiert. Da nur noch wenige Geistliche in der Stadt bleiben durften, konnten die Vikarinnen, die nicht zu den Geistlichen zählten, bleiben und die Arbeit der fehlenden Pfarrer übernehmen. Die Situation erforderte, daß sie jetzt auch mit der Wortverkündigung und Sakramentsverwaltung im Hauptgottesdienst, und zeitweilig auch mit der Gemeindeleitung betraut wurde. So durfte sie zum ersten Mal die ganze Arbeit tun, für die sie studiert hatte und die sie mit ihrem Einsegnungs-/Ordinationsgelübde versprochen hatte: »Die Gemeinde Jesu Christi, die Er durch Sein eigenes Blut erworben hat, mit dem reinen Worte Gottes zu weiden (und) die heiligen Sakramente, sofern euch ihre Spendung von der Kirchenleitung gestattet wird, nach der Einsetzung Jesu Christi zu spenden.«

In Breslau hat sie auch Annerose Doerry kennengelernt, die Gefährtin, die sie an allen Stationen ihres weiteren Lebens begleitete.

Am 18. Oktober 1946 wurde sie zusammen mit der Gemeinde nach Görlitz evakuiert. Sie arbeitete noch 1½ Jahre in der Gemeinde, die Predigt im Sonntagsgottesdienst wurde ihr nun aber nicht mehr übertragen. Im Juni 1950 übernahm sie die Verwaltung der Pfarrstelle in Döbberin, aus der Vikarin Elisabeth Grauer wurde die Pfarrvikarin. Der nächste Wechsel führte sie nach Langsow, wo sie ebenfalls die Pfarrstelle verwaltete. Ordentlich in eine Pfarrstelle eingeführt wurde sie zum ersten Mal am 1. Juni 1963 in Eberswalde. Nun war sie nicht mehr Verwalterin sondern Inhaberin der Pfarrstelle. Hier bekam sie auch endlich den Titel, der den Theologinnen so lange vorenthalten war: Pastorin.

Am 1. April 1969 begann für Elisabeth Grauer der Ruhestand. Zusammen mit Annerose Doerry siedelte sie nach Göttingen über, wo sie sich noch vielfältig engagiert hat. Gestorben ist sie am 12. April 1995 im Alter von 91 Jahren.

Hannelore Erhart, Dagmar Herbrecht

Grauer, Elisabeth: Das Amt der Theologin an der Universität, in: Mitteilungen des Verbandes evangelischer Theologinnen 1937, Heft 2, S. 11-14.

Dies.: Bericht über die Inhaftierung; Archiv des Konvents Evangelischer Theologinnen in Deutschland.

Erhart, Hannelore; Herbrecht, Dagmar: Nachruf auf Pastorin Elisabeth Grauer, in: Gemeindebrief der Ev.-Ref. Gemeinde Göttingen, September – November 1995, S. 19f.

Schutt, Wilfried; Wehr, Gottfried: Interview mit Elisabeth Grauer und Annerose Doerry, in: Gemeindebrief der Ev.-Ref. Gemeinde Göttingen, Juni – August 1993, S. 16-20.

Mitteilungen
des
Verbandes evangelischer Theologinnen
Deutschlands

7. Jahrgang | 2. Vierteljahr | 1937

Das Amt der Theologin an der Universität.

Elisabeth Grauer, Berlin.

Seit ca. 10 Jahren hat die evangelische Kirche für die Universitäten Studentenpfarrer eingesetzt. Sie erhielten den Auftrag, der Studentenschaft im besonderen zu dienen. Vor über 4 Jahren trat ich als Vikarin für die Studentinnen der Berliner Universität in die Arbeit des Berliner Studentenpfarramtes mit ein. Diese Zeilen sollen in kurzem Umriß zeigen, welches der Sinn dieser Arbeit im einzelnen ist.

Die eigentlich so tieftraurige Tatsache, daß Menschen, die getauft und konfirmiert sind, dennoch alsbald ihrer Kirche den Rücken wenden, ist auf diesem Arbeitsgebiet besonders in die Augen fallend. Für viele junge Menschen ist die Einsegnung zugleich ihre Aussegnung geworden.

Aber worin besteht nun der Dienst der Studentinnenvikarin im einzelnen? Auf alle mögliche Weise muß zunächst versucht werden, den Studierenden die Arbeit überhaupt erst einmal bekannt zu machen. Wie wenig man durch schriftliche Einladungen und durch Anschläge erreicht, weiß jeder, der es einmal damit versucht hat. Darum ist es sehr nötig, darüber hinaus die Studentinnen persönlich aufzusuchen. Doch ist dies, insbesondere in der Großstadt mit ihren weiten Entfernungen, nur in geringem Maße durchführbar. Man kann gelegentlich versuchen, auch Studentinnen selbst zu solchem Besuchsdienst heranzuziehen. Auf alle Fälle muß immer wieder geworben und zu unseren Veranstaltungen eingeladen werden. Wie in jeder Gemeinde, so gibt es auch bei uns Gottesdienste, Bibelstunden und Vortragsabende, auch Andachten, ferner Treffen und Freizeiten, bei denen die jungen Menschen einmal für kurze Zeit aus ihrem gewohnten Getriebe herauskommen sollen. Hierbei kann am ehesten etwas von dem, was Gemeinde sein soll, gelernt werden. Auch unser Singkreis stellt uns praktisch (bei Gottesdiensten und im Krankenhause) in den Gemeindedienst hinein.

in: Mitteilungen des Verbandes evangelischer Theologinnen Deutschlands, 7. Jg. 2. Vierteljahr 1937 (AKET)

Im Namen des Vaters, des Sohnes und des Heiligen Geistes

Namens der Evangelischen Kirche in Berlin-Brandenburg berufen wir die

Pfarrvikarin **Elisabeth Grauer**

geboren am 20. März 1904 in Kiel zur Inhaberin einer Pfarrvikarinnenstelle in der Evangelischen Stadtkirchengemeinde Eberswalde, Kirchenkreis Eberswalde, und übertragen ihr die Pfarrstelle dieser Gemeinde mit dem Dienstsitz in Eberswalde.

Sie ist verpflichtet, in der ihr anvertrauten Gemeinde das Wort Gottes, wie es in der Heiligen Schrift Alten und Neuen Testamentes enthalten ist, in den Bekenntnisschriften der Evangelischen Kirche, insonderheit in der Augsburgischen Konfession neu ans Licht getreten und gegenüber den Irrlehren unserer Zeit in der theologischen Erklärung von Barmen bezeugt ist, zu verkündigen, sowie die Heiligen Sakramente auszuspenden. So soll sie als ein guter Seelsorger lehren, trösten, warnen strafen und vermahnen, der Gemeinde mit einem gottseligen Wandel vorleuchten, überhaupt sich so verhalten, wie es einer untadelhaften evangelischen Pfarrvikarin eignet und gebührt und wie sie es hier auf Erden vor ihrem Gewissen, vor der Kirche und vor der Obrigkeit, einst aber vor dem Richterstuhl Gottes zu verantworten sich getraut. Zur Erfüllung dieser Verpflichtungen erbitten wir ihr den Gnadenbeistand und den Segen des Herrn, damit durch ihren Dienst die Ehre Gottes vermehrt und Sein Reich verbreitet werde. Allen aber, die es angeht, befehlen wir, die Pfarrvikarin Elisabeth Grauer anzuerkennen und ihr mit gebührender Achtung und Ehrerbietung zu begegnen.

Eberswalde, den 10. Juni 1963

Der Gemeindekirchenrat
der Ev. Stadtkirchengemeinde Eberswalde
im Kirchenkreis Eberswalde

Der ordnungsmäßige Vollzug der Wahlhandlung wird hiermit bestätigt.

Eberswalde, den 10. Juni 1963

Der Superintendent des
Kirchenkreises Eberswalde

(Schuppan)

AKET, Nachlaß Elisabeth Grauer

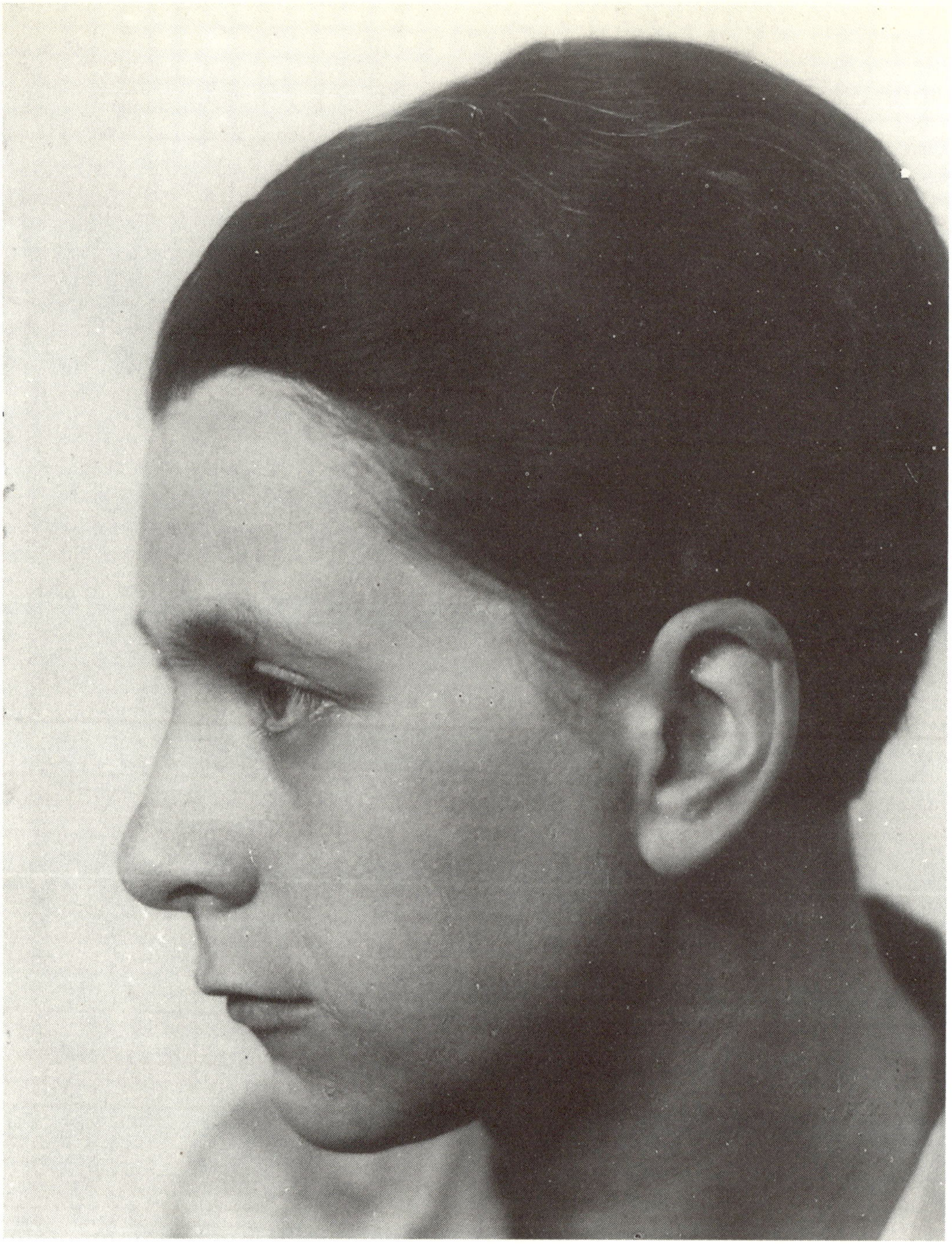

Ina Gschlössl
1898 – 1989

Ina Gschlössl

»Nirgends im Neuen Testament wird ein Mensch verdammt aufgrund seiner Rassezugehörigkeit« (1932)

Ina Gschlössl war eine engagierte Kämpferin für Gleichberechtigung und Menschenrechte, die sich mutig sowohl für ihre eigenen Rechte als Frau als auch für benachteiligte, entrechtete und bedrohte Menschen einsetzte. »Sie scheute sich nicht selbst zuzupacken, wo sie auf Not traf«, heißt es in ihrer Todesanzeige. Ihr soziales Engagement war stets von einer klaren politischen Analyse begleitet, die sie in Konflikte mit der politischen und kirchlichen Obrigkeit brachte.

Ina Gschlössl wurde am 13. Dezember 1898 in Köln geboren. Sie kam aus »kleinen Verhältnissen«. Ihr Vater war der Postassistent Friedrich Karl Gschlössl, ihre Mutter die Kindergärtnerin Antonia Maria Franziska Gschlössl, geb. Zimmermann. Zusammen mit den Eltern, dem älteren Bruder Karl und der jüngeren Schwester Maria Karoline lebte Ina Gschlössl in der von Kleinbürgertum und Arbeitermilieu geprägten Kölner Vorstadt Nippes. Ina Gschlössl galt in der Familie immer als »die Gescheite«. Sie interessierte sich nicht weiter für typische hausfrauliche Tätigkeiten.

Nach Abitur und Lehrerinnenexamen begann sie 1920 zunächst Sozialwissenschaften in Köln, dann in Bonn Philologie zu studieren, wechselte aber schon 1922 an die theologische Fakultät. Ihr Entschluß, Theologie zu studieren, fiel in eine Zeit, in der für Frauen noch keine Aussichten auf spätere Tätigkeiten in der Kirche bestanden.

Von Bonn wechselte Ina Gschlössl an die Universität Marburg. Dort studierte sie vor allem bei den Professoren von Soden, Bultmann und Hermelink. Besonders wichtig war die Begegnung mit dem religiösen Sozialisten Paul Tillich. Zwischen Tillich und Ina Gschlössl entwickelte sich bald ein freundschaftliches Verhältnis.

Neben ihrer wissenschaftlichen Ausbildung arbeitete Ina Gschlössl noch bis 1924 als Jugendleiterin in der bündischen Jugendbewegung »Wandervogel«.

In die Marburger Zeit fiel die Begegnung mit Annemarie Rübens, Aenne Schümer (verheiratete Traub) und Elisabeth von Aschoff (verheiratete Bizer). Elisabeth Bizer erinnert sich – daraufhin von mir befragt – gerne an diese Zeit: »Das Studium hat uns interessiert. Wir hatten eine gute Freundschaft miteinander. Es war sehr wichtig, daß wir nicht allein waren.« Neben tiefer Freundschaft verband diese vier Frauen auch ihr gemeinsamer Kampf um die Öffnung des Pfarramtes für Frauen.

Ina Gschlössl gehörte zu denen, die sich von Anfang an kompromißlos für gleiche Rechte von Männern und Frauen in der Kirche einsetzten. Die Mehrheit der Vikarinnen, die durch den Verband evangelischer Theologinnen vertreten wurden, war dagegen zum pfarramtlichen Dienst in untergeordneten Funktionen bereit. Ina Gschlössl gründete aus Protest gegen diese Haltung 1930 zusammen mit ihren Freundinnen die Vereinigung evangelischer Theologinnen und forderte das volle, dem Manne gleichgestellte Pfarramt auch für Frauen.

Ina Gschlössl legte im Februar 1927 das Erste Theologische Examen an der Philipps-Universität in Marburg ab. Am 1. Mai 1927 begann sie in Köln bei dem »roten Pfarrer« Fritze ihre praktische Ausbildung als Vikarin. Sie wurde jedoch gegen ihren Willen aufgrund der unklaren gesetzlichen Situation im November 1927 zur »Berufsschularbeit abkommandiert«, wie sie selbst sagte. Ina Gschlössl legte somit nie das Zweite Theologische Examen ab.

Um 1928 trat sie zusammen mit Annemarie Rübens, Aenne Schümer und Elisabeth von Aschoff in die SPD ein. Ein genaues Datum ist nicht mehr festzustellen. Wahrscheinlich trug zu dieser Entscheidung, neben der Betroffenheit Ina Gschlössls über die sozialen und politischen Verhältnisse der ausgehenden zwanziger Jahre und der für Ina Gschlössl unbefriedigenden kirchlichen Situation, auch das Wirken der damaligen Frauenbewegung und der Einfluß der religiösen Sozialisten Tillich und Fritze mit bei.

Ina Gschlössls Name findet sich in den Mitgliedslisten der Bruderschaft sozialistischer Theologen, deren wichtigstes Anliegen es war, die Solidarität sozialistisch gesinnter Pfarrer untereinander zu fördern.

Wie Ina Gschlössl zu der sich abzeichnenden nationalsozialistischen Herrschaft stand, geht deutlich aus einem Aufsatz hervor, den sie 1932 in dem von Leopold Klotz herausgegebenen Band »Die Kirche und das Dritte Reich« veröffentlichte.

Ina Gschlössl entlarvt darin die nationalsozialistischen Argumentationen gegen das Judentum als von »trübem Fanatismus« getragen und »pseudowissenschaftlich«. Und in einer Vorahnung dessen, was da kommen sollte, stellt sie fest: »Wer heute hetzt, mit Gewalttat droht, der hat sich morgen mit der Schuld für Totschlag und alle Rohheit belastet ... Der Vergötzung des eigenen Volkes, des germanischen Blutes entspricht die Absolutsetzung der eigenen Position, die durchzusetzen alle Mittel recht zu sein scheinen.« Abschließend kommt sie zu dem Ergebnis: »Alles in allem: Wenn unserer evangelischen Kirche gelegen wäre an Macht und Ehre, an ›Prestige‹, so würde man schon sagen müssen, daß sie an diesen Gütern im ›Dritten Reich‹ nur gewinnen könnte und müßte. Was hat sie zu erwarten, wenn sie in menschlicher Sucht nach Gütern dieser Welt, in Blindheit gegen ihren Auftrag, bedenkenlos all diese heidnisch-religiösen, politischen, weltlichen Strömungen ungefragt und unkritisch in sich einmünden läßt? Doch eine schlimme Bedrohung ihrer christlichen Substanz, eine Verkürzung ihres tiefsten Gehaltes, die nie und nimmer ausgeglichen oder gut gemacht werden kann durch noch so großen äußeren Aufschwung.«

Noch im Herbst 1932 referierte die Jüdische Wochenzeitung ausführlich den Artikel von Ina Gschlössl.

Im Sommer 1933 wurde Ina Gschlössl aus dem Berufsschuldienst entlassen, weil sie, wie es in einem Schreiben des Kölner Oberbürgermeisters vom 8. November 1933 an den Kirchenkreis Köln heißt: »... am 3. Juli 1933 in einer Religionsstunde ungeziemende Bemerkungen über den Herrn Reichskanzler und andere Staatsmänner gemacht und sich über die Judenfrage in einer Art und Weise ausgelassen hat, die jedes Verständnis für den nationalen Standpunkt vermissen lässt.«

In den Jahren der Arbeitslosigkeit unterrichtete Ina Gschlössl behinderte Kinder und betreute eine jüdische Familie. Seit dem 1. Januar 1938 war sie als Fürsorgerin vom Kirchenkreis Köln angestellt. Ihr wurden Vormundschaften, Pflegschaften, Gefährdeten- und Gefangenenfürsorge übertragen. Zu ihrer schwierigsten und bedrängendsten Arbeit gehörte schließlich auch die Betreuung »nicht-arischer« und »halb-arischer« evangelischer ChristInnen der Kölner Gemeinde, für die sie zuständig war. Superintendent Encke, der Ina Gschlössl nach dem Krieg ein Zeugnis (datiert vom 19. März 1946) ausstellte, betont, daß sie »gerade diese Arbeiten, die unter den vergangenen Verhältnissen einen besonders persönlichen Einsatz erforderten und sich oft

schwierig gestalteten ... mit besonderem Geschick und mit großer Liebe durchgeführt (hat), wobei sie auch sehr schwierige Verhandlungen mit den Behörden nicht gescheut hat.« Weiter bescheinigt Encke, daß Ina Gschlössls klare kirchliche und politische Stellungnahme während des Nationalsozialismus für den Wiederaufbau der kirchlichen Arbeit in Köln eine wichtige Voraussetzung war. Während der Kriegsjahre hat Ina Gschlössl Akten jüdischer Menschen, die von der Deportation bedroht waren, vernichtet.
1945 schied Ina Gschlössl auf eigenen Wunsch aus der Fürsorgerinnentätigkeit aus und engagierte sich beim Neubeginn des Berufsschulunterrichts, dessen Gesamtleitung ihr 1948 von Superintendent Encke übertragen wurde. Mit wenigen MitarbeiterInnen baute sie aus den Trümmern – es fehlten Klassenräume, LehrerInnen mit entsprechender Ausbildung, Lehrpläne und Arbeitsmaterialien – eine umfangreiche Berufsschularbeit auf, die 1966 beim Ausscheiden von Ina Gschlössl aus dem Schuldienst von 29 hauptamtlichen und 32 nebenamtlichen ReligionslehrerInnen getragen wurde.
Seit 1966 lebte sie allein in einem gemieteten, für jedermann und jedefrau offenen Häuschen am Brombacher Berg, bevor sie 1976 zu ihrer Nichte nach Neusäß bei Augsburg zog. Ina Gschlössl verstarb am 20. Januar 1989 im Alter von 90 Jahren.

Dagmar Henze

Gschlössl, Ina; Rübens, Annemarie: Die Ausführungsbestimmungen zum Preußischen Vikarinnengesetz, in: Christliche Freiheit. Evangelisches Gemeindeblatt für Rheinland und Westfalen, Nr. 25, 44. Jg., 1928, Sp. 271-274.

Gschlössl, Ina: Frau und Kirche, in: Vordemfelde, Hans (Hg.), Gegenwartsnöte der evangelischen Kirche. 11 Aufsätze zur Kirchenfrage, Gotha 1929, S. 43-51.

Gschlössl, Ina: Der Theologen Streit und Friede. Vortrag zur Vierhundertjahrfeier des Marburger Religionsgespräches, gehalten in der Volkskirchlichen Vereinigung Aachen am 8. Oktober 1929, in: Christliche Freiheit. Evangelisches Gemeindeblatt für Rheinland und Westfalen, 45 Jg., 1929, Nr. 22 Sp. 218-221 und Nr. 23 Sp. 231-234.

Gschlössl, Ina; Rübens, Annemarie: Ein notwendiges Wort in Sachen der Theologinnen, in: Christliche Welt, 1930, Nr. 5, Sp. 216-220.

Gschlössl, Ina: in: Klotz, Leopold (Hg.): Die Kirche und das Dritte Reich. Fragen und Forderungen deutscher Theologen, 2 Bände, Gotha 1932, Bd. II S. 55-61.

Härter, Ilse: Vor politischen und kirchlichen Oberen schreckte sie nicht zurück. Ina Gschlössl wird 90 Jahre, in: Junge Kirche, 49. Jg., Heft 11/1988, S. 606-609.

Henze, Dagmar: Ina Gschlössl. Porträt einer streitbaren Theologin der ersten Generation, in: Dorothee Sölle (Hg.), Für Gerechtigkeit streiten. Theologie im Alltag einer bedrohten Welt, Gütersloh 1994, S. 123-136.

Protokoll der Sitzung der Theologinnen-Vereinigung am 7. Nov. 1931 in Köln (Ausschnitt)

Protokoll der Sitzung der Theologinnen-Vereinigung
am 7. November 1931 in Köln.

Anwesend: D. Barth, v. Aschoff, Türck, Gschlössel.
Ulricke Türck berichtet über die Schwierigkeiten, die sich in der Hess.-
Nassauischen Landeskirche bei ihrer Anstellung als Vikarin ergeben habe
mit dem Resultat, dass man ihr – trotzdem der Bischof auf ihrer Seite
stand und für sie in einer Gemeinde das Amt einer Gemeindehelferin mit
der Befugnis zu Wochenend- und Abendgottesdiensten einrichten wollte –
eine Wohlfahrtspflegerin vorzog, angeblich genötigt durch eine Abstimmu
im Kirchenrat, in Wirklichkeit, weil die Pfarrer sie nicht haben wollte
Nun habe der Bischof das Interesse an der Sache verloren und ihr gerate
sich anderwärts zu bemühen um eine Stelle. Allerdings besteht jetzt für
sie die Aussicht in einer kleinen Gemeinde angestellt zu werden, falls
Mittel dazu aufgebracht werden können. Gschlössel bringt zum Ausdruck, da
die Kirche sich überlegen muss, was sie mit den Theologinnen zu tun ged
Sie sei moralisch verpflichtet für sie in demselben Masse zu sorgen wie
die männlichen Theologen, nachdem sie Gesetze über die Ausbildung erlas
und Examina abgenommen habe. Barth entgegnet, man solle die Kirche ma
die Werte der weiblichen Betätigung in den Gemeinden, die man gerade er-
kannt hatte, nicht der allgemeinen Notlage zum Opfer fallen zu lassen.

1. Es soll eine Denkschrift verfasst werden, die bei sämtlichen Kirchenbehörden beantragt, eine Revision des Vikarinnengesetzes vorzunehmen im Sinn der völligen Gleichstellung mit den männlichen Theologen.

2. Gleichzeitig soll der Theologinnenverband angefragt werden, ob er unter Umständen geneigt ist, mit unserer Vereinigung eine gemeinsame Aktion zu unternehmen.

3. Die Fühlung mit den ausländischen Theologinnen soll sofort aufgenommen werden.

Diesen Vorschlägen wird zugestimmt und Rübens soll gebeten werden eine derartige Denkschrift zu entwerfen und zum Zweck der Weiterbearbeitung an die Kölner Gruppe zu schicken, die sie dann den einzelnen Mitgliedern zur persönlichen Stellungnahme und Weiterbearbeitung zusenden wird.

Der Oberbürgermeister an den Kirchenkreis Köln z.Hd. d. Herrn Superintendenten Lic. Klingenburg, 8. November 1933

Der Oberbürgermeister

A 71 Nr.

KÖLN, DEN 8. November 1933

FERNSPRECHER 21 02 11, NEBENSTELLE

An den Kirchenkreis Köln
z.Hd.d.Herrn Superintendenten
Lic. K l i n g e n b u r g

K ö l n

Lothringerstr.115

ZUM SCHREIBEN VOM 30.10.33
Tgb.Nr.1504. A 71
HIERZU ANLAGE

Die Vikarin G s c h l ö s s l ist aus dem Berufsschuldienst der Stadt Köln entlassen worden, weil sie am 3.Juli 1933 in einer Religionsstunde ungeziemende Bemerkungen über den Herrn Reichskanzler und andere Staatsmänner gemacht und sich über die Judenfrage in einer Art und Weise ausgelassen hat, die jedes Verständnis für den nationalen Standpunkt vermissen lässt.

J. V.

Kirchenkreis Köln. Köln, den 25. November 1933.
Tgb.Nr.1633.

U.

Dem Evangelischen Konsistorium
weitergereicht.

Lic. Klingenburg

Pr. 27 NOV. 1933
EVANG. KONSISTORIUM
DER RHEINPROVINZ

VII a 32

Ilse Härter
* 1912

Ilse Härter

»Die Anrede ›liebe Brüder‹
hatten wir mit dem nicht-verbalen Zusatz
›Schwestern eingeschlossen‹ zu hören.
So wurden wir belehrt,
wenn wir dagegen protestierten,
unter ›liebe Brüder‹ vereinnahmt zu werden.«
(1985)

»Darum erklärte ich D. Hesse, er möge dem Presbyterium mitteilen, daß ich bei meiner Einsegnung nicht anwesend sein würde. Das verschlug ihm die Sprache.« Mit diesen kessen und mutigen Worten konterte Ilse Härter als das Presbyterium ihr nach bestandenem Zweiten Theologischen Examen 1939 die Ordination verweigerte. Mut und Esprit bewies sie jedoch nicht nur in der Frage der Frauenordination, die sich als ein Lebensthema durch ihre Biographie zieht, sondern auch im Einsatz gegen jedwede Form von Ungerechtigkeit.
Ilse Härter wurde am 12. Januar 1912 geboren.
Aufgrund eines Artikels über die junge Hamburger Gefängnisseelsorgerin Sophie Kunert entschloß sie sich, Theologie zu studieren. Sie studierte während der Zeit des Nationalsozialismus in Göttingen, Tübingen, Königsberg und Bonn.
U.a. durch die Theologen Hans-Joachim Iwand und Julius Schniewind wurde ihr 1933/34 der Weg in die Bekennende Kirche eröffnet. Bereits zu Beginn des Kirchenkampfes hatte sie ihre Position gefunden. Und so gehörte sie im Sommersemester 1935 dem studentischen Bruderrat in Bonn an. Im Oktober verfolgte sie die Theologische Woche in Barmen. Das Barmer Bekenntnis blieb für sie bis heute Befreiung und Verpflichtung für ihr Handeln.
Auch beide Theologischen Examina (Herbst 1936 und Frühjahr 1939) legte sie vor dem Prüfungsausschuß der Bekennenden Kirche der Altpreußischen Union ab. Damit schlug sie den Weg der »illegalen« Schwestern und Brüder der Bekennenden Kirche ein, denn nach dem Verständnis der Deutschen Evangelischen Kirche hatte sie kein legales, sprich rechtskräftiges Examen abgelegt. Insbesondere seit dem Himmler-Erlaß von 1937 war der Bekennenden Kirche von Seiten des Staates jede Prüfungstätigkeit untersagt worden. Prüfungsakten wurden beschlagnahmt, Kandidatinnen und Kandidaten von der Gestapo verhört, so auch Ilse Härter.
Der Weg der »Illegalen« war vorgezeichnet: Sie gingen in eine ökonomische Unsicherheit, die die Theologinnen noch stärker traf als die Theologen – galt doch auch bei der Bekennenden Kirche der Grundsatz, daß zunächst die Theologen (mit ihren Familien) notdürftig gesichert werden mußten; zudem waren Leben und Arbeiten durch den Kontext der Bekennenden Kirche – und oft auch in Kritik am unterlassenen Handeln dieser Kirche – geprägt.
Ilse Härter hatte ihre theologischen Examina noch nach dem Kirchengesetz der Evangelischen Kirche der Altpreußischen Union aus dem Jahr 1927 abgelegt. Bei ihrer geplanten ersten Anstellung nahm Ilse Härter die hierin festgeschriebene patriarchale Verengung des Gemeinde- und Amtsverständnisses nicht widerspruchslos hin und verweigerte die Einsegnung. Da Ilse Härter auf ihrer Ordination bestand, die man ihr nicht gewähren wollte, versah sie schließlich ihre Aufgaben in der Gemeinde Elberfeld ohne Amtseinführung.
In der Bekennenden Kirche – vornehmlich in Berlin-Brandenburg – zeichnete sich allmählich während des Kirchenkampfes, vor allem aber im Krieg, eine Änderung des patriarchalen Amts-

verständnisses ab, als Theologinnen für eingezogene Pfarrer Verwendung fanden oder auch im Auftrag des Bruderrates Bekennende Gemeinden aufbauen sollten. Mit einer solchen Arbeit des Aufbaus und der Betreuung einer Bekenntnisgemeinde war auch Ilse Härter vom brandenburgischen Bruderrat betraut.

Die Bekennende Kirche bestellte 1940/41 den Vikarinnenausschuß, der theologisch klären sollte, ob die Vikarin in das Predigtamt berufen und ordiniert werden kann. Ebenfalls bedingt durch die Anforderungen des Krieges änderte sich das Amtsverständnis der Bekennenden Kirche, wiederum vornehmlich in der Bekennenden Kirche Brandenburgs: Funktionen des Pfarramtes, wie etwa die eines Liturgen oder Predigers, sollten auf mehrere Presbyter übergehen können, die für diesen Dienst auch ordiniert werden sollten, obwohl sie kein ordentliches Theologiestudium oder ein Vikariat absolviert hatten. Trotz dieser Beschlüsse über den Einsatz von Presbytern konnte sich die Mehrheit der Synodalen auf der Bekenntnissynode in Hamburg 1942 nicht zu einem Beschluß verstehen, der die Übertragung voller pfarramtlicher Funktionen an Theologinnen einschließlich ihrer vollen Ordination ermöglichen sollte. Gegen diese Mehrheitsposition nahm Kurt Scharf Stellung, indem er Ilse Härter und Hannelotte Reiffen am 12. Januar 1943 ordinierte, obwohl von seiten der Gestapo ein Verbot von Ordinationen durch die Bekennende Kirche bestand.

Während des Krieges übernahm Ilse Härter 1941 die Pfarrvertretung für den verhafteten Superintendenten Lic. Günther Harder in Fehrbellin, 1942 für den zum Wehrdienst eingezogenen Hermann Diem in Ebersbach/Württemberg und 1944 im »Bärwalder Ländchen«/Mark.

In dieser Zeit machte sie die Erfahrung, »daß das dauernd vorgebrachte Argument führender Theologen, die Gemeinden würden sich eine Frau auf der Kanzel, also im Pfarramt, nicht gefallen lassen, gegenstandslos war.«

Während z. B. die Gemeinde in Ebersbach durchaus mit ihrer Arbeit als »weiblicher Pfarrer« zufrieden war, wurde Anzeige von einem Außenstehenden beim württembergischen Oberkirchenrat erhoben, weil sie die Sonntagspredigt im Talar auf der Kanzel hielt und auch das Abendmahl austeilte. »Das Verbot meiner pfarramtlichen Tätigkeit, das der Dekan in Göppingen der Gemeinde Ebersbach übermitteln sollte, gab dieser nicht bekannt, weil er dort einen ›Aufruhr‹ befürchtete ... Schließlich ging der Gemeindekirchenrat geschlossen zum Oberkirchenrat und erfocht meine Weiterarbeit wie bisher.«

Ilse Härter setzte sich nicht nur für die Öffnung des Pfarramtes für Frauen ein, sondern auch ein verändertes partnerschaftliches Amtsverständnis war ihr wichtig. Denn »auch bei der vollen Gemeindearbeit machten wir die Erfahrung, daß wir von der Gemeinde nicht auf einen Podest gestellt wurden, wie das mit den Pfarrern zu jener Zeit oft noch geschah. Ich denke nicht, daß das eine Mißachtung unserer Person als Frau war, sondern ein Zeichen dafür, daß wir mit unserer Arbeit dazu beigetragen haben, daß die ›Herrscherstellung‹ des Pfarrers etwas abgebaut wurde.«

Und so beschreibt sie eindrücklich die Nähe zu ihrer Gemeinde, als ihr bei einem Besuch im Elberfelder »Petroleumviertel« die Frau das schreiende Baby in die Hand drückte, damit sie weiter die Wäsche waschen konnte, während sie miteinander sprachen. »Zu der Zeit«, so Ilse Härter, »wurden die Pfarrer bei Hausbesuchen in die ›gute Stube‹ geführt – soweit vorhanden.«

Der kurze Abriß aus dem Leben Ilse Härters wäre zu eng, würde hier nur ihr Eintreten für die Möglichkeit der Übertragung des vollen Pfarramtes an Theologinnen aufgezeigt. Ihre Zugehörigkeit zur Bekennenden Kirche fand einen deutlichen Ausdruck in ihrer Verweigerung des Eides auf Hitler, in der Abkündigung und Sammlung der Kollekten der Bekennenden Kirche und in der namentlichen Fürbitte für Schwestern und Brüder in den Gefängnissen und Konzentrati-

onslagern der SS. Ging sie schon in diesem Handeln über das hinaus, was die Mehrheit der Pfarrer der Bekennenden Kirche bereit war, mitzutragen, so findet ihr Verständnis bekennender Gemeinde einen prägnanten Ausdruck in der Hilfe für ausgegrenzte und bedrohte Juden und Jüdinnen durch eine Vermittlung von Unterkünften und durch Senden von Lebensmittelmarken an ein Mitglied des brandenburgischen Bruderrates, das sich dieser Hilfe verpflichtet hatte.
Nach dem Krieg führte Ilse Härters Weg in die Schule. Von 1952 bis 1972 war sie als Berufsschulpfarrerin in Wuppertal-Elberfeld tätig. Sie gehörte zu den Begründern der Übersynodalen Arbeitsgemeinschaft (ÜSAG), die die Konstituierung, Koordinierung und fachdidaktische Entwicklung des evangelischen Religionsunterrichtes an beruflichen Schulen im Bereich der Evangelischen Kirche im Rheinland koordinierte.
Im Laufe von 20 Jahren hat Ilse Härter nachhaltige Impulse in die Berufsschularbeit eingebracht. Sie verstand sich als »Anwältin« der SchülerInnen im Gegenüber von Kirche und Schule und setzte sich für die Aufwertung des Arbeitsfeldes der ReligionslehrerInnen ein.
Seit 1972 lebt Ilse Härter im Ruhestand. Seitdem hat sie es sich u.a. zur Aufgabe gemacht, der Geschichte der Theologin insbesondere an Bruchstellen der deutschen Geschichte nachzuforschen. So verfaßte sie einen eindrücklichen Beitrag zu ihrer eigenen Geschichte mit der Ordination und zeigte an Ina Gschlössl das Eintreten einer Theologin gegen den Antisemitismus bereits vor dem Jahr 1933 auf. So verbinden sich in ihren Beiträgen ihr doppeltes Eintreten für Gerechtigkeit – für die vollen Rechte der Theologin und gegen ungerechte Gewaltmaßnahmen.
Für diese beiden Aspekte lebt und arbeitet sie und gibt uns jüngeren Theologinnen Wegweisung für eigenes Engagement und eigene Forschung.

Hannelore Erhart, Heike Köhler

Härter, Ilse: Persönliche Erfahrungen mit der Ordination von Theologinnen in der Bekennenden Kirche des Rheinlandes und in Berlin/Brandenburg; in: Günther van Norden (Hg.), Zwischen Bekenntnis und Anpassung. Aufsätze zum Kirchenkampf in rheinischen Gemeinden, in: Kirche und Gesellschaft, Schriftenreihe des Vereins für Rheinische Kirchengeschichte Bd. 84, Köln 1985, S. 193-209.

Dies.: Vor politischen und kirchlichen Oberen schreckte sie nicht zurück. Ina Gschlössl wird 90 Jahre, in: Junge Kirche 49. Jg. 11/1988, S. 606-613.

Dies.: Gemeindearbeit als Arbeitsfeld für Theologinnen in der Zeit des Nationalsozialismus, in: Frauenforschungsprojekt zur Geschichte der Theologinnen, Göttingen: »Darum wagt es Schwestern ...« Zur Geschichte evangelischer Theologinnen in Deutschland, Neukirchen-Vluyn 1994, S. 447-459.

Erhart, Hannelore: Ilse Härter zum 80. Geburtstag, in: BRU 16, 1992, S. 38-39.

Ludwig, Hartmut: Befreiung vom christlichen Frauenbild. Zum 80. Geburtstag von Pfarrerin Ilse Härter, in: Junge Kirche 53. Jg. 5/92, S. 273-278.

Reichle, Erika: Die Theologin in Württemberg. Geschichte – Bild – Wirklichkeit eines neuen Frauenberufes, Bern 1975.

Siebel, Karl-Theo: Ilse Härter zum 80. Geburtstag, in: BRU 16, 1992, S. 39.

Ordinationsurkunde

Nachdem die Vikarin

Ilse H ä r t e r

vor Gott gelobt hat, daß sie ihr Amt führen will in Bindung an das Wort Gottes, wie es verfaßt ist in der Heiligen Schrift Alten und Neuen Testamentes als der alleinigen und vollkommenen Richtschnur für die Lehre, wie es bezeugt ist in den altkirchlichen Glaubensbekenntnissen, dem Apostolikum, dem Nicaenum und dem Athanasianum sowie im Heidelberger Katechismus und wie es gegenüber den Irrlehren unserer Zeit aufs Neue als bindend bekannt ist in der Theologischen Erklärung der ersten Bekenntnissynode der Deutschen Evangelischen Kirche in Barmen, haben wir sie gemäß dem Beschlusse des

Bruderrates der Kirchenprovinz Mark Brandenburg vom 9. Dezember 1942 am heutigen Tage im Gottesdienst der Kirchengemeinde Sachsenhausen-Nordbahn zur Vikarin in Ebersbach - Fils ordiniert.

Wir befehlen die Ordinierte dem alleinigen Herrn der Kirche JesusChristus,dem alle Gewalt gegeben ist im Himmel und auf Erden. Er sendet auch sie. Er erfülle an ihr die Verheißung: Siehe, ich bin bei euch alle Tage bis an der Welt Ende!

Sachsenhausen-Nordbahn, den 12. Januar 1943

DER ORDINATOR: DIE ASSISTIERENDEN PFARRER:

Privatbesitz Ilse Härter

O r d i n a t i o n s - U r k u n d e

Die Schmalkaldischen Artikel lehren in Artikel lo von der Weihe und Vocation, wie folgt:

„Wenn die Bischofe wollten rechte Bischofe sein, und sich der Kirchen und des Evangelii annehmen, so möchte man ihnen das um der Liebe und Einigkeit willen, doch nicht aus Noth lassen gegeben sein, daß sie uns und unsere Prediger ordinirten und confirmirten; doch hintangesetzt alle Larven und Gespenste unchristlichs Wesens und Gepränges. Nu sie aber nicht rechte Bischofe sind und auch nicht sein wöllen, sondern weltliche Herren und Fürsten, die weder predigen, noch lehren, noch täufen, noch communiciren, noch einiges Werk oder Amt der Kirchen treiben wöllen, dazu diejenigen, die solch Amt berufen treiben, verfolgen und verdammen: so muß dennoch um ihretwillen die Kirche nicht ohne Diener bleiben. Darum, wie die alten Exempel der Kirchen und Väter uns lehren, wöllen und sollen wir selbs ordiniren tüchtige Personen zu solchem Amt, und das haben sie uns nicht zu verbieten noch zu wehren, auch nach ihrem eigenen Rechte."

Ilse Hartmann
* 1911

Ilse Hartmann

»Das nationalsozialistische Frauenbild
und das Mutterkreuz und alles,
was damit zusammenhängt,
das haben wir als Schmarrn bezeichnet.«
(1991)

Angesichts der unterschiedlichen Reaktionen auf ihren Wunsch, Theologie zu studieren, entschied sich Ilse Hartmann, den befürwortenden Plädoyers ihres Vaters, ihres Religionslehrers und ihres Konfirmators zu folgen und nicht der Vielzahl entsetzter oder ablehnender Stimmen. Es wurde für sie der Beginn eines Weges, der von ihr immer wieder eine eigene Position und mutige Entscheidungen erforderte.

Ilse Hartmann wurde im Oktober 1911 in München als Tochter eines evangelischen Apothekers und einer in einer höheren Töchterschule in der Schweiz ausgebildeten Mutter geboren. Ihr vier Jahre jüngerer Bruder fiel 1940 im Krieg. Die Schulzeit absolvierte sie zunächst in einer der wenigen evangelisch-katholischen Simultanschulen in München. 1930 legte sie das Abitur an einem Mädchengymnasium ab, wo sie sich zunächst auf den mathematisch-technischen Bereich spezialisiert hatte. Zugang zu Bibel, Kirche und Theologie fand sie vor allem im Konfirmandenunterricht, der durch einen Vikar gehalten wurde, der sie und andere Teilnehmerinnen begeisterte. In ihrer Jugendzeit gehörte sie zur evangelisch-bündischen Jugend, die vereinsförmig organisiert war. Ihre ursprüngliche Berufsvorstellung war die Erteilung von Religionsunterricht, da ihr das am Mädchengymnasium Gebotene nicht ausreichend erschien.

Der Studienweg von Ilse Hartmann begann 1930 mit zwei Semestern in ihrer Heimatstadt München, in denen sie sich vor allem den philosophischen Grundlagen widmete. Anschließend studierte sie zwei Semester in Erlangen. Von dort ging sie, auch auf Anregung des Althaus-Assistenten Walter von Loewenich, nach Bonn zu Karl Barth. Die dortige freundliche und offene Atmosphäre gefiel ihr sehr gut und wirkte auf sie sehr anregend. Vor dem Examenssemester in Erlangen verbrachte sie noch ein Semester in Tübingen, um bei Karl Fezer Praktische Theologie zu hören. Dieser enttäuschte sie und andere jedoch durch seine Option für Ludwig Müller als Reichsbischof, die er später bereute.

Nach ihrem ersten kirchlichen Examen 1934 in Ansbach kehrte Ilse Hartmann zunächst in ihr Elternhaus nach München zurück und stieg von neuem in die Jugendarbeit der dortigen Christuskirche ein. Ihr Gemeindepfarrer bat sie, sich an der Umstellung von der bündisch-vereinsförmigen zur gemeindlichen Jugendarbeit zu beteiligen, die als einzige nichtstaatliche Jugendarbeit im Nationalsozialismus noch akzeptiert wurde. Monatelang wartete sie auf die Examensergebnisse, die zunächst lediglich den Männern mitgeteilt wurden. Sie versuchte, sich in dieser Zeit vor allem durch Vertretungen von erkrankten Religionslehrern und als Freizeithelferin bescheidene Einkünfte zu verschaffen.

Entscheidend für ihre weitere berufliche Zukunft wurde für Ilse Hartmann 1934 die Teilnahme an einer Tagung in Nürnberg, die eine nach Bayern gekommene Absolventin des Burckhardthauses mit dem Leiter des Berliner Burckhardthauses, Pfarrer Otto Riethmüller, durchführte. Aufgrund dieser Begegnung bat sie 1935 der damals neuernannte bayerische Landesjugendpfarrer Riedel, die Mädchenarbeit auf Landeskirchenebene zu übernehmen und als eine Art Kreisjugendleiterin im Kirchenkreis München zu wirken. Ilse Hartmann nahm diese Herausforderung an und engagierte sich bis 1952 in der weiblichen Jugendarbeit Bayerns. 1938 legte sie das Zweite Theologische Examen ab nach der Aufhebung des Prüfungsverbots für Theologinnen in der bayerischen Kirche von 1935 bis 1938. Ihre einzige praktische Fortbildung blieb ein Sechswochenkurs im Burckhardthaus in Berlin, dem sie auch danach verbunden blieb. Mehrmals wurden Praktikantinnen des Burckhardthauses zur praktischen Erfahrung in die bayerische Jugendarbeit geschickt. Das Gehalt, das Ilse Hartmann als Angestellte des Landesjugendpfarramtes bezog, betrug anfangs weniger als 100 Mark. Auch die Wohnverhältnisse im sogenannten »Jungfernzwinger« des Landesjugendpfarramtes waren sehr bescheiden, wurden aber von Ilse Hartmann und den anderen vier jungen Frauen auch angesichts der angespannten kirchenpolitischen Lage im Nationalsozialismus akzeptiert. Im Mittelpunkt standen für sie Überlegungen, wie sie in dieser schwierigen politischen und kirchenpolitischen Situation, verschärft dann durch die Kriegssituation, ihre Arbeit möglichst wirkungsvoll durchführen konnten. Auch im nachhinein ist Ilse Hartmann noch davon überrascht, daß bis zum Kriegsende so viele weibliche Jugendliche an den kirchlichen Freizeiten teilnahmen, zu denen sie bzw. ihre Eltern sich offiziell bei der Gestapo und beim BDM melden mußten.

Aufgrund der eigenen Erfahrungen einer unsicheren Berufsperspektive nach dem ersten kirchlichen Examen für Theologinnen setzte sich Ilse Hartmann ab 1935 mit Liesel Bruckner für die Organisierung von Zusammenkünften der bayerischen Theologinnen und das Entwickeln einer eigenen Berufsperspektive ein. Viele der Stellungnahmen des Theologinnenkonvents, wie auch die Denkschrift »Das Amt der Theologin« aus dem Jahre 1938, sind in gemeinsamer Kooperation zwischen diesen beiden bayerischen Theologinnen entstanden.

Für Ilse Hartmann blieb es dabei stets eine Herausforderung, wie es den Theologinnen gelingen könnte, nicht einfach in das traditionelle Pfarramt integriert zu werden, sondern einen Beitrag zu dessen struktureller Veränderung zu leisten. Während sie von ihren unmittelbaren Vorgesetzten oft Unterstützung und Anerkennung ihrer Arbeit erlebte, erfuhr sie die Haltung des bayerischen Landeskirchenrates oft als Hindernis für eine befriedigende Arbeitsform. Ihre Einsegnung 1947 nach dem Inkraftreten des 1944 verabschiedeten bayerischen Vikarinnengesetzes zählte für sie, auch aufgrund der Anerkennung in anderen Landeskirchen, wie eine Ordination.

Von 1952 bis zu ihrem Ruhestand 1973 arbeitete Ilse Hartmann in dem von ihr geschaffenen Arbeitsbereich »Arbeit mit berufstätigen alleinstehenden Frauen« im Nürnberger Amt für Gemeindedienst. Erst 1971 erhielt sie aufgrund des 1970 verabschiedeten Theologinnengesetzes die Erlaubnis zu eingeschränkter Sakramentsverwaltung an »berufstätigen alleinstehenden Frauen, wenn keine Möglichkeit besteht, einen Gemeindegottesdienst zu besuchen.« Gerade in katholischen Häusern erlebte sie in den Jahren vor ihrer Pensionierung eine große Freude an den von ihr geleiteten Abendmahlsfeiern im Rahmen von Freizeiten und Studienreisen. Um endlich auch im ökumenischen Bereich nicht mehr als »Pfarrvikarin« falsch eingestuft zu werden, wurde Ilse Hartmamnn schließlich 1985 im Ruhestand zur »Pfarrerin« ernannt. Sie lebt heute in Nürnberg und denkt auch im Rückblick »trotz aller Schwierigkeiten, gerne und dankbar an ihre Zeit im Dienst, den sie als Auftrag Jesu Christi gesehen hat und sieht.«

Gerdi Nützel

Nützel, Gerdi: Die Entwicklung der Theologinnenarbeit in den intakten Kirchen am Beispiel der Ev.-luth, Kirche in Bayern, in: »Darum wagt es Schwestern ...«. Zur Geschichte evangelischer Theologinnen in Deutschland, hg. v. Frauenforschungsprojekt zur Geschichte der Theologinnen Göttingen, Neukirchen-Vluyn 1994, S. 361-388.

Denkschrift des bayrischen Theologinnenkonventes »Das Amt der Theologin« 1938 (Ausschnitt)

Das Amt der Theologin

Die Frage nach dem Amt der Theologin ist zu beantworten im Blick auf den heutigen Stand der kirchlichen Arbeit. Die Antwort ist zu prüfen an der heiligen Schrift und den Bekenntnisschriften. Dabei sind frauenrechtliche und männerrechtliche Gesichtspunkte ausgeschlossen; man kann weder sagen: weil die Frau heute in allen Berufen steht, steht ihr auch das Amt der Theologin offen, noch: Verkündigung ist allein Sache der Männer.

I. Der heutige Stand der kirchlichen Arbeit.

II. Das Amt der Theologin

III. Die Schrift zum Amt der Theologin.

Aus Gründen der heiligen Schrift läßt sich das Amt der Theologin weder fordern noch verwehren. Ihr Dienst ist wie alle Wortverkündigung in dem missionsbefehl des Herrn Christus begründet. Die Stellen, die von der Stellung der Frau und der Wortverkündigung durch sie reden, haben allerdings etwas zur Umgrenzung des Amtes der Theologin zu sagen.
1.Kor.14,34 ff. und 1.Tim.2,9ff. bedeuten kein Verbot der Wortverkündigung durch die Frau. In beiden Fällen geht es um das Reden in der Gesamtgemeinde; dieses lehnt Paulus ab, weil dadurch Unordnung in der Gemeindeversammlung entsteht. Der tiefste Grund dafür ist, daß die Frau durch ihr Sprechen in der Gesamtgemeinde nicht nur die wandelbare Zeitsitte, sondern auch die dieser zugrundeliegende, von Gott gesetzte, bleibende Ordnung durchbricht. Diese Ordnung ist im Anschluß an Gen.2,18 bestimmt als ein unumkehrbares Verhältnis von Mann und Frau, das der Frau das Herrschen über den Mann verbietet. Obwohl die Bibel nur die verheiratete oder die unter der Gewalt des Vaters stehende Frau kennt, gilt die Ordnung auch der berufstätigen Frau im heutigen Sinn, weil sie auch in ihrem Beruf Frau ist. Daraus würde für das Amt der Theologin folgen, daß sie ihren Dienst in der ihr von Gott gesetzten Ordnung zu tun hat, "nicht daß sie des Mannes Herr sei".

Anmerkung: Die Schrift selbst kennt Frauen, die zur Verkündigung gerufen sind (Prophetinnen im Alten Testament und in der Apostelgeschichte, die Frauen um Paulus (cf. Akt.18,26), betende und weissagende Frauen in 1.Kor.11,5 und Lehrerinnen der Frauen in Tit.2,3).

Von den Aussagen der Schrift her ist auch zu verstehen, daß die Bekenntnisschriften nichts für oder gegen das Amt der Theologin sagen.

AKET, Sammlung Bayrische Theologinnen

Maria Heinsius
1893 – 1979

Maria Heinsius

»Bekennen heißt mit letztem Einsatz zu dem stehen,
was unser einiger Trost im Leben und im Sterben ist.«
(1935)

Nicht zufälligerweise widmete Maria Heinsius ihr erstes Buch dem »Bekenntnis der Frau Argula von Grumbach«. – In der Anfangszeit der Bekennenden Kirche wollte sie aufzeigen, daß »der Mut des Bekennens vor den Menschen« aus dem täglichen Umgang mit Gottes Wort erwachsen ist, in der Geschichte und heute.

Nicht zufälligerweise auch beschäftigt sie sich in ihren Vorträgen und vor allem in ihrer schriftstellerischen Tätigkeit mit Frauenbildung und Frauengestalten aus der deutschen Frühzeit. Sie wollte zeigen, daß in diesen Frauengestalten schon alles vorgebildet war, »was sich in der kirchlichen Frauenarbeit späterer Zeit im einzelnen entfalten sollte«.

Maria Heinsius, geb. Stoeber: In ihr begegnen wir einer der frühen Frauen in Deutschland, die Theologie studierten. Bereits 1917 promovierte sie bei Professor Georg Wobbermin – in Heidelberg als erste Frau – zur Lizentiatin der Theologie. Damit schloß sie ihr Studium an der Universität ab und heiratete 1918 den Vikar Wilhelm Heinsius. Je weder »Vikarin«, noch »Pfarrerin«, noch offiziell im Dienst der Evangelischen Landeskirche in Baden gewesen, hat sie doch unermüdlich und unablässig in ihr gewirkt, das Werden des Theologinnenamtes mit höchstem Interesse begleitet und es auch nachhaltig mitgestaltet.

Maria Stoeber, verh. Heinsius wurde am 30. März 1893 in Regensburg geboren. Ihr Vater war Pfarrer, ihre Mutter starb früh. Heranwachsend hatte sie den sehnlichen Wunsch, mehr lernen zu dürfen, als es damals für ein Mädchen üblich war. So begann sie ihren für eine Frau damals äußerst schwierigen Weg. Aber wenn sie diesen in ihrem 1969 verfaßten Lebensbericht selbst beschreibt, dann klingt alles ganz einfach, so, als wäre nichts Außerordentliches und Besonderes dabei gewesen:

Evangelische Volksschule und Höhere Mädchenschule in Regensburg. Daneben von früh an Latein- und auch Griechischunterricht bei ihrem Vater, der ihrer geistigen Entwicklung und Heranbildung große Sorgfalt widmete. Er war es wohl auch, der den Grund legte dafür, daß sie später für ihre historischen Forschungen zum Beispiel die lateinischen Quellen studieren konnte und der in ihr den Sinn für die geschichtliche Vergangenheit weckte.

Übersiedlung nach Nürnberg, weil es Mädchen in Bayern damals nicht erlaubt war, ein staatliches Gymnasium zur Vorbereitung auf das Abitur zu besuchen. Das Abitur wiederum konnte sie nur in Würzburg ablegen, was sie 1912 mit bestem Erfolg tat. Im Nachhinein wunderte sie sich, wie wenig »wir von der Frauenbewegung erfaßt waren, wir hatten einfach Freude am Lernen«. Gleich 1912 bezog sie in München die Universität zum Studium der Germanistik. Im gleichen Jahr starb ihr Vater, aber durch günstige Umstände konnte sie ihr Studium weiterführen. 1913 immatrikulierte sie sich an der Universität Heidelberg, zunächst als stud. theol. et phil., um sich – beeindruckt von den Professoren Ernst Troeltsch, Johannes Weiß und Hans von Schubert – bald ganz der Theologie zuzuwenden. In diese Zeit fiel auch der Beginn des ersten Weltkriegs.

»Es ist mir unvergeßlich geblieben, mit welchem tiefen Ernst, weit entfernt von jeder Kriegsbegeisterung, Prof. Troeltsch in seiner letzten Vorlesung zu den Studenten sprach, die bald den Hörsaal mit den Schützengräben vertauschen sollten.«

Bereits 1915 hatte Elsbeth Oberbeck als erste Frau in Karlsruhe Erstes und Zweites Theologisches Examen gemacht. Warum Maria Stoeber darauf verzichtete? – Vermutlich schloß auch für sie selbst ihre Entscheidung für die Heirat die Entscheidung gegen einen hauptamtlichen Dienst in der Kirche ein. Nach ihrer Promotion ging sie für einige Monate nach Bayern, – zur Vorbereitung auf ihr Leben als Pfarrfrau. Ihr Verlobter war nach schwerer Kriegsverletzung früh aus dem Krieg zurückgekehrt. Als er seine erste selbständige Stelle übernahm, heirateten sie. Sie verbrachten sieben Jahre auf dem Hohen Odenwald, die »für uns in mehrfacher Hinsicht inhaltsreich und fruchtbar waren«. Seit 1919 lebte in ihrem Haus die »treue Helferin Käthe«, – bis zu ihrem Tod 1979 -, die ihr Dinge des täglichen Haushalts weitgehend abnahm. So konnte Maria Heinsius sich ihren Aufgaben als Pfarrfrau und Theologin widmen. Mit ihrem Mann zusammen trieb sie theologische Studien; sie lasen Werke Karl Barths und Eduard Thurneysens und vollzogen damit den Schritt von der liberalen zur dialektischen Theologie. In der Melanchthon-Stadt Bretten arbeitete Maria Heinsius in der »herrlichen Bibliothek aus der Reformationszeit«, studierte Luther- und Melanchthonschriften. Dazu kamen ihre Aufgaben als Pfarrfrau: seelsorgerliche Besuche, Jugendarbeit, Frauenarbeit.

Von 1933 an hatte ihr Mann immer eine landeskirchliche Pfarrstelle – kein Gemeindepfarramt mehr – inne: Maria Heinsius vermißte die Gemeindearbeit. Aber bald gab es für die mütterliche Frau, die doch zugleich streng wissenschaftlich zu arbeiten wußte, keine Lücke mehr. Sie besuchte theologische und philosophische Vorlesungen und begann mit den historischen Quellenstudien und mit dem Sichten des urkundlichen Materials über die Frauen aus der christlichen Frühzeit und aus der Reformationszeit. Alle Lebensbilder, die sie gestaltet hat, sind aus den Quellen gewonnen. Die warmherzige Art, in der sie schreibt, läßt leicht übersehen, daß sie nichts darstellt, was sie nicht aus den Quellen geschöpft hat. Dabei war es ihr Ziel, anhand der Lebensbilder der »theologischen Ahnfrauen« deutlich zu machen, daß das Amt der Theologin »sich im Lauf der Geschichte unter den von ihr gegebenen Möglichkeiten entfaltet und daß es schon in sehr früher Zeit eine bedeutsame kirchliche Frauenarbeit auf der Grundlage einer vollwertigen theologischen Ausbildung gegeben hat.« So war es konsequent, wenn Maria Heinsius – wenn auch nicht hauptamtlich im kirchlichen Dienst – unentwegt als Theologin gearbeitet hat: Gottesdienste in Freiburg und Umgebung, Unterricht an der Sozialen Frauenschule, ausgedehnte Vortragstätigkeit, Bibelarbeiten und Rüstzeiten beim Evangelischen Frauenwerk. Besonders ans Herz gewachsen war ihr die Gehörlosenseelsorge, mit der sie zwölf Jahre lang in Südbaden betraut war.

Alle diese Arbeiten hatten dazu geführt, daß in ihr der Wunsch entstand, die kirchenrechtliche Grundlage für diese Tätigkeiten zu erwerben: Sie legte 1946 mit 53 Jahren das Zweite Theologische Examen ab: wiederum mit bestem Erfolg. Allerdings gab es in Baden erst 1952 wieder eine Frauenordination/-einsegnung. Maria Heinsius wurde aus diesem Grund und weil sie nicht hauptamtlich im Dienst und weil sie in einem andern »ordo«, nämlich dem der verheirateten Frau, war, nicht ordiniert. Aber sie schreibt: »So hat sich doch die amtlich bestätigte Aufnahme unter die Pfarrkandidaten der Landeskirche als eine nützliche Grundlage für die reiche kirchliche Arbeit erwiesen, die in den folgenden Jahren auf mich wartete.«

Zeitlebens eng mit den badischen Theologinnen verbunden, hat Maria Heinsius sich immer den »Hauptamtlichen« zugehörig gefühlt. War etwa auf dem Weg zum Pfarramt der Frau ein Antrag an die Landessynode zu stellen, so hat sie mit überlegt, mit beraten, sich in Briefen und Aufsätzen für das Amt der Theologin eingesetzt. »Ich würde es als ein schlechtes Zeichen für die Lebendigkeit der Gemeinden ansehen, wenn – nachdem einmal der Weg zum Hochschulstudium eröffnet war – kein Mädchen den Mut gehabt hätte, aus innerstem Antrieb Theologie zu studieren. Für mich persönlich darf ich sagen, daß dieses Studium, das ich 1912 ohne Rücksichten auf etwaige berufliche Möglichkeiten begonnen habe, einen großen Reichtum in mein Leben gebracht hat, und darum fühle ich mich immer wieder für unsere jungen Theologinnen mit verantwortlich.«

Maria Heinsius, durch deren Leben die Beschäftigung mit der ersten Frage des Heidelberger Katechismus sich wie ein roter Faden zieht – Was ist dein einiger Trost im Leben und im Sterben? – ist am 18. Januar 1979 in Freiburg verstorben.

Hilde Bitz

Heinsius, Maria: Das Bekenntnis der Frau Argula von Grumbach, München 1935.

Dies.: Mütter der Kirche in deutscher Frühzeit, Potsdam 1938.

Dies.: Das Lustgärtlein der Herrad von Landsberg, Colmar 1941.

Dies.: Die brennende Lampe, Frauengestalten des hohen Mittelalters, Potsdam 1942.

Dies.: Vom Dienst der Frau in der Kirche in alter und neuer Zeit. Schriftenreihe der Evang. Frauenarbeit in Deutschland Heft 3, Stuttgart 1948.

Dies.: Das unüberwindliche Wort, Frauen der Reformationszeit, München 1951.

Dies.: Frauen der Reformationszeit am Oberrhein, Karlsruhe 1964.

Dies.: Frauen der Kirche am Oberrhein, Lahr 1978.

Dies.: Die Theologinnenfrage – einmal anders gesehen, in: Handreichung für die Pfarrer der badischen Landeskirche, Nr. 15/16, 1955, S. 309-313.

Dies.: Lebensbericht, maschinenschriftlich, Dezember 1969, AKET.

Faulhaber, Doris: Maria Heinsius zum 80. Geburtstag, in: Der Kreis, hg. v. Frauenwerk der Evang. Landeskirche in Baden, April/Mai 1973, S. 9-16.

Gillet, Grete: Maria Heinsius zum 70. Geburtstag, in: Frauenwerk der Evang. Landeskirche in Baden (Hg.), Der Kreis, März 1963, S. 8-10.

Aufnahme-Urkunde für den Kandidaten der Theologie Frau Dr. Maria Heinsius

A u f n a h m e = U r k u n d e

Der Kandidat der Theologie

..............Frau. Dr. Maria..H.e.i.n.s.i.u.s..................

wird hierdurch nach bestandener zweiter theologischer Prüfung unter die Pfarrkandidaten der vereinigten evangelisch=protestantischen Landeskirche Badens mit der Note ..."gut"............. als .1... unter .8... aufgenommen und für befähigt erklärt, in allen evangelischen Gemeinden des Landes zu pfarrlichen Geschäften verwendet zu werden.

Die Spendung der heiligen Sakramente steht ihm nur zu, nachdem er auf Anordnung der obersten Kirchenbehörde vorschriftsmässig ordiniert worden ist.

Es wird von ihm erwartet, daß er jederzeit in Lehre und Leben sich als ein würdiger Diener der evangelischen Kirche erweisen, seine Dienstpflichten getreulich erfüllen, dem theologischen Studium fortwährend gewissenhaft obliegen, seinen vorgesetzten Behörden schuldigen Gehorsam leisten und allen für sein Amt geltenden Gesetzen und Verordnungen willig nachkommen werde.

./. Die Vorschriften der anliegenden Pfarrkandidatenordnung sind von ihm besonders zu beachten.

Zu seinem Ausweis wird ihm diese Urkunde erteilt.

Karlsruhe, den ..16..Mai...... 1946.

Evangelischer Oberkirchenrat:
Der Landesbischof:
gez. Bender.

Aufnahme-Urkunde
für
den Pfarrkandidaten
Frau Dr. Maria Heinsius.

Landeskirchliches Archiv Karlsruhe, Bestand: Personalakte Dr. Heinsius Maria, geb. Stoeber 1667

Die Theologin

Rundbrief des Konventes evangelischer Vikarinnen in Deutschland

14. Jahrgang | Heft 2 | 1954

Lutherische Frauenklöster — eine versäumte Gelegenheit.

Von Dr. Maria Heinsius.

Bei einem Treffen unsrer badischen Vikarinnen ist mir einmal in scherzhafter Weise das „Referat für die theologischen Ahnfrauen" übertragen worden und ich muß sagen, daß es mir immer wieder Freude macht, den verschiedenen Formen und Möglichkeiten des kirchlichen Dienstes der Frau in alter und neuer Zeit nachzugehen. Wie oft habe ich von Lioba, der Verwandten des Winfrid-Bonifatius, erzählt, die allen Ernstes eine Theologin gewesen ist, sogar im Kirchenrecht so bewandert, daß Bischöfe sie um ihren Rat fragten, und die mit ihren Gefährtinnen eine sehr bedeutsame Erziehungsarbeit an den Töchtern des ostfränkischen Adels geleistet hat. Und dann von Hildegard von Bingen und von Herrad von Landsberg und von den Frauen der Reformationszeit. Margareta Blarer hat sich durch ihren Liebesdienst in der Konstanzer Gemeinde nicht hindern lassen, lateinische Briefe zu schreiben und sich mit den theologischen Fragen ihrer Zeit so vertraut zu machen, daß der große Straßburger Reformator Martin Butzer ihr alle seine Nöte in der Abendmahlsfrage vortragen konnte. Und Olympia Morata, die italienische Humanistin, die in Heidelberg ein frühes Grab finden sollte, hat sich so begeistert ihren „studia sacra" hingegeben, daß sie, wenn sie heute leben würde, ganz bestimmt Theologie studiert hätte.

Es ist mir im Zusammenhang dieser Studien immer wieder aufgefallen, daß nach allerlei bedeutsamen Ansätzen in der Reformationszeit auf dem Boden der lutherischen Landeskirchen in Deutschland im 17. Jahrhundert so gut wie gar nichts an kirchlicher Frauenarbeit zu finden ist. Wohl gab es einzelne fürstliche Frauen, die sich in die heilige Schrift und in die theologischen Werke ihrer Zeit vertieften, und es ist gewiß auch der stille Dienst der Pfarrfrauen in den einzelnen Gemeinden nicht gering anzuschlagen. Aber nirgends findet sich eine weitere Kreise erfassende caritative oder erzieherische Tätigkeit der Frau, – was um so befremdlicher ist, wenn wir daran denken, daß sich gleichzeitig auf dem Boden der durch die tridentinische Reform hindurchgegangenen katholischen Kirche eine erstaunliche Blüte neuartiger kirchlicher Frauenarbeit entfaltet hat

in: Die Theologin. Rundbrief des Konventes evangelischer Vikarinnen in Deutschland, 14. Jg. Heft 2 1954 (AKET)

Marie Louise Henry
* 1911

Marie Louise Henry

»Im Grunde genommen haben wir in einer Situation gelebt,
in der man gar nicht hätte überleben dürfen,
aber das haben wir gar nicht erkannt.«
(1992)

Die Fragen nach den Ursachen wie den Konsequenzen, die sich für Kirche und Theologie angesichts des Holocausts stellen, haben Marie Louise Henry auf ihrem Lebensweg begleitet. So klärte sie schon in der Schulzeit während der Weimarer Republik ihr Religionslehrer engagiert über die ideologische Konstruktion »Rasse« auf. Während ihrer Studienzeit in Rostock erlebte sie dann als Freundin einer »judenchristlichen« Kommilitonin die Diskriminierungen aufgrund der nationalsozialistischen Rassegesetzgebung aus der unmittelbaren Anschauung mit. Sie erfuhr aber auch die dieser rassistischen Dominanzkultur widersprechende Haltung der zur Bekennenden Kirche orientierten Professoren an der Rostocker Fakultät. Das Ausmaß des Holocausts wurde ihr jedoch erst nach ihrer Flucht in den Westen Anfang der 60er Jahre in Hamburg beim Durchblättern eines Buches in der theologischen Buchhandlung »Am Jungfernstieg« schockartig deutlich. Auch Bekannte und Freunde, die selbst Konzentrationslagerzeiten überlebt hatten, hatten wenig darüber sprechen wollen. Umso wichtiger sind für Marie Louise Henry in den letzten Jahrzehnten die kontinuierlichen und intensiven Gespräche mit jüdischen und christlichen Menschen bei alljährlichen Treffen im Allgäu geworden, als deren Frucht sie auch ihr »Tränenbüchlein« ansieht, das 1990 mit dem Titel »Die mit Tränen säen...« erschienen ist.
Geboren wurde Marie Louise Henry 1911 in Brüssel als Tochter eines aus Frankreich stammenden Elektroingenieurs und einer Mecklenburgerin. Nach dem frühen Tod des Vaters ging die Mutter mit den beiden Töchtern nach Wismar zurück. Dort besuchte Marie Louise Henry das Mädchenlyzeum und dann die Obersekunda der Oberrealschule. In ihrer Freizeit engagierte sie sich als Kindergottesdiensthelferin. Aufgrund von Berichten über die Seelsorgearbeit der Hamburger Theologin Sophie Kunert in einem Frauengefängnis entwickelte sich bei Marie Louise Henry der Wunsch, Theologie zu studieren.
Vor ihrem Studienbeginn 1932 hatte sie ein Gespräch mit Landesbischof Rendtorff, der zu ihr freundlich war, sie aber auch auf die unsicheren Berufsperspektiven hinwies, da bisher noch keine Theologin im Dienst der Mecklenburger Kirche stand – obwohl entsprechende rechtliche Möglichkeiten Ende der 20er Jahre von der Mecklenburg-Schweriner Landessynode geschaffen worden waren.
Während ihrer Studienzeit in Rostock von 1932 bis 1936 erlebte Marie Louise Henry die Professoren als freundliche Unterstützung für die ersten Theologiestudentinnen. Es wurden für sie keine grundsätzlichen Sonderregelungen eingeführt. Die Handvoll Studentinnen traf sich regelmäßig nach den Vorlesungen vor der Universität, um sich auszutauschen. Die Diskussionen beschäftigten sich nach 1933 auch mit den politischen Entwicklungen in Deutschland und der Bekennenden Kirche, deren kirchenpolitischer Kurs von nahezu allen Studierenden und Professoren der Rostocker Fakultät unterstützt wurde. Marie Louise Henry wurde nicht zuletzt durch ihre Lektüre von Hitlers »Mein Kampf« und Rosenbergs »Mythos des 20. Jahrhunderts« deut-

lich, daß gegenüber der nationalsozialistischen Ideologie kein Kompromiß möglich war. Nach ihrem Studienabschluß durch Fakultätsexamen, nicht Erstes Kirchliches Examen bei der mecklenburgischen DC-Kirchenleitung, wurde sie zunächst als Assistentin des Mecklenburger BK-Leiters und späteren Landesbischofs Niklot Beste tätig. Sie überbrachte als Kurierin Dokumente von Bestes Amtssitz in Neubukow nach Rostock und erstellte 1937/38 eine Art Denkschrift aus den bis dahin gesammelten Dokumenten des Mecklenburger Kirchenkampfes.

Praktische Fähigkeiten als Theologin suchte sie zunächst auf dem Gebiet der Krankenhausseelsorge durch pflegerische und seelsorgerliche Dienste in der Rostocker Universitätsklinik unter Anleitung eines erfahrenen Klinikseelsorgers zu gewinnen. Insbesondere die Begegnungen mit krebskranken Frauen bewegten sie nachdrücklich. Bei Kriegsausbruch meinte sie, ihre Hilfe dem Roten Kreuz zur Verfügung stellen zu müssen, wurde jedoch zu ihrer Überraschung als »politisch unzuverlässig« abgelehnt. Ihr ehemaliger Dozent für Praktische Theologie, der inzwischen Leiter des Berliner Johannesstifts geworden war, ermöglichte ihr ein halbjähriges Praktikum in dieser diakonischen Einrichtung, damit sie ein solches Werk der Inneren Mission kennenlernen konnte. Marie Louise Henry wanderte im Laufe der Monate durch die verschiedenen Arbeitsbereiche. Sie arbeitete jeweils einige Wochen im Altersheim, im Büro, gab schwer erziehbaren Jugendlichen Konfirmandenunterricht und hielt mit Schwerbehinderten Bibelarbeiten.

Nach ihrer Rückkehr nach Rostock arbeitete sie einige Zeit in der Rostocker Heiliggeistgemeinde. Sie beteiligte sich dort an der Krankenseelsorge, der Frauenarbeit und gab den Konfirmandinnen Unterricht. Die Bekennende Kirche Rostocks zahlte ihr dafür 80 Mark im Monat, so daß sie weiterhin auf die Unterstützung ihres Onkels angewiesen blieb. Angesichts dieser unsicheren Berufsperspektive immatrikulierte sie sich für Literatur und Geschichte, um sich eine berufliche Ausweichmöglichkeit zu schaffen.

Ihre berufliche und finanzielle Situation verbesserte sich Anfang der 40er Jahre durch einen Wechsel nach Hamburg deutlich. Sie war dort zum einen als Assistentin der Luthergesellschaft tätig und zum anderen mit einer halben Stelle in der Arbeitergemeinde Eimsbüttel, wo sie in Gesprächen den Menschen Zugang zur Bibel zu geben suchte. Sie erteilte dort auch den Mädchen Konfirmandenunterricht und besuchte deren Elternhäuser. Die Einsegnung selbst nahm allerdings der zuständige Pfarrer vor.

Trotz dieser eingeschränkten Arbeitsmöglichkeiten stellte sich bei Marie Louise Henry zu keiner Zeit ihres Lebens der Wunsch ein, sich mit anderen Theologinnen zusammenzuschließen und sich für eine Verbesserung ihres Berufsbildes zu engagieren. Sie strebte für sich selbst nie das Pfarramt an, sondern blieb bis 1945 auf der Suche nach einem alternativen kirchlichen Berufsfeld. Sie verstand sich selbst als sehr individualistische Person, der wenig am Zusammenschluß mit den anderen Theologinnen und deren Bemühen um eine kirchliche Anerkennung ihrer Arbeit lag. Auch bei einem Besuch von Berliner Vikarinnen der Bekennenden Kirche Anfang der 40er Jahre spürte Marie Louise Henry vor allem Fremdheit und Distanz aufgrund der unterschiedlichen kirchenpolitischen Differenzen. Sie hielt sich selbst der lutherisch-vermittelnden Linie zugehörig, die auch für die Mecklenburger Bekennende Kirche maßgeblich war, während ihr der von der Theologie Karl Barths inspirierte Dahlemer Flügel, der radikal-eigenständige Schritte der Kirchenorganisation anstrebte, eher fremd war. Die Existenz des Vikarinnenausschusses der Bekennenden Kirche sowie die Beschlüsse bei der Hamburger Synode 1942 hinsichtlich der Begrenzungen der Theologinnenarbeit waren Marie Louise Henry nicht bekannt.

Bei Kriegsende kehrte Marie Louise Henry zu ihrer Familie nach Rostock zurück und arbeitete dort zunächst wieder in der Heiliggeistgemeinde mit, bis sie durch den Alttestamentler Gottfried Quell an der Rostocker Fakultät gebeten wurde, einen Hebräischkurs zu übernehmen. Die

Entscheidung, dieser Bitte zu folgen, bedeutete den Abschied vom kirchlichen Arbeitsfeld und den Wechsel in die universitäre Laufbahn. Die Denkschrift von 1937/38 über den Kirchenkampf in Mecklenburg bildete, ergänzt durch Akten und Dokumente aus dem Schweriner Landeskirchlichen Archiv, die Grundlage für ihre Dissertation im Jahre 1948. Vier Jahre später habilitierte sie sich mit einer alttestamentlichen Arbeit an der theologischen Fakultät Rostock. Von 1959 bis 1961 war sie als Professorin für Altes Testament an der Leipziger Fakultät tätig. Nach ihrer Flucht in den Westen hatte sie zunächst 1962 eine Gastprofessur in Wien inne, bevor sie 1963 als Professorin für Altes Testament an die Hamburger Universität berufen wurde, wo sie bis zu ihrer Pensionierung 1976 lehrte.

In einem Rückblick auf ihr Leben erwähnte Marie Louise Henry einerseits die höchst vereinzelte Existenz als Theologieprofessorin an den Fakultäten in Rostock, Leipzig, Wien und Hamburg. Ein anderes Thema, das ihres Erachtens wie der Holocaust einer kritischen Erinnerung und intensiven Aufarbeitung durch Kirche und Theologie wenigstens im Rückblick bedarf, ist das Verhältnis der westdeutschen Intellektuellen gegenüber der DDR. In einem Interview mit der Autorin vertrat Marie Louise Henry die Auffassung, daß die Verhältnisse in der DDR vielfach idealisiert wurden, statt die physischen und psychischen Leiden der Menschen in der DDR wahrzunehmen und den Berichten der ÜbersiedlerInnen, Ausgewiesenen und Flüchtlingen aufmerksam zuzuhören: »Es gehört zu den sehr bedrückenden Erfahrungen des Westens, daß wir zwar alle Probleme der Welt meinen lösen zu können, daß wir aber keinerlei Verständnis aufgebracht haben für unsere im buchstäblichen Sinn ›Nächsten‹, die jenseits der Mauer lebten, die geistig, seelisch, physisch und materiell unterdrückt wurden. Niemand kann heute sagen, daß er nichts gewußt hat. Es gab genug Flüchtlinge, Ausgewiesene unter uns. Aber wer hat sie hören wollen?«

Gerdi Nützel

Henry, Marie Louise: Studien zum Kirchenkampf der Deutschen Evangelischen Kirche unter besonderer Berücksichtigung der Mecklenburgischen Verhältnisse, Diss. masch. 1948.

Dies.: Glaubenskrise und Glaubensbewährung in den Dichtungen der Jesaja – Apokalypse Jes. 24-27, BWANT Bd. 86, Stuttgart 1967.

Dies.: Der jüdische Bruder und seine Hebräische Bibel. Anfragen an den christlichen Leser des Alten Testaments, Neukirchen-Vluyn/Hamburg 1988.

Dies.: Die mit Tränen säen ... Alttestamentliche Fragen und Gedanken im 5. Jahrzehnt nach Auschwitz, Neukirchen-Vluyn 1990.

Dies.: Hüte dein Denken und Wollen. Alttestamentliche Studien mit einem Beitrag zur Feministischen Theologie, Neukirchen-Vluyn 1992.

Marie-Louise Henry: Die mit Tränen säen ... Alttestamentliche Fragen und Gedanken im 5. Jahrzehnt nach Ausschwitz, Neukirchen-Vluyn 1990, S. 85

Auschwitz ist das Stigma unseres Jahrhunderts, unserer deutschen Geschichte - andere mögen ihr eigenes haben und bedenken. Das unsrige ist uns eingeprägt mit der Gestalt eines deutschen Arztes, der, wie berichtet wird, gut aussah und in tadellos sitzender Uniform an der Rampe erschien, um halb verhungerte und kaum bekleidete Menschen des Elends zu »selektieren« - Tod oder Aufschub zu weiterer Schinderei. Und dann die anderen, »stumm, reglos, wie gestelltes Wild. Manche beteten«.

Wem angesichts dieser vielfach verbürgten Szene nicht das Entsetzen befällt vor dem Menschen und dem, was er vermag, der ist fähig, alles zu ertragen. Und wem hier noch ein erklärendes Wort einfällt, der wird niemals schweigen vor dem, was sich jedem Verstehen entzieht.

Furchtbar ist es, in die Hände der Menschen zu fallen. Das hat uns das 20. Jahrhundert gelehrt, und nicht nur dies. Und dennoch gab es Beter, die in den Todeslagern erfuhren, was schon der Beter von Psalm 86,13 bekannte, daß es der Herr ist, der aus der Tiefe des Todesreichs errettet - auch aus dem der Schuld. Einen anderen Trost als diesen kann es nicht geben.

Interview von Gerdi Nützel mit Marie Louise Henry im November 1992

»Ich glaube, daß man die eigentliche Problematik, die sich auch für die Kirche an dem Judenproblem festmacht, nicht gesehen hat in der Kirche nach dem Krieg. Wenn Sie sich das Stuttgarter Bekenntnis ansehen, da ist das entscheidende Problem des Judaismus, des Antijudaismus in der Kirche, der säkularisiert zum Antisemitismus geworden ist, nicht hinreichend bedacht. Jetzt erst allmählich kommen die Dinge in Sicht. Das kann natürlich verschüttet gewesen sein durch die Tatsache, daß man auch wieder einmal nicht über seinen Tellerrand wegsah, weil alles im Zusammenbruch war. ... Vielleicht hätten uns da auch die Kirchen von draußen etwas mehr stimulieren können. Aber ich meine, das Christentum, d.h. die Christen, haben das überhaupt nicht begriffen. Das gesamte Christentum hat ja versagt. Während diese Dinge hier in Deutschland passierten, wo haben denn die anderen Christen geschrieen? Die hätten auf dem ganzen Erdball schreien müssen. Aber das ist doch auch nicht passiert. Jedenfalls weiß ich nichts davon. Aber das ist der entscheidende Punkt. Und ich glaube, wir haben es bis heute noch nicht recht bedacht. Die Kirche hat sich um sich selbst gekümmert in diesen Jahren und wahrscheinlich gehörte ich auch dazu, wenn ich mir überhaupt Gedanken über die Kirche gemacht habe. Das ist das Schlimme. Man übersieht das Leben in seiner Zeit nicht. Und wir übersehen es jetzt auch nicht ...«

Klara Hunsche
1900 – 1979

Klara Hunsche

»Sich einmischen!
Man muß doch was machen,
das müssen wir doch gelernt haben!«
(1978)

Klara Julie Emma Hunsche wurde am 5. Februar 1900 in Nova Petropolis, einer kleinen Urwaldgemeinde Südbrasiliens, als Tochter des dortigen deutschen Pfarrers Theodor Hunsche und seiner Frau Clara geboren. 1912 kehrte Familie Hunsche nach Deutschland in die Mark Brandenburg zurück.
Nach der Reifeprüfung 1919 besuchte Klara Hunsche die Seminarklasse des Oberlyzeums in Herrmannswerder bei Potsdam, um dort 1920 ihr Examen als Lehrerin abzulegen.
Zu der Zeit war sie Mitglied der Deutschnationalen Volkspartei (DNVP), bedingt durch die konservative, streng christliche Erziehung.
Speziell durch ihren Bruder, der ab 1925 Theologie studierte, bekam sie erste Eindrücke von der theologischen Erneuerung der Kirche, was für sie dann entscheidend wurde. Es bewog sie, zusätzlich Theologie zu studieren, zumal sie aufgrund der hohen Arbeitslosigkeit bei LehrerInnen nicht mehr mit der Einberufung in den Schuldienst rechnete. Am 9. November 1928 schrieb Klara Hunsche sich an der Universität in Berlin ein. Wenige Tage später erhielt sie überraschend die Einberufung in den öffentlichen Schuldienst, mit dem Kommentar: »Entweder Sie kommen oder Sie werden von der Liste gestrichen!« Sie trat ihre Stelle in Reetz bei Wiesenburg im Fläming an. Durch eine Versetzung von dort nach Rehfelde in die Nähe von Berlin war es Klara Hunsche dann möglich, sowohl vormittags den Lehrerinnenberuf auszuüben als auch nachmittags Theologie zu studieren.
Die politischen Spannungen an der Universität und auch an der Schule stiegen. Gegenüber dem Nationalsozialismus wurde sie argwöhnisch, als sie begann, sich mit den Schriften der NSDAP und des nationalsozialistischen Lehrerbundes auseinanderzusetzen. Für Klara Hunsche war das Bekenntnis zu Jesus Christus höchster Maßstab allen Handelns und nicht das germanische Moral- und Sittlichkeitsgefühl.
1932 wurde sie nach Bruchmühle, eine kommunistisch geprägte Siedlung, versetzt. Hier kam wieder ihre eher konservative Haltung zum Tragen. Sie hatte keine Schwierigkeit, für die Reichstagswahl am 5. März 1933 den Aufruf der Reichsregierung anzuschlagen und die drei Fahnen (alte Reichsfahne, Preußenfahne, Hakenkreuz) zu hissen. Zu dem Zeitpunkt bestanden von ihrer Seite aus noch keine Einwände gegen die Wahl Hitlers, zumal sie davon ausging, daß Kirche und Staat zusammenarbeiten würden und die Souveränität der Kirche gewahrt bliebe.
In der ersten Hälfte des Jahres 1933 nahm Klara Hunsche ein Semester Urlaub ohne Gehalt, um sich ganz auf das Studium konzentrieren zu können. Es wurde ein sehr bewegtes Semester, besonders durch Bonhoeffers Christologievorlesung, der schon zu diesem Zeitpunkt vor dem Nationalsozialismus warnte.
Bei den Kirchenwahlen am 21. Juli 1933 leistete sie Wahlhilfe für die jungreformatorische Liste »Kirche und Evangelium«, die die Unabhängigkeit der Evangelischen Kirche von staatlichen

Entscheidungen proklamierte und trotzdem die Loyalität zum Staat bejahen konnte.
Als Klara Hunsche nach den großen Ferien in den Schuldienst zurückkehrte, fand sie eine völlig veränderte Situation vor. Das Führerprinzip hatte auch vom Schulsystem Besitz ergriffen, politische Zuverlässigkeit wurde höher gewertet als Leistung, Schulreformen fielen vernichtender Kritik zum Opfer.
Auch in der Kirche sollten das Führerprinzip und der Arierparagraph Anwendung finden, es wurden Gleichschaltungsversuche unternommen, indem Deutsche Christen kirchenleitende Stellungen besetzten. Klara Hunsche konnte diese Veränderungen nicht akzeptieren, daher schloß sie sich der Bekennenden Kirche an. Schon im August 1934 bekam sie die »Rote Karte«, die der Ausweis für die Mitgliedschaft in der Bekennenden Kirche war.
Das Erste Theologische Examen legte sie im März 1935 vor der Prüfungskommision der Bekennenden Kirche in Berlin ab, obwohl es vom Staat und der ihm gleichgeschalteten »offiziellen« Kirchenleitung als illegal angesehen wurde.
Danach setzte Klara Hunsche sich wiederum einer Doppelbelastung aus; zum einen unterrichtete sie weiter als Lehrerin im öffentlichen Dienst, zum anderen begann sie ihr Lehrvikariat bei D. Burkhart, dem Schulreferenten des Berliner Bruderrats. Ein Arbeitsauftrag von ihrem Mentor war, den Wortlaut der im Neuen Testament enthaltenen alttestamentlichen Stellen zu prüfen. Die Zahl belief sich auf etwa 1000 Stellen. Ihr Kommentar dazu: »Und da wollte man das AT abschaffen!« Außerdem organisierte sie regelmäßige Treffen mit Gemeindegliedern der Bekennenden Kirche in ihrer Wohnung. Als dieser Gemeindekreis aufgrund einer Verfügung verboten wurde, weigerte sie sich, diesem Befehl nachzukommen. Ab 1. November 1935 arbeitete Klara Hunsche ganz beim Bruderrat der Bekennenden Kirche in Berlin und ließ sich dafür ein Jahr unentgeltlich vom Schuldienst beurlauben.
Am 14./15. April 1937 bestand Klara Hunsche ihr Zweites Theologisches Examen vor dem Prüfungsamt der Bekennenden Kirche in Berlin, danach kehrte sie nicht wieder in den Schuldienst zurück. Trotzdem blieb »Die Frage des kirchlichen Auftrags des Lehrers grundsätzlich und geschichtlich« – das Thema ihrer Examensarbeit – weiterhin für sie eine wichtige, da es ihre eigene Situation als evangelische Theologin und Lehrerin betraf.
Am 24. Juni 1937 wurde Klara Hunsche mit vier weiteren Vikarinnen von Pfarrer von Rabenau eingesegnet. Sie erhielt den Arbeitsauftrag, die Schulangelegenheiten in Verbindung mit der Vorläufigen Kirchenleitung der Bekennenden Kirche und der Kirche der Altpreußischen Union zu bearbeiten, die evangelischen LehrerInnen zu sammeln, sowie Vorträge auf dem Gebiet des Erziehungswesens und Bibelstunden zu übernehmen. Schon zwei Tage später, am 26. Juni 1937, hatte sie in einer Neuköllner Gemeinde der Bekennenden Kirche einen Vortrag über Schule und Erziehung zu halten. Dort zitierte sie – auch sich widersprechende – Äußerungen von führenden Personen aus Staat und Politik nach vorliegendem Zeitschriftenmaterial. Daraufhin wurde Klara Hunsche zum Polizeirevier gebracht mit dem Kommentar: »Eine Frau und so hetzen! Das hat jetzt ein Ende!« Am 16. August 1937 wurde Klara Hunsche für 24 Stunden verhaftet, weil sie Vorträge vor evangelischen LehrerInnen hielt. Ihr wurde Verstoß gegen das Sammlungsgesetz vorgeworfen. Diese Vortragsreihe wurde offiziell verboten, aber es erschlossen sich andere Wege, die kleinen Kreise weiterhin bestehen zu lassen. Klara Hunsche war Mitglied des Provinzialverbandes der Bekennenden Kirche in Berlin, zugleich gehörte sie als Fachvertreterin der Schulkammer der Kirche der Altpreußischen Union und der Vorläufigen Kirchenleitung an.
Einmal im Jahr tagte die Schulkammer der Vorläufigen Kirchenleitung, um eine Gesamtorientierung zur Lage zu bringen und zu beraten.

Im November 1938 kam eine zusätzliche Aufgabe auf Klara Hunsche zu. Da am 9. November

1938 die Kinder sog. »nicht- oder halbarischer« Eltern aus den öffentlichen Schulen verwiesen wurden, ergab sich die Notwendigkeit, für die sog. »nichtarischen«, aber getauften Kinder private Schulzirkel einzurichten, da diese Kinder nicht zu den Schulen der jüdischen Gemeinden gehörten. Klara Hunsche verfaßte im Auftrag des Berliner Bruderrates ein Rundschreiben an die Pfarrer der Bekennenden Kirche, in dem diese gebeten wurden, Eltern ihrer Gemeinden zu ermutigen, private Schulzirkel zu gründen. Schon am 6. Januar 1939 begann der erste Zirkel in der Wohnung von Pfarrer Kurtz. Als das »Büro Pfarrer Grüber« mit einigen Abteilungen umzog, konnte später die sogenannte »Familienschule«, die dem »Büro Pfarrer Grüber« angeschlossen war, in freiwerdende Räume in der Oranienburgerstr. 20 einziehen. Klara Hunsche war maßgeblich am Aufbau beteiligt und versuchte diese »Schule« in die Arbeit der Bekennenden Kirche einzugliedern. Sie erteilte an der Familienschule bis zur Zwangsauflösung am 30. Juni 1942 Religionsunterricht, der als einziger Unterricht für »arische« LehrerInnen erlaubt war, da er nicht unter die staatlichen Bestimmungen fiel.
Zwei Jahrzehnte später beschreibt Klara Hunsche in einem Artikel über die Familienschule die Schule als »eine Insel, die eine Weile Schutz geboten hat, bis die Sturmflut über sie hinrollte, ein kleines Licht im Dunkel, eine kurze Weile Geborgenheit vor und in dem Sturm, ein klein wenig Halt für diesen Weg ins Leben oder in den Tod.« Es bedrückte sie sehr, daß die meisten Kinder und LehrerInnen den Tod fanden; nur wenige überlebten durch die Flucht ins Ausland oder durch die Änderung ihres Status.
1941 sah ein geheimer Himmlererlaß vor, die illegalen Theologinnen, die bei der Bekennenden Kirche ihr Examen abgelegt hatten, zu »nutzbringender Arbeit« heranzuziehen. Klara Hunsche mußte ab 1. Februar 1941 einen Dienst im Heereswaffenamt aufnehmen. Trotzdem war es ihr möglich, die kirchliche Arbeit auf allen Gebieten weiterzuführen. Obwohl ihre Dienststelle nach einem Bombenangriff im November 1943 nach Wittenberg verlegt wurde, hielt sie die Korrespondenz bis März 1945, indem sie monatlich einen Rundbrief als »Hausgottesdienst« verfaßt an die in die unterschiedlichen Regionen verschickten LehrerInnen sandte.
Nach ihrer »Beurlaubung« von der Arbeit im Heeresamt erreichte Klara Hunsche am 17. April 1945 auf einem etwas abenteuerlichen Weg Großmutz, wo ihr Bruder die Pfarrstelle innehatte. Da ihr Bruder zu der Zeit an der Front war, übte sie den Dienst als Verwalterin des Pfarramts aus. Die Mutter ihrer Schwägerin soll vor Freude über das Erscheinen Klara Hunsches gesagt haben: »Kläre, dich hat ein Engel geschickt!« Bis ihr Bruder zurückkam, im Oktober 1946, versorgte sie die Gemeinde, einschließlich der Wortverkündigung und der Sakramentsverwaltung, obwohl ihr das laut den Beschlüssen der 11. Synode der Bekennenden Kirche von 1941 untersagt war. Klara Hunsche wäre gerne in der Gemeinde von Großmutz geblieben, sie kam mit den Menschen auf dem Land gut klar. Kein Gemeindeglied hatte je Anstoß genommen, daß eine Frau bei ihnen auf der Kanzel stand, alle waren froh, daß überhaupt jemand da war. Trotzdem mußte sie den Platz für ihren Bruder räumen und ging zurück nach Berlin, wo sie wieder in der Schulkammer (mittlerweile in Erziehungskammer umbenannt) in Westberlin eingestellt wurde. Dort blieb sie bis zu ihrer Pensionierung mit ca. 60 Jahren. Da es aber keinen Nachfolger gab, konnte sie ihren Beruf noch acht Jahre länger ausüben. Noch bis zu ihrem Tod im Alter von 79 Jahren leitete Klara Hunsche privat in ihrer Wohnung einen monatlich stattfindenden Bibelkreis mit ihren ehemaligen Lehrerinnen, die sie während ihrer Arbeit in der Schulkammer kennengelernt hatte.
Klara Hunsche war immer nur »mit ihrem Beruf verheiratet«, sie kannte kein von ihrer Arbeit losgelöstes Privatleben. Mit 62 Jahren wurde ihre Einsegnung als Ordination anerkannt, eine Sache für die sie sich mit anderen Theologinnen zusammen immer eingesetzt hat. Klara Hunsche

blieb ihr Leben lang eine einfache, engagierte und aktive Frau, die sich bis in die 70er Jahre hinein besonders für die kirchliche Friedensarbeit einsetzte.

Birgit Schäfer

Hunsche, Klara: Recht und Grenzen der Wortverkündigung im Unterricht der Kirche und Schule, in: Junge Kirche, Heft 20, 3. Jg. 1935, S. 953-967.

Dies.: Vom Recht und Amt des Laien in der Kirche. Der evangelische Lehrer, in: Junge Kirche, Heft 10, 4. Jg. 1936, S. 458-464.

Dies.: Kirche und Schule im totalen Staat (Die bekennende Kirche und die Schule im Dritten Reich), in: Der evangelische Erzieher, 1. Jg. 1949/50, Dezember 1949, S. 19-27.

Dies.: Der Kampf um die christliche Schule und Erziehung 1933-45, in: Kirchliches Jahrbuch, 76. Jg. 1949/50, S. 455-519.

Dies.: Familienschule Oranienburger Straße, in: Heimliche Hilfe, Erlebnisberichte aus der Zeit der Judenverfolgung, hg. v. Gerda Drewes und Eva Kochanski, Lahr 1961, S. 16-23.

Erhart, Hannelore: Theologinnen im Einsatz für verfolgte Juden und Jüdinnen vor und während des Nationalsozialismus. Ilse Härter zum 80. Geburtstag am 12.1.1992, in: Reformierte Kirchenzeitung 1/1992, S. 14-18.

Gerlach, Wolfgang: Als die Zeugen schwiegen. Bekennende Kirche und die Juden, Studien zu Kirche und Israel Bd. 10, Berlin 1987.

Die Stuttgar-
ter Erklärung

"Die Stuttgarter Erklärung" war für die ganze Kirche ausge-
ausgesprochen worden von denen, die durch ihr Handeln und
Leiden dazu bevollmächtigt waren.
Ich habe die Erfahrung gemacht, daß es im totalen Staat kein
Ausweichen gibt aus der Schuld-und Schicksalsgemeinschaft des
Volkes. Eine "weiße Weste" ist -auch im "Widerstand"- eine Utopie.
Der Bekennenden Kirche danke ich, daß sie mir geholfen hat,
im Vertrauen auf Gottes Gnade bei dem einen Herrn zu bleiben,
zu dem sie sich bekannt hat. Was ich getan habe, war sehr wenig x)
Die Bekennende Kirche ist dabei geblieben, Jesus Christus, den
einen Herrn, zu bezeugen in Wort und Tat und in viel Leiden.
Sie hat -jedenfalls bei uns- dafür gesorgt, daß, als alles zu-
sammenbrach, auch die "offizielle" Kirchenregierung, aus der
bisher als "illegal" verachteten Leitung der Bekennenden Kir-
che ein kirchlich legitimes Not-Kirchenregiment der ganzen
evangelischen Kirche wurde, das dann auch einen kirchlich le-
galen Wiederaufbau in die Hand nehmen konnte.

x)
Dem Unrecht ne-
ben mir bin ich
zu wenig entge-
gengetreten.

as hat die
ekennende
Kirche getan?

Ilse Jonas
* 1900

Ilse Jonas

»Ich wollte nicht mehr selber Helfer sein,
sondern auf den Helfer hinweisen.«
(1949)

Die Theologin Ilse Jonas gehörte zu den wenigen Menschen, denen Jochen Klepper in seinen letzten Lebensjahren vertraute und mit denen er Verbindung hielt. Die freundschaftliche Beziehung war entstanden in der gemeinsamen Breslauer Studienzeit. Ilse Jonas hat dem durch den nationalsozialstischen Rassenwahn in den Tod getriebenen Studienfreund ein Denkmal gesetzt mit ihrem Buch »Jochen Klepper, Dichter und Zeuge. Ein Lebensbild« (Berlin 1966). Was sie darin über Kleppers Breslauer Studienzeit schreibt, trägt auch autobiographische Züge und gibt Einblick in die schwierige soziale Lage der Studierenden wenige Jahre nach Ende des ersten Weltkriegs und in das Klima der Breslauer Theologischen Fakultät in den zwanziger Jahren, also in der Zeit, in der auch Ilse Jonas in Breslau studierte.

Ilse Jonas, am 9. März 1900 in Fürstenau (Schlesien) als Tochter des Domänenpächters Richard Jonas und seiner Ehefrau Johanna, geb. Scheller geboren, hat zunächst Hausunterricht erhalten und dann von 1913 bis 1915 ein Breslauer Lyzeum besucht. Sie konnte krankheitsbedingt aber erst 1922 das Abitur ablegen. Ihr erster Berufswunsch war, wie sie in einem von 1949 datierten Lebenslauf schreibt, sehr allgemein und lautete: »Menschen helfen«. Dies führte sie zunächst an die soziale Frauenschule in Breslau, nebenher hörte sie an der juristischen Fakultät volkswirtschaftliche Vorlesungen. An der Universität erfuhr sie, daß Frauen auch Theologie studieren können und entschloß sich zum Studienwechsel trotz der Unsicherheit des späteren Berufsweges. Sie rechnete bei Beginn des Studiums damit, bestenfalls als Gemeindehelferin eingesetzt zu werden. Aber dies hielt sie nicht vom Theologiestudium ab. Es »war mir nicht entscheidend, zu welcher Stellung ich es bringen würde. Der Beweggrund war ein anderer. Ich hatte zu begreifen begonnen, daß der Mensch nicht nur hilfsbedürftig ist, sondern erlösungsbedürftig. So wollte ich, in welcher Stellung auch immer, eingesetzt werden zum Dienst der Verkündigung. Ich wollte nicht mehr selber Helfer sein, sondern auf den Helfer hinweisen.« (Lebenslauf 1949) Ilse Jonas studierte von 1923 an drei Semester in Breslau und anschließend fünf Semester in Marburg, wo sie 1927 das Erste Theologische Examen vor der Theologischen Fakultät Marburg ablegte.

In die Breslauer Studienzeit fällt die Bekanntschaft mit Jochen Klepper, der dort von 1923 bis 1926 studierte. Ilse Jonas wurde in den Studentenausschuß gewählt, der soziale Hilfen wie Freitische für Studierende verteilen konnte und der auch für das kulturelle Leben der Fachschaft zuständig war. Über beide Aufgabengebiete hatte sie mit Klepper zu tun, und dieser fühlte sich von Ilse Jonas in seinen Schwierigkeiten so verstanden, daß er ihr das Du anbot, das auch bis zu seinem Lebensende erhalten blieb.

Der wichtigste theologische Lehrer war für Ilse Jonas der Neutestamentler und Kirchenhistoriker Hans von Soden, der anfangs in Breslau und von 1924 an in Marburg lehrte. Von Soden war ein ausgesprochener Förderer des Theologiestudiums von Frauen. Mehrere Studentinnen, darunter auch Ilse Jonas, haben sich später noch brieflich an ihn gewandt und von ihrem weiteren Ergehen berichtet. Über von Soden als Lehrer schreibt Ilse Jonas in ihrem Lebenslauf von 1949: »Besonders viel verdanke ich auf beiden Universitäten dem Studium der Kirchen – und Dogmengeschichte unter der Leitung meines verehrten Lehrers Professor D. Hans von Soden, dessen Drängen auf unbedingte Wahrhaftigkeit in Studium und Leben wohl allen seinen Schülern unvergeßlich bleiben wird.« Nach dem Ersten Theologischen Examen arbeitete sie in der rheinischen Kirchenprovinz. Beziehungen dorthin waren entstanden über die »Evangelische Pastoralhülfsgesellschaft für die Rheinprovinz«, für die Ilse Jonas schon vor dem ersten Examen ab März 1927 tätig war und von der sie sagt, daß »diese sich der Theologinnen annahm«. Im Lehrvikariat arbeitete sie in der Gemeinde Düsseldorf-Eller »bei der Kanzleiarbeit, im Unterricht und der Arbeit an der weiblichen Jugend«. Von dort aus legte sie 1930 das Zweite Theologische Examen ab. In ihren ersten Berufsjahren wirkte sie als Krankenhausseelsorgerin in Duisburg, als Synodalvikarin zur Entlastung des Superintendenten in Aachen (mit Einsatz in der Kanzlei, im Religionsunterricht und in der Jungmädchenarbeit), in Köln an den Riehler Heimstätten in der Seelsorge für Alte und Behinderte.

1933 kam sie zur Evangelischen Frauenhilfe (Kreisverband Essen) und von dort aus 1936 in die Evangelische Reichsfrauenhilfe nach Potsdam. Ihr Aufgabengebiet hier war die Durchführung von Rüstzeiten, die Mitarbeit in der Bibelschule und ein anstrengender Reisedienst. Von Potsdam aus lebte auch die Freundschaft mit Jochen Klepper wieder auf. Trotz aller äußeren und inneren Belastungen auf beiden Seiten kommt es zu mehreren persönlichen Begegnungen und auch zu einem freundschaftlichen Verhältnis zu Kleppers »jüdischer« Frau und Tochter. Die Selbsttötung der drei wegen der nationalsozialistischen Judenverfolgung ist ein schwerer Verlust für Ilse Jonas.

1944 wechselte Ilse Jonas in den Dienst der evangelisch-lutherischen Kirche Sachsen über, zunächst wieder in die Frauenarbeit, und von 1949 an arbeitete sie »in der vikarischen Verwaltung der Pfarrstelle an den Städtischen Anstalten zu Chemnitz, soweit es sich um die Frauenseelsorge handelt«. 1953 fungierte sie als »Ephoralvikarin« für den Kirchenbezirk Karl-Marx-Stadt, hauptsächlich wieder mit Aufgaben in der Frauenarbeit, 1955 wurde sie »Ephoralvikarin« im Kirchenbezirk Dresden-Stadt und noch im gleichen Jahr wurde sie eingesetzt als »Pfarrvikarin beim Pfarramt am Stadtkrankenhaus Dresden-Johannstadt«.

1960 wurde Ilse Jonas als Pfarrvikarin emeritiert, seit 1971 lebt sie in den Gnadauer Anstalten (Gnadau) in Sachsen-Anhalt. Mitteilenswert erscheint noch, daß Ilse Jonas erst 1957, also drei Jahre vor ihrer Emeritierung, das volle Pfarrergehalt erhält.

Soweit zu den äußeren Stationen ihres Berufswegs. An der Fülle der Aufgaben und der Einsatzorte wie an den umständlichen Dienstbezeichnungen zeigt sich, welche Schwierigkeiten die evangelische Kirche hatte, Theologinnen zu akzeptieren und sie in ihr Amtsverständnis zu integrieren. Das gleiche Grundproblem zeigt sich, wie schon genannt, in der Frage der Besoldung und der Frage der Ordination. Ilse Jonas ist 1931 für ihren Dienst in den Köln-Riehler Anstalten eingesegnet worden. Hierüber hat Katharina Krüger aus Aachen in den Mitteilungen des Verbandes evangelischer Theologinnen Deutschlands 1931 einen Bericht geschrieben. Darin erwähnt sie: »Diese Feier hebt sich insofern aus dem Rahmen der Einsegnung einer Theologin – innerhalb der evangelischen Kirche der altpreußischen Union – heraus, als Ilse Jonas dabei den vorhergehenden Gottesdienst selber hielt.« Ilse Jonas predigte über den Text Joh. 3,10 »Er muß wachsen, ich aber muß abnehmen«, die Einsegnung nahm vor Superintendent Lic. Klingenburg aus Köln unter Assistenz von Pfarrer Encke aus Köln-Riehl, als Segensworte wurden ihr gesagt Joh. 15,5 und 1. Mose 12,2. Die Berichterstatterin zeigt sich von der Einsegnung beeindruckt und sieht darin ein Zeichen für den »neuen beglückenden Weg kirchlicher Arbeit« der Theologinnen. Ilse Jonas selber erwähnt in ihrem Lebenslauf von 1949 die Einsegnung nicht, sondern erst die »richtige« Ordination am 4. Januar 1948 in der Auferstehungskirche in Dresden-Plauen. Ilse Jonas hat sich von der Gründung 1925 an im Verband evangelischer Theologinnen Deutschlands engagiert, an dessen Tagungen sie teilnahm und in dem sie Funktionen übernahm. Nach dem bisherigen Stand der Dokumentation läßt sich über das Amtsverständnis von Ilse Jonas noch nichts Genaueres sagen. Deutlich wird, daß für sie Frauen ebenso wie Männer zur Verkündigung berufen sind. Sie selbst hat zwar nie ein Gemeindepfarramt inne gehabt, sie hat aber schon vor 1945 gepredigt, und sie hat mit Sicherheit nach 1945 im Rahmen der Krankenhausseelsorge auch Sakramente verwaltet. Den Auftrag der Verkündigung hat sie auch durch Veröffentlichungen geistlichen und seelsorgerlichen Inhalts wahrgenommen. Briefe an Jochen Klepper erwähnen Veröffentlichungen in der Kriegszeit, und auch nach 1945 hat sie Beiträge für Andachtsbücher und -kalender oder für Sammelwerke geschrieben. Eine Auswertung dieser Schriften würde den Standort von Ilse Jonas als Theologin und als Zeitgenossin näher beleuchten, diese Arbeit konnte jedoch für diesen Beitrag nicht geleistet werden.

Neben den äußeren Lebensstationen gibt es aber auch den Weg der inneren Entwicklung. Zu dieser Seite der Biographie von Ilse Jonas läßt sich nur mit großer Behutsamkeit etwas sagen. Ilse Jonas war begabt – und belastet – mit einer hohen Sensibilität. Dies hat ihr die Freundschaft mit dem Studenten Jochen Klepper eingetragen, der sich von ihr verstanden fühlte und für den sie die richtigen Worte und das richtige Verhalten traf. Sie hatte eigene Krankheitserfahrungen, und das war sicher eine Hilfe und Vorbereitung für die Seelsorge an Kranken und anderen »Mühseligen und Beladenen«. Es gab auch später schwere und krisenhafte Zeiten für sie. Aufgefordert, zum zehnjährigen Bestehen des Verbandes evangelischer Theologinnen einen Beitrag über ihre Tätigkeit zu schreiben, gab Ilse Jonas einen sehr persönlichen, bekenntnishaften Bericht. Sie setzt sich darin mit ihrem »Helfersyndrom« auseinander, das dazu geführt hatte, daß sie mit der Art ihrer Berufsausübung immer unzufriedener wurde und in Versuchung kam, den Beruf zu wechseln. In dieser Krise wurde ihr die Begegnung mit »Möttlingen« zur Wende: »Hier habe ich begriffen, daß es der Tod jeder Verkündigung ist, wenn man irgend etwas selbst machen will, daß man nur und nur Wegweiser sein kann zu dem, der die Hilfe ist. Und daß man diesen Dienst nur tun kann, wenn man selbst ein Geretteter ist; wenn das Wort von der Vergebung einem nicht nur Bestandteil der Dogmatik ist, sondern eine letzte Wirklichkeit, aus der und von der man in jedem Augenblick lebt. ... Und nun bin ich daran es zu lernen, meine Arbeit zu tun ohne jedes Schielen nach Erfolg, nach Anerkennung. Ich suche keine ›Befriedigung‹ meines Bedürfnisses zu helfen, will letztlich recht verstanden nicht einmal mehr, daß den Menschen geholfen werde, sondern daß Gott, daß Christus recht behalten.« Von der durch Möttlingen erfahrenen Wende schreibt Ilse Jonas auch in Briefen an Hans von Soden: »Dabei wird einem in Möttlingen nichts anderes gesagt als was einem schon oft gesagt wurde und was man so und so oft in der Bibel gelesen hat. Aber es wird einem besonders eindringlich und schlicht gesagt.« (Möttlingen ist ein Schwarzwalddorf, in dem Gemeinschaftschristen um Friedrich Stanger auf biblizistischer Grundlage seelsorgerlich tätig waren.)

Auch die Potsdamer Zeit hatte ihre eigenen Belastungen, von denen in den Briefen an Klepper die Rede ist. Dazu gehörte auch die politische Situation. Schon Ende 1932 fragt Ilse Jonas bei Hans von Soden um Rat in der Frage, wen man wählen soll, und bekennt, daß sie den Nationalen, also Hitler, ihre Stimme nicht geben kann und daß ihr »Volk, Vaterland usw. leere Begriffe (sind), die mich kalt lassen.« Die Verzweiflung über den Krieg und die Politik – und damit ist auch eingeschlossen die Verzweiflung über die Judenverfolgung und das dadurch ausgelöste

Leid, das sie von 1933 an bemerkt, wird verschlüsselt ausgesprochen in einem Brief an Klepper vom 23. Dezember 1941: »Man kann wirklich nur immer sagen: ›Was ist der Mensch‹ und die Fortsetzung, ... daß Du Dein gedenkst« (sic) stellt sich nicht immer gleich ein. Aber, gelt, es bleibt doch dabei: Also hat Gott die Welt geliebt, so entsetzlich sie ist.«
Ein Buch für alte Menschen »Wenn sich die Tage neigen«, erschienen 1969 in Berlin (Ost), enthält einen Beitrag von Ilse Jonas über das Danken in Anlehnung an Psalm 107: Danket dem Herrn, denn er ist freundlich, und seine Güte währet ewiglich. Sie ist nun selbst 96 Jahre alt, und ihre Aufforderung zu dankbarer Rückschau gerade auch auf Leid und Krankheit, Tod und Schuld ist wie ein Resumee ihres eigenen Lebens, es ist ihr selbst gelungen, alles Schwere und Bedrückende ihres Lebens in Dank zu verwandeln.

Ilse Meseberg-Haubold

Jonas, Ilse: Briefe an Jochen Klepper, in: Deutsches Literaturarchiv Marbach a. N., Nachlaß Jochen Klepper.

Dies.: Briefe an Hans von Soden,in: Arbeitsgemeinschaft für Kirchliche Zeitgeschichte München, Nachlaß Hans von Soden.

Dies.: Ein Theologinnenweg, in: Mitteilungen des Verbandes evangelischer Theologinnen Deutschlands, 5. Jg., 1935, Heft 3, S. 11ff.

Dies.: Das Leben behält den Sieg, Berlin (Ost) 1963.

Dies.: Krankenbriefe, Berlin (Ost) 1964.

Dies.: Jochen Klepper. Dichter und Zeuge – Ein Lebensbild, Berlin (Ost) 1966.

Dies.: Gott sei gedankt für alles, in: Wenn sich die Tage neigen«, Berlin (Ost) 1969.

Dies.: Stille für den Tag, Berlin (Ost) 1971.

Dies.: Er kam aus einem Pfarrhaus, in: Wallmann: Als wir Kinder waren, Berlin (Ost), 1973.

Krüger, Katharina: Einsegnung und Einführung von Ilse Jonas als Vikarin in den Heimstätten von Köln-Riehl, in: Mitteilungen des Verbandes evangelischer Theologinnen Deutschlands, 1. Jg. 1931, Heft 3, S. 12f.

Klepper, Jochen: Unter dem Schatten deiner Flügel. Aus den Tagebüchern der Jahre 1932 – 1942 von Jochen Klepper, hg. von Hildegard Klepper, Stuttgart 1956.

Thalmann, Rita: Jochen Klepper. Ein Leben zwischen Idyllen und Katastrophen, München 1977.

Ilse Jonas: Gott sei gedankt für alles (Ausschnitt)

Wie immer unsere Jugend verlief, *ohne* Freude war sie gewiß nicht. Vielleicht, daß solche Freude bei uns verschiedener Art war, aber wir hatten sie doch: Freude an Gottes schöner Welt, Freude im Zusammensein mit Geschwistern und Freunden, kleine Feste daheim, ein gutes Wort von Vater, Mutter oder Großmutter, eine Aufmunterung eines Lehrers, eine Begegnung mit einem Menschen, der uns Vorbild war, an den wir nur zu denken brauchten, um in einer Versuchung standzuhalten. Irgend etwas davon gab es doch wohl für jeden von uns. Freilich, das andere war auch da. Wir wollen das nüchtern zugeben. Versprechungen, die man uns nicht hielt, Schmerzen, die andere uns antaten, Lehrer oder andere, die uns entmutigten, vielleicht sogar demütigten. Aber – müssen wir nicht rückschauend sagen, daß uns das auch zur Hilfe wurde, dem Leben besser gewachsen zu sein, uns im Schweren zu bewähren, echte Liebe von falscher zu unterscheiden, unsere Grenzen zu sehen und uns in ihnen zu bewähren? Ist das nicht auch Grund zum Danken?

Und die schweren Stunden? Ja, sie waren da. Wir wußten nicht, wie wir sie bestehen sollten. Aber dann waren wir doch hindurch. Ist das kein Grund zum Dank an Menschen, die uns in solchen Stunden zur Seite standen, vielleicht schweigend, vielleicht mit einem wegweisenden Wort, einem Rat? Kein Grund zum Dank an Gott? Wir spürten in diesen Stunden seine Nähe vielleicht nicht. Und doch: hernach wußten wir es, *er* war es, der uns hindurchtrug.

Aber die Krankheitstage und -nächte? Ja gewiß, die gab es auch. Vielleicht führten sie manche von uns sehr nahe an die Grenze des Todes. Indessen, war da nicht auch ein Mensch, der linderte und tröstete, dessen Nähe uns wohltat? War nicht auch da Gott, der uns durch solche Nöte dazu verhalf, daß wir inständiger beten lernten?

Schwerer noch war Krankheit und Tod geliebter Menschen, schweres Sterben, rätselhafte Auswahl Gottes in der Bestimmung, wer leben bleiben, wer sterben sollte. Aber tat uns solches Erleben nicht den großen Dienst, daß wir nun die Nöte und Zweifel anderer besser verstanden, daß wir uns unsere Worte besser überlegten, uns vor billigem Trost hüteten? Lernten wir nicht Gott dafür danken, daß wir erkannten: Er ist zu groß, als daß wir ihn begreifen könnten. Half er uns nicht, es aufzugeben, ihn verstehen zu wollen, und ihn statt dessen anzubeten in seiner Weisheit, die über alle Menschenweisheit hinausgeht? Und wenn es noch so schwer war, taten wir nicht wenigstens kleine Schritte in dieser Richtung? Freilich, wir wissen, solches Danken will gerlernt werden. Da kann uns manche Hilfe werden im Studium der Heiligen Schrift. Wie kann uns etwa der 107. Psalm an die Hand nehmen bei solcher Einübung.

in: Wenn sich die Tage neigen, Berlin (Ost) 1969

Hanna Jursch
1902 – 1972

Hanna Jursch

»Neue Wege willst du gehen!
Nimm das Alte freudig mit.
Laß Erinnrung dich umwehen
auf des Lebens Wanderschritt.«
(1939)

Die erste und einzige Theologin, die während der Zeit des Nationalsozialismus von einer deutschen Theologischen Fakultät habilitiert wurde, war Hanna Jursch. Am 23. Februar 1934 habilitierte die Theologische Fakultät der Friedrich-Schiller-Universität in Jena sie für das Fach Kirchengeschichte und Christliche Archäologie. Ihr Name und ihre Habilitationsschrift fehlen jedoch im Verzeichnis der Hochschulschriften, eine Habilitationsurkunde wurde ihr anscheinend nie ausgestellt, und sie wurde erst nach dem Ende des Nationalsozialismus zur Professorin ernannt.

Hanna Marie Margarete Jursch wurde am 24. März 1902 als Tochter des Stadthauptkassenrendanten Hermann Jursch und seiner Frau Marie geb. Schäfer in Oppeln, Oberschlesien, geboren. Bedingt durch die Versetzungen des Vaters verlebte sie ihre Schulzeit zunächst in Elbing, Westpreußen, seit 1917 bis zu ihrem Abitur 1922 in Berlin. Schon zum Sommer-Semester 1922 immatrikulierte sie sich an der Thüringischen Landesuniversität in Jena mit den Fächern Religion, Deutsch und Kunstgeschichte.

Hanna Jursch blieb nicht bei dem Studium der Philologie: Tief beeindruckt durch Heinrich Weinel als Christ, Paedagoge und akademischer Lehrer wechselte sie nach einem Semester zur Theologischen Fakultät, obwohl die Berufsperspektive für Theologinnen noch völlig ungeklärt war.

Nach acht Studiensemestern, von denen sie die ersten und die letzten in Jena, das 4. und 5. Semester in Berlin studierte und dort bleibende Eindrücke in den Lehrveranstaltungen von Adolf von Harnack empfing, bestand Hanna Jursch im März 1926 das Erste Theologische Examen als Fakultätsexamen an der Theologischen Fakultät der Universität in Jena.

Nach mehrjähriger Tätigkeit als Assistentin bei Professor Karl Heussi beantragte Hanna Jursch die Zulassung zur Promotion vor der Theologischen Fakultät der Friedrich-Schiller-Universität mit einer Arbeit über »Schleiermacher als Kirchenhistoriker« und bestand 1932 die Prüfung zur Licentiatin der Theologie.

Während ihrer Arbeit an ihrer Habilitationsschrift, im Rektoratsjahr Karl Heussis, das in eine Zeit wirtschaftlicher Stagnation fiel, gewann Hanna Jursch zugleich Einblick in die sozialen Verhältnisse der Studentenschaft, in die Möglichkeit, die zur Seelsorge notwendige Menschenkenntnis zu schärfen, die Notwendigkeit, praktisch eingreifen und raten zu müssen, um für den einzelnen den ihm entsprechenden Weg finden zu helfen. Sie sah vor allem auch die Not von Studentinnen: »Aus dieser Fürsorgearbeit erwuchs mir der Plan einer besonderen Hilfsaktion für bedürftige Studentinnen.«

Mitte Februar 1934 meldete sich Hanna Jursch zur Habilitation für das Fach Kirchengeschichte und altchristliche Kunst mit einer Arbeit über »Das Bild des Judas Ischariot in der alten Kirche«. Bereits eine Woche später hielt sie die Probevorlesung. Daraufhin beantragte Dekan Macholz

Ende Februar 1934 ihre Zulassung zur Habilitation für das Fach Kirchengeschichte mit besonderer Berücksichtigung der Christlichen Archäologie und Kunstgeschichte bei dem Thüringischen Volksbildungsministerium. Bereits im März wurde »die Zulassung der Kandidatin der Theologie Dr. theol. Hanna Jursch als Privatdozent ... vorbehaltlich der Erfüllung der sonstigen Voraussetzungen« vom Ministerium genehmigt, sodaß Hanna Jursch ihre Lehrtätigkeit an der Universität Jena im Sommer-Semester 1934 mit der Antrittsvorlesung über das Thema »Die drei Gräber Ravennas« aufnahm. Damit war Hanna Jursch die erste Theologin, die an einer deutschen Theologischen Fakultät die Habilitation rite erworben hatte.

Nun spitzte sich der Konflikt um die Dozentur einer Frau zu. Das Ministerium hatte die Zulassung zur Habilitation »vorbehaltlich der Erfüllung der sonstigen Voraussetzungen« ausgesprochen. Das Schreiben des Dekans Fascher vom 13. Februar 1936 gibt Auskunft über die gegensätzlichen Voraussetzungen, die diesen Konflikt bestimmten: Die Seite des thüringischen Ministeriums, vertreten durch Ministerialrat Stier, war der Ansicht, daß die Habilitation ausgesprochen sei und er keine Möglichkeit sehe, sie zu widerrufen. Nach dem Dozentenschaftsführer, Direktor Hans Ebert, war jedoch »der Prozeß der Habilitation noch nicht abgeschlossen, weil eine Voraussetzung – der Besuch einer Dozentenakademie – noch fehlt«. Die Einrichtung einer Dozentenakademie war Folge eines Erlasses des Preußischen Ministers für Wissenschaft, Kunst und Volksbildung vom 18. Oktober 1933. Danach wurde die Genehmigung der Habilitation von der Ableistung eines Wehrsport- oder Arbeitslagers und der Dozentenakademie abhängig gemacht. »Lager und Dozentenakademie waren ... vor der Erteilung des Habilitationsverfahrens zu absolvieren.«

Da noch kein Ministerium mit allgemeiner Befehlsgewalt über alle deutschen Universitäten bestand, galt dieser Erlaß zunächst nur für die preußischen Universitäten. Durch die Errichtung des Reichsministeriums für Wissenschaft, Erziehung und Volksbildung am 1. Mai 1934 wurde eine Zentralverwaltung für die deutschen Hochschulen geschaffen und mit der Reichshabilitationsordnung vom 13. Dezember 1934 eine reichseinheitliche Regelung getroffen. Wichtigste Neuerung war die Trennung von Habilitation und Erteilung der Lehrbefugnis. Entgegen der vordem geltenden Regelung war die Teilnahme an Lager und Akademie als Voraussetzung der Erteilung einer Dozentur vorgeschrieben.

Die Forderung nach Absolvierung einer Dozentenakademie vor Erreichung einer Dozentur beinhaltete letztlich jedoch zugleich die Ausgrenzung von Frauen aus Hochschuldozenturen, da die geplante Akademie auf einem Gemeinschaftsleben in Lager und Akademie beruhte, das wegen der praktizierten Lebensform Frauen nicht zuließ: »Zahlreiche Kurse der Dozentenakademie [fanden] in der Nähe von Göttingen, in dem vorwiegend von der dortigen Studentenschaft genutzten ›Lager Rittmarshausen‹ statt, wobei im Lehrgang selbst einheitliche Kleidung vorgeschrieben war: ›Sportanzug, Braunhemd ohne Rangabzeichen, ungenagelte Schuhe oder Stiefel‹«. Wie selbstverständlich wird in den Schilderungen davon ausgegangen, daß das Gemeinschaftsleben des Lagers ein Leben im »Männerbund« war.

Der Dozentenschaftsführer in Jena, Hans Ebert, wandte sich nach Berlin, um den Besuch der Dozentenakademie durch Hanna Jursch zu klären, und erhielt die Antwort: »Auf Ihr Schreiben vom 9.v.M. teilen wir Ihnen mit, daß die Einweisung der Theologin Dr. Hanna Jursch in eine Dozentenakademie nicht möglich ist.« Die Ablehnung erfolgte ohne eine Angabe von Gründen.

Karl Heussi setzte sich für Hanna Jursch ein. Er wies u.a. darauf hin, daß »auf dem Grenzgebiet des Religiösen und des Künstlerischen weibliches Einfühlungsvermögen bestimmte Dinge sicherer erfaßt, als das männliche, und somit eine wertvolle Ergänzung der Forschung bedeuten kann. ... Nachdem Frl. H. Jursch nun schon volle drei Semester gelesen hat und in den Vorlesungsverzeichnissen aufgeführt steht, wäre ein von ihr selbst nicht verschuldetes Ausscheiden für sie außerordentlich gravierend; da in den letzten Jahren so zahlreiche Juden, Halbjuden oder des Marxismus Verdächtige ausgeschieden sind, würde ohne ein Verschulden von ihrer Seite gegen sie der Anschein erweckt werden, als ob sie irgendwie in eine ähnliche Kategorie gehörte. Umso mehr, als z.B. in Berlin eine ganze Reihe habilitierter Damen ungehindert weiterwirken dürfen.« – Ein Schreiben des Dekans an den Dozentenschaftsführer läßt weitere Hintergründe des Konflikts um die Dozentur von Hanna Jursch erahnen: »Frl. Jursch ist auch darauf hingewiesen worden, daß sie sich irgendwelche Hoffnung auf Beförderung oder Anstellung nicht machen könne. Sie erklärte sich zufrieden mit einem begrenzten wissenschaftlichen Arbeitsgebiet. Infolgedessen gab man der Habilitation unter der Voraussetzung statt, daß dadurch Stelle und Bezahlung für späteren männlichen Nachwuchs in keiner Weise versperrt werden dürfte.«

Im Winter-Semester 1938/39 unternahm die Fakultät einen erneuten Vorstoß, diesmal um Hanna Jursch einen Lehrauftrag für Kirchengeschichte, Christliche Archäologie und Kunstgeschichte zu erwirken. Bereits auf dem Dienstweg im Senat scheiterte der Antrag, so daß Rektor Esau seine Zustimmung zurückzog und dem Ministerium die Entscheidung zuschob.

Nachdem die neue Reichshabilitationsordnung verabschiedet war, wurde schließlich auf ein erneutes »Gesuch um Ernennung zum Dozenten neuer Ordnung gemäß Reichshabilitationsordnung v. 17.2.1939« »Dr. theol. habil. Hanna Jursch am 5.8.1939 zur Dozentin unter Aufrechterhaltung der ... verliehenen Lehrbefugnis für Kirchengeschichte unter besonderer Berücksichtigung der Archäologie und Kunstgeschichte« ernannt. Sie wurde darauf hingewiesen, daß damit »kein Recht oder keine Anwartschaft auf Bewilligung von Diäten oder auf Berufung auf einen planmäßigen Lehrstuhl« verbunden sei.

Erst der Untergang des nationalsozialistischen Staates brachte für Hanna Jursch durch die Ernennung zum »besoldeten ao. Professor« und 1948 zum »Professor mit vollem Lehrauftrag« die Anerkennung ihrer wissenschaftlichen Qualifikation.

Hanna Jursch wußte sich ihren Lehrern, insbesondere Heinrich Weinel und Karl Heussi, zu tiefem Dank verpflichtet, den sie in ihrer Lehrtätigkeit an die nächste Generation weitergab. Ihr Verständnis der Kirchengeschichte als Ausdruck der Kunstgeschichte zeigt sich auch in ihren Veröffentlichungen und in ihren vielfältigen Gedichten.

1955 verlieh die Theologische Fakultät der Philipps-Universität in Marburg ihr die Würde eines Doktors ehrenhalber. Hanna Jursch starb 1972.

Hannelore Erhart

Jursch, Hanna: Schleiermacher als Kirchenhistoriker. Buch 1: Die Problemlage und die geschichtstheoretischen Grundlagen der Schleiermacherschen Kirchengeschichte Diss. theol. Jena 1933.

Dies.: Das Bild des Judas Ischariot in der alten Kirche, Habilitationsschrift Jena 1934 (unveröffentlicht).

Dies.: Weinel als Lehrer, in: Die Christliche Welt 1936, Sp. 1030-1032.

Dies.: Das Wesentliche, Jena 1939.

Jursch, Hanna und Ilse: Hände als Symbol und Gestalt, Berlin 1951.

Erhart, Hannelore: Theologin und Universität – das Beispiel Hanna Jursch – »... daß die Einweisung der Theologin Dr. Hanna Jursch in eine Dozenten – Akademie nicht möglich ist ...«, in: Jahrbuch der Gesellschaft für niedersächsische Kirchengeschichte 89. Bd. 1991, S. 385-898.

Losemann, Volker: Zur Konzeption der NS-Dozentenlager, in: Erziehung und Schulung im Dritten Reich, hg. v. Manfred Heinemann, Veröffentlichungen der Historischen Kommission der Deutschen Gesellschaft für Erziehungswissenschaft Bd. 4.2, Stuttgart 1980, S. 87-109.

Pältz, Eberhard: In Memoriam Hanna Jursch (1902–1972), in: Mosaiksteine. Thüringer Kirchliche Studien IV Berlin 1981, S. 44-63.

Schüffler, Joachim: Hanna Jursch zum 60. Geburtstag am 24. März 1962, in: Theologische Literaturzeitung 87, 1962, Sp. 311-314.

VERBAND EVGL. THEOLOGINNEN DEUTSCHLANDS.

Von der 3. Tagung
des Verbandes evang. Theologinnen Deutschlands.
M a r b u r g, August 1927.
-o-

2. Anträge:

a) Antrag Gschlössl-Barth, die juristische Existenz des Verbandes sicherzustellen durch Eintragung beim Amtsgericht.- Der Antrag wurde zurückgestellt, da die Antragsteller selbst nicht zugegen waren und ihre schriftl. Beantragung nicht begründet war; von den Anwesenden aber keiner die Notwendigkeit und Bedeutung solcher Eintragung überschaute.

b) Antrag Haas-Krüger auf Erwägung der Zweckdienlichkeit einer ständigen Amtstracht für Theologinnen.-
Begründung: Tracht schützt, erzieht, hilft.
Der Antrag fand lebhafte Stellungnahme dafür und dawider, wurde dann auf gelegenere Zeit hinausgeschoben.

c) Antrag Jursch, den § 3 der Satzungen dahin zu ändern, dass Theologinnen älterer Generation ohne theol. Examen aber mit (privater) theol. Betätigung als ordentl. Mitglieder aufgenommen werden könnten.-
Begründung: Die Erfahrung jener kann dem Verband von Nutzen sein, zudem ist das fehlende Examen nicht ihre Schuld, weil es damals zu machen unmöglich war.
Der Antrag wurde abgelehnt im Hinblick darauf, dass das lic. Examen immer gemacht werden konnte und eine Rücksichtnahme der Satzungen auf Einzelfälle nicht zu rechtfertigen ist.

Ernennungsurkunde für Hanna Jursch zum Professor mit vollem Lehrauftrag

Beglaubigte Abschrift.

Der Ministerpräsident des Landes Thüringen.

E r n e n n u n g s u r k u n d e .

Frau Professor Dr. Hanna J u r s c h wird zum

P r o f e s s o r

mit vollem Lehrauftrag

in der Theologischen Fakultät der Friedrich-Schiller-Universität Jena im Angestelltenverhältnis ernannt..

Ich erwarte, daß der Ernannte getreu seinem Gelöbnis seine Pflichten gewissenhaft erfüllt und das Vertrauen rechtfertigt, das ihm durch diese Ernennung bewiesen wird.

Weimar, den 12. April 1948.

gez. Eggerath.

Die Richtigkeit der Übereinstimmung
der Abschrift mit der Urkunde bescheinigt.

Weimar, den 30. April 1948.

Thüringer Universitäts- und Landesbibliothek, Jena, Universitätsarchiv, Bestand: BA Nr. 2149

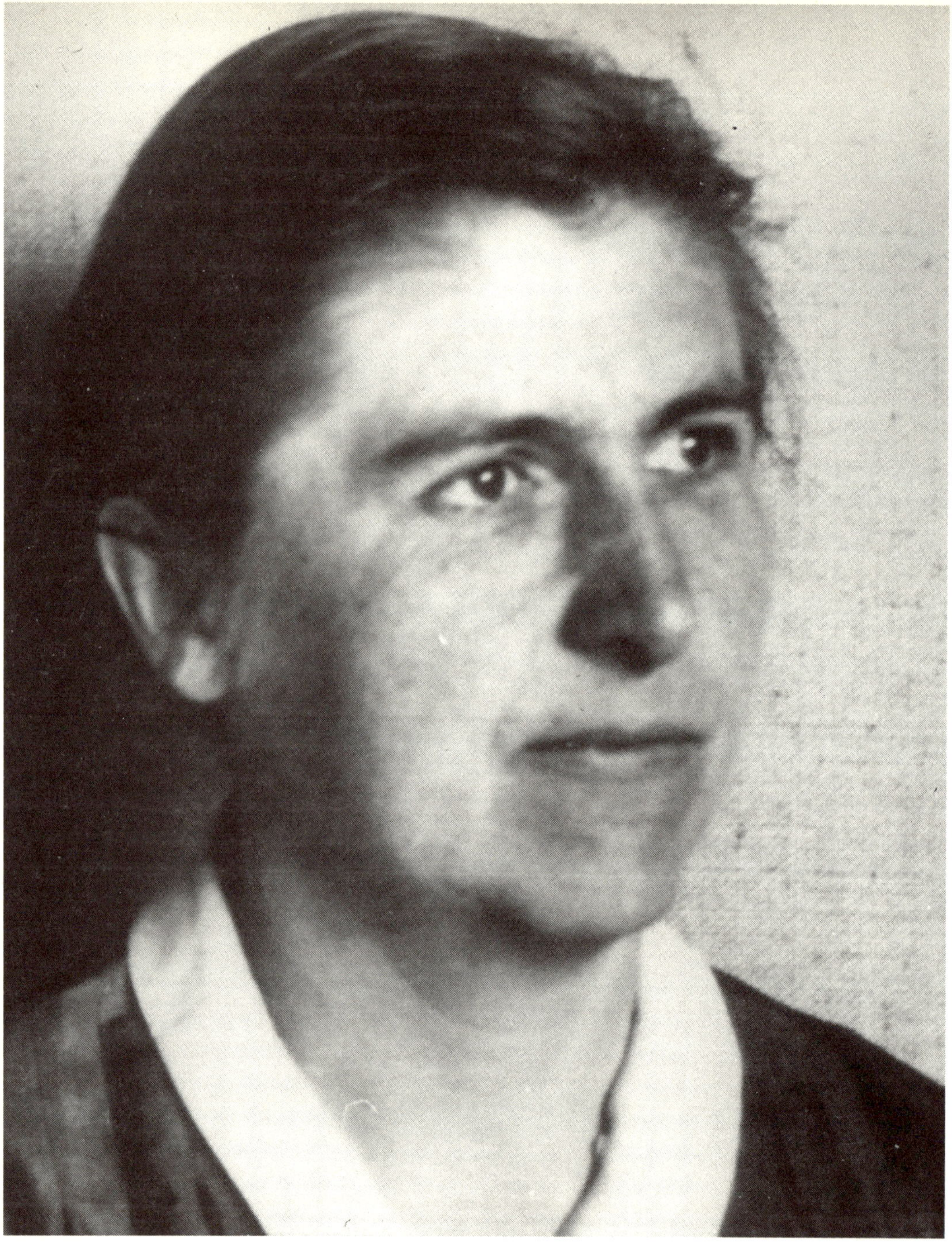

Erica Küppers
1891 – 1968

Erica Küppers

*»Wir haben getan, was wir konnten,
um den Juden den Zugang zu Christus unmöglich zu machen.«
(1952)*

Erica Küppers fand früh zur Theologie, zur Kirche dagegen spät, dann aber äußerst dezidiert, nämlich zur Bekennenden Kirche von Martin Niemöller.

Sie war in der Lage, unabhängig zu denken und bewies das vor allem an drei Punkten: Sie trat ein für die Gleichberechtigung von Frauen, hatte jüdische Freundinnen und Freunde, denen sie in der Zeit des Nationalsozialismus treu blieb, und sie begriff frühzeitig die Relevanz der Bibel im politischen Leben. Diese letztere Auffassung teilte sie mit ihren beiden Freunden Karl Barth und Martin Niemöller. Was aber ihr Eintreten für das Recht der Frauen und die Anerkennung der Juden betraf, so war sie beiden weit voraus. Auch wenn sie das schmerzte, so hat es doch ihre Verbundenheit mit ihnen nicht beeinträchtigt. Andererseits hat sie es aber nicht fertiggebracht, mit ihnen über diesen Dissens zu diskutieren. In dieser Hinsicht blieb sie, wiewohl vielfach mutig und selbstbewußt, in der Situation einer Frau, die sich Männern unterlegen fühlt, und zwar gerade solchen, die sie hoch schätzte und liebte.

Ihr Elternhaus war gut bürgerlich, kaisertreu und gemäßigt antisemitisch, also das übliche Bild jener Zeit. Ob sie das jemals beeinflußt hat, steht dahin, und wenn ja, so hat sie doch die Eierschalen frühkindlicher Prägung schnell und entschlossen abgestreift. Dagegen war es sicher von Belang, daß ihr Vater ein selbständiger Unternehmer war, den auch geschäftliche Mißerfolge nicht entmutigten. Dabei leistete er sich den Luxus einer großen Familie mit sieben Kindern. Später erinnert sich Erica Küppers: »Wir haben doch genug sogenanntes Unglück gehabt und viel Geld verloren, und wir hatten sieben Kinder, die als teure Prinzen viel brauchten, und trotzdem sind wir immer satt geworden.« Der sorglose Umgang mit materiellen Gütern blieb ihr zeitlebens erhalten.

Sie leistete sich ein langes Studium, von 1911 bis 1917, vor allem in Göttingen. Begonnen hat sie mit einer kühnen Kombination von fünf Fächern, nämlich Mathematik, Physik, Philosophie, Germanistik und Theologie, bemerkte bald, daß das nicht zu schaffen war, und gab die Naturwissenschaften auf. Warum sie Theologie wählte, ist nicht bekannt, vom Elternhaus kam das nicht, das war eher religiös indifferent. Aber sie hat sich schon in der Schule ernsthaft mit Schleiermacher beschäftigt.

Ihre Freunde und Freundinnen in Göttingen stammten aus Kreisen der Universität, eine besondere Rolle spielte Elli Husserl, die Tochter des Philosophen Edmund Husserl, die 1937 mit ihrem Ehemann, dem Kunsthistoriker Jakob Rosenberg, in die USA emigrierte.

Nach Beendigung ihres Studiums wurde sie 1925 als Studienrätin an die renommierten Studienanstalten für Mädchen in Droyssig bei Zeitz berufen. Zu jener Zeit hatte bereits ihre Freundschaft mit Karl Barth begonnen. Ihm war sie zum ersten Mal 1914 auf einer Studentenkonferenz in Aarau (Schweiz) flüchtig begegnet, doch vor allem beeindruckte sie 1919 sein sogenannter »Tambacher Vortrag«, in dem er die solidarische Verantwortlichkeit der Christen am öffentlichen Leben forderte. Kurz darauf lernte sie ihn durch die Vermittlung von Freunden persönlich kennen und gehörte fortan in den Kreis der Freundinnen und Freunde, die sich jeden Sommer mit ihm auf dem Bergli, dem Haus seiner Freunde Ruedi und Gerty Pestalozzi, in Oberrieden am Zürichsee trafen.

Sie war eine hervorragende Lehrerin, und man stellte ihr eine Dozentur an einer Pädagogischen Hochschule in Aussicht. Doch ehe es soweit war, hatte sie die Chance, mehrere Semester bei Barth in Bonn zu studieren. Dabei begann sie mit einer Dissertation über Schleiermacher, die jedoch niemals fertig wurde.

Als Hitler 1933 an die Macht kam, wurde sie zurück nach Droyssig beordert, wo sich die Verhältnisse bereits dramatisch verändert hatten. So geriet sie sofort in Konflikte, auch mit ihrer vorgesetzten Behörde. Doch sie ließ sich nicht einschüchtern, sondern behandelte im Unterricht mit betontem Nachdruck die Rolle der Juden im deutschen Bildungswesen und die Bedeutung des von den Nazis als »jüdisch« disqualifizierten Alten Testaments. Dabei stand sie auf einsamem Posten, auch in ihrer Kirchengemeinde. Gerade das machte sie auf die Kirche aufmerksam, der sie bisher ferne gestanden hatte. Jetzt wird ihr klar: »Es wäre nie so weit gekommen, wenn wir eine Kirche hätten, die wüßte, was ihres Amtes ist.«

Und sie tritt in die Bekennende Kirche ein.

Die Kontroversen mit der Schulbehörde führten zu Sanktionen, die sie erhobenen Hauptes ertrug. Schon am Ende des ersten Jahres des Nationalsozialismus wurde sie an ein Mädchengymnasium in Magdeburg strafversetzt, doch das war nur ein kurzes Gastspiel, denn 1935 verweigerte sie den Beamteneid auf Adolf Hitler, was einem Kapitalverbrechen gleichkam und ihre Versetzung in den vorzeitigen Ruhestand zur Folge hatte. Damals war sie 43 Jahre alt. Doch damit nicht genug. Ein Jahr später erhielt sie Redeverbot für die ganze Provinz Sachsen.

Doch nun war ihr Fall in der Bekennenden Kirche bekannt. Zunächst rief man sie zu einer Aufgabe der Erwachsenenbildung auf der Burg Hohensolms bei Wetzlar, und wenig später erreichte sie eine Anfrage vom Stadtverband der Evangelischen Frauenhilfe in Frankfurt, der eine theologische Fachkraft zur Unterstützung seiner ehrenamtlichen Mitarbeiterinnen suchte.

So kam sie nach Frankfurt, wo sie bis zu ihrem Lebensende blieb.

Hier stand sie nicht mehr auf einsamem Posten, sondern war aufgehoben in einem Kreis von Gleichgesinnten und Freunden. Der wichtigste Mensch wurde ihr Pauline Kredel, die Schwester von Martin Niemöller. Zu ihr und deren Familie zog sie in ihrem vierten Frankfurter Jahr und blieb ihnen als liebe, wenngleich nicht immer ganz einfache Hausgenossin lebenslang verbunden. Wie auch andere akademisch gebildete Frauen ihrer Generation erklärte sie sich unzuständig in häuslichen Tätigkeiten und zählte auf die Dienstbereitschaft anderer Menschen, die ihr wunderbarer Weise auch immer zuteil wurde.

Nach dem Krieg wurde sie zu einer bekannten und verläßlichen Mahnerin. Sie selbst jedoch hat das nicht so empfunden. Für sie stand die Nachkriegsepoche im deprimierenden Zeichen der Restauration. Sie hatte auf eine Erneuerung auf der Linie dessen gehofft, was die Bekennende Kirche einmal gewollt hatte. Stattdessen sah sie nur Kleingeisterei und verpaßte Chancen.

Lange dauerte es, bis sie einen ihr gemäßen Wirkungskreis fand. Schließlich bot ihr die Zeitschrift »Stimme der Gemeinde« die Mitarbeit an. Das Blatt erschien seit 1949 als »Monatsschrift der Bekennenden Kirche zum Kirchlichen Leben, zu Politik, Wirtschaft und Kultur« und stritt gegen die restaurativen Tendenzen der Politik Konrad Adenauers. Erica Küppers hielt nach Kräften mit, auch da, wo es galt, Angriffe gegen Martin Niemöller abzuwehren. Aber sie litt darunter, daß zwei ihrer wichtigsten Anliegen in der von ihr mitverantworteten Zeitschrift kaum zur Sprache kamen, nämlich die Gleichberechtigung der Frauen und das Verhältnis zwischen Christen und Juden.

Neben der redaktionellen Arbeit war sie unablässig tätig als Rednerin, Predigerin, wirkte mit bei Tagungen und Seminaren, reiste durchs Land, weit über die Grenzen ihrer Landeskirche hinaus. Es ging ihr darum, den Menschen zu zeigen, warum das Desaster des Nationalsozialismus das deutsche Volk heimgesucht hat, und zu verhindern, daß dies ein zweites Mal geschähe. Sie sprach eindringlich von Schuld und Buße, von der Erwählung der Juden und Gottes Bund mit ihnen.

Einer politischen Partei hat sie nur ein einziges Mal angehört, 1952, als Gustav Heinemann seine Gesamtdeutsche Volkspartei gründete, die sich aber nicht durchsetzen konnte und darum nach fünf Jahren wieder aufgelöst wurde. Sie war Gründungsmitglied der Westdeutschen Frauenfriedensbewegung, die sich als Reaktion auf die beginnende Wiederaufrüstung Deutschlands verstand, und widmete ihr in den fünfziger Jahren einen großen Teil ihrer Arbeitskraft. Dafür mußte sie teuer bezahlen. Die Westdeutsche Frauenfriedensbewegung galt als kommunistisch unterwandert, und deswegen wurde Erica Küppers in der Zeit des Kalten Krieges jahrelang das Einreisevisum für die Vereinigten Staaten verweigert. Das schmerzte sie sehr, weil sie sich danach sehnte, die Freundinnen aus der Göttinger Zeit endlich besuchen zu können.

Ihren wohl wichtigsten Beitrag leistete Erica Küppers als Angehörige der Synode der Evangelischen Kirche in Hessen-Nassau. Sie hatte bereits der vorbereitenden Synode angehört, doch als die erste ordentlich gewählte Synode ihre Arbeit aufnahm, war sie zunächst nur zweite Stellvertreterin eines (männlichen) Synodalen. Das rief, offenbar zum ersten und einzigen Mal, eine Lobby für sie auf den Plan, nämlich die evangelischen Fürsorgerinnen Frankfurts und Hessens. Sie schrieben an den Kirchenpräsidenten und forderten: »Wenn jemand, so ist sie die Persönlichkeit, die in der Kirche und für die Kirche lebt und arbeitet und zugleich in Laienkreisen Stimme hat.«

Dem Antrag wurde stattgegeben.

Die Protokolle der Synode zeigen, in welchem Maß Erica Küppers die Stimme des gesunden Menschenverstandes in der Synode vertreten hat. Sie wußte klug, schlagfertig und oft auch humorvoll zu argumentieren, und sie konnte zurücktreten, wenn sie merkte, daß auch andere ihr Anliegen vertraten. Vor allem hat sie dazu beigetragen, daß schon in den fünfziger Jahren die Evangelische Kirche in Hessen-Nassau zu vernünftigen Theologinnengesetzen kam. Die einzige Andacht, zu der sie in einer Synode aufgefordert wurde – meist kamen hier Männer zu Wort – ist in ihrer prägnanten Kürze ein Muster an biblischer Treue und konkretem Zeitbezug.

Sie selbst war in die hessische Kirche gekommen als ein Niemand, und als der Krieg zu Ende war, wußte keiner, welcher reiche theologische Fundus in ihr steckte. Zunächst war ihr das egal. Auch der Prophet Amos, so hat sie mehrfach gesagt, trat nicht als gelernter Theologe, sondern als Laie vor sein Volk. Dennoch hat sie Ende der vierziger Jahre ihren Kirchenpräsidenten dringend gebeten, sie zu ordinieren. Sie begehrte kein kirchliches Amt, aber sie wollte voll dazugehören. Dem wurde stattgegeben, doch unter der Voraussetzung, daß sie sich zunächst einem Kolloquium vor dem Leitenden Geistlichen Amt stellte. Das tat sie nur widerwillig, denn, wie gesagt, gerade bei Männern, die sie schätzte, hat sie sich stets unterlegen gefühlt. Doch das Ergebnis des Kolloquiums übertraf alle Erwartungen, und am Ersten Advent 1950 hat Martin Niemöller sie in der St. Katharinengemeinde in Frankfurt ordiniert. Freilich gibt es einen von ihm abgezeichneten Aktenvermerk, der besagt, daß Erica Küppers nur »für das ihr zugewiesene Amt« ordiniert wird und daß ihr keine Dienstbezeichnung beigelegt werden solle. Doch auch amtliche Verfügungen können den Lauf der Dinge nicht immer aufhalten. Die offizielle Legitimation wurde zwar nie nachgereicht, aber in der Anzeige, mit der die Freundin Pauline Kredel 1968 den Tod von Erica Küppers mitteilt, nennt zu ihrem Namen die beiden Titel, die ihr zukommen: Studienrätin a.D. und Pfarrerin.

Marlies Flesch-Thebesius

Küppers, Erica: Die Stimme des Christen im Deutschen Gedicht der vergangenen 12 Jahre 1933-1945, Bielefeld 1948.

Dies.: Kirche und Israel, in: Bekennende Kirche. Martin Niemöller zum 60. Geburtstag, München 1952, S. 1-16.

Dies.: Gottes Volk. Eine Arbeitshilfe zur Behandlung der Judenfrage in evangelischer Sicht, Frankfurt a. M. 1962.

Flesch-Thebesius, Marlies: Blume der Steppe. Das Leben der Pfarrerin Erica Küppers 1891–1968. Schriftenreihe des Evangelischen Regionalverbandes Frankfurt am Main Nr. 19, Frankfurt 1994.

Prolingheuer, Hans: Der Fall Karl Barth. Chronologie einer Vertreibung, Neukirchen-Vluyn 1977.

Erica Küppers, Ursula Gärtner, Prof. D. Dr. Luise Berthold, Dr. Annemarie Welke, Resolution an die Bundesregierung

~~Die~~ Wir am 7. Juli 1957 in der Paulskirche in Frankfurt/Main versammelten Frauen verschiedener politischer Richtungen und verschiedener Konfessionen suchten ~~sich~~ uns über die Verantwortung klar zu werden, die wir angesichts der atomaren Bewaffnung haben. Sind wir doch auf deren grosse Gefahren von Sachverständigen ganz verschiedener Länder immer wieder dringend hingewiesen worden.
In dieser Verantwortung, die wir vor Gott und den Menschen tragen, machen wir uns den Vorschlag zu eigen, den Dr. Freda Wüsthoff kurz vor ihrem Tode abgefasst hat. Er öffnet endlich einmal den Weg zu einer Tat.

> " Eine der beiden Grossmächte, also entweder die Regierung der USA oder die Regierung der UdSSR möge bekannt geben, dass sie mit sofortiger Wirkung die Durchführung von thermonuclearen Explosionen solange einstellen wird, als von anderer Seite keine thermonuclearen Explosionen mehr durchgeführt werden."

Wir fügen den dringenden Wunsch hinzu: Die ~~christlichen~~ Völker des Westens möchten mit diesem Schritt beispielhaft vorangehen.

Die Regierung der Bundesrepublik aber bitten wir, angesichts unseres geteilten Volkes auf atomare Ausrüstung der Bundeswehr radikal zu verzichten und darüber hinaus der Schaffung einer atomfreien Zone in Mitteleuropa zuzustimmen. Dies als unsern Beitrag zur Lösung dieser brennenden Frage.
Wir begrüssen die Resolution der 18 deutschen Frauenorganisationen und bitten die Frauen in aller Welt, auch bei ihren Regierungen entsprechend vorstellig zu werden.
Wir Frauen und Mütter müssen wissen, dass das Schicksal unsrer Kinder nicht herauszulösen ist aus dem grossen Weltgeschehen und dürfen schon darum nicht nachlassen in unsrer tätigen Verantwortung gegenüber den weltpolitischen Fragen.
Darum rufen wir alle auf:
Frauen und Mütter gebt euren Gewissensbedenken Ausdruck!
Eure Waffe ist die öffentliche Meinung!
Macht durch sie die Menschen reif zur Tat!

I. A. Erica Küppers   Prof. D. Dr. Luise Berthold
Ursula Gärtner   Dr. Annemarie Welke

Zentralarchiv der Evangelischen Kirche in Hessen und Nassau, Bestand: 35/474

Sophie Kunert-Benfey
1896 – 1960

Sophie Kunert-Benfey

»Es ist schon lange
eine der schmerzlichsten Frauenerfahrungen für die,
die ihre Kirche liebgewonnen haben,
daß auf die brennenden Menschheitsfragen,
wie sie sich in der Frauenbewegung verkörpern und darstellen,
seitens der Kirche kaum eingegangen wird«.
(1929)

Sophie Kunert-Benfeys Biographie ist durch zwei zentrale Arbeits- und Lebensbereiche gekennzeichnet. Zum einen war sie in den zwanziger Jahren engagierte evangelische Theologin, die sich für die Ordinationsrechte für examinierte Theologinnen einsetzte. Sie war als Theologin außerdem fast zehn Jahre lang in Hamburg und Lübeck in der Frauengefängnisseelsorge aktiv. Zum anderen war sie nach ihrer Heirat 1934 und ihrem Umzug nach Göttingen »überqualifizierte« Pfarrfrau des evangelischen Pastors Bruno Benfey. Er war »nicht-arischer« Herkunft. Mutig und engagiert stand sie ihrem Mann bei seiner Arbeit bei. Daran hielt sie auch fest, als die Evangelisch-lutherische Landeskirche Hannovers ihn wegen seiner »judenchristlichen« Herkunft in den einstweiligen Ruhestand versetzte und damit schutzlos nationalsozialistischer Willkür überließ.
Sophie Kunert wurde 1896 in Berlin-Spandau geboren. Nach dem Abitur in Berlin und zweisemestrigem Studium der Altphilologie in Marburg leistete sie einen einjährigen Werkdienst in einer optischen Fabrik ab. Nach diesem Jahr entschied sie sich, Theologie zu studieren. Das geistliche Amt begriff sie vor allem als soziales Amt.
1921 absolvierte sie das Fakultätsexamen an der Universität Berlin. Ein Kirchliches Examen konnte sie damals als Frau noch nicht ablegen. Da Sophie Kunert nach ihrem Examen bei der Evangelischen Kirche der Altpreußischen Union, zu der Berlin gehörte, keine Anstellung als Theologin fand, besuchte sie die Handelsschule und arbeitete schließlich bei Siemens als Direktionssekretärin.
Ab 1923 arbeitete sie außerdem ehrenamtlich im Berliner Untersuchungsgefängnis Moabit als Fürsorgerin. Der Berliner Oberpfarrer Ernst Diestel empfahl sie 1924 für eine Stelle als Sozialarbeiterin in den Frauenanstalten des Hamburger Gefängnis Fuhlsbüttel. Sie wurde eingestellt und arbeitete dort als Sozialarbeiterin mit Predigt- und Seelsorgeauftrag. Sie hielt Wort- und Abendmahlsgottesdienste, obwohl diese Praxis bis dahin kirchenrechtlich für Theologinnen nicht vorgesehen war. Sophie Kunert schuf dagegen unbeirrt Fakten, da sie ihre Arbeit nach den Anforderungen der Praxis ausrichtete und sich diesbezüglich wenig um geltendes Kirchenrecht kümmerte. Sie gewann aufgrund ihrer guten Arbeit viele Befürworterinnen und Befürworter ihrer eigenwilligen Verbindung sozialer und theologischer Praxis. Andere lehnten ihre Arbeit dagegen aus prinzipiellen kirchenrechtlichen Erwägungen ab. Immerhin nahm die damals selbständige Hamburgische Kirche Sophie Kunert auf ihren Antrag hin ihr Zweites Theologisches Examen ab und billigte nachträglich ihre vom Staat durchgeführte Anstellung in den Frauengefängnissen von Hamburg Fuhlsbüttel. Als sie daraufhin 1925 ihre Ordination beantragte, brach in der Hamburgischen Kirche ein offener Streit über Möglichkeit und Unmöglichkeit der Frauenordination aus. Der »Fall Kunert« wurde zum Präzedenzfall. An ihrer Person und ihrem Ordinationsantrag entzündete sich eine über zwei Jahre andauernde theologisch und kirchenrechtlich geführte Auseinandersetzung. Mehrere Synoden der Hamburgischen Kirche beschäftigten sich

mit dem Thema. Es wurde ein Ausschuß gebildet, der mehrmals tagte und Synodenvorlagen erarbeitete. Positionen wurden in den theologischen Fachorganen ausgetauscht, kontroverse Einschätzungen und Forderungen wurden in zahlreichen Synodensitzungen angehört, verworfen und neu diskutiert. Sophie Kunert beteiligte sich selbst mit zahlreichen Veröffentlichungen in Kirchenzeitschriften an der Auseinandersetzung. Sie setzte sich klar für die Ordination von Theologinnen ein, argumentierte aber weniger grundsätzlich als auf Grundlage ihrer praktischen Erfahrungen. So wies sie beispielsweise darauf hin, daß angemessene und glaubwürdige Gefängnisseelsorge nach ihren Erfahrungen nur dann gelingen könne, wenn der Seelsorgerin auch ermöglicht sei, Gottesdienste mit den Frauen zu feiern und ihnen das Heilige Abendmahl auszuteilen. Die Vertrauensbasis würde gestört werden, wenn dafür stets ein ortsfremder Pastor angefordert werden müßte.

Im Oktober 1927 wurde schließlich das »Gesetz betreffend die Verwendung theologisch vorgebildeter Frauen in der Hamburgischen Kirche« von der Synode verabschiedet. Das Gesetz lehnte die Ordination von Theologinnen ab, sah für sie aber eine Einsegnung vor. Diese sollte von der Ordination der Männer klar unterschieden sein. Die Theologin blieb auf diese Weise dem Pastor untergeordnet, erhielt ein geringeres Gehalt und hatte geringeren Einfluß an den kirchlichen Praxisorten. Gemeindegottesdienste und die Austeilung der Sakramente blieben den Theologinnen nach diesem Gesetz verwehrt. Sie konnten aber zu konkreten Diensten berufen werden, beispielsweise zur Krankenhaus- oder Gefängnisseelsorge, zur Jugendarbeit, zum Religionsunterricht und zur Frauen- und Altenarbeit in den Gemeinden. Sophie Kunert war enttäuscht über diesen schwachen Kompromißbeschluß, der ihr zwar ihre Weiterarbeit als Gefängnisseelsorgerin ermöglichte, der sie aber genau wie andere Theologinnen ihren männlichen Kollegen nach wie vor unterstellte und eine selbständige geistliche Arbeit unmöglich machte.

1928 wurde Sophie Kunert als Pfarramtshelferin eingesegnet. Als 1931 die Frauenanstalten von Fuhlsbüttel nach Lauh/Lübeck verlegt wurden, zog sie mit um und führte bis Anfang 1934 ihre Arbeit in Lübeck fort. Gleichzeitig belegte sie Seminare am psychologischen Fachbereich der Universität Hamburg und promovierte dort trotz starker Arbeitsbelastungen. 1933 legte sie ihre Doktorarbeit dem Hamburger Psychologieprofessor William Stern vor. Das Thema ihrer Arbeit lautete: »Abhängigkeit, eine personale Struktur straffälliger Frauen«. Sie reflektierte in ihrer Doktorarbeit nicht zuletzt ihre eigenen Erfahrungen als Gefängnisseelsorgerin.

1933 lernte sie den verwitweten Göttinger Pastor Bruno Benfey auf einer Harzreise kennen. Die beiden heirateten 1934, und Sophie Kunert-Benfey zog nach Göttingen. Da verheiratete Theologinnen damals das geistliche Amt nicht ausüben durften, arbeitete sie von nun an nicht weniger engagiert als Pfarrfrau in der St. Mariengemeinde in Göttingen mit. Sie unterstützte ihren Mann und begleitete ihn bei seiner schwierigen Arbeit als Pastor. Benfey war immer stärker werdenden Anfeindungen von nationalsozialistischen Gemeindegliedern ausgesetzt, die seine »nicht-arische« Herkunft mißbilligten. Bis zum Herbst 1936 wurden seine Gottesdienste häufiger gestört, von vielen sogar boykottiert. Der Kirchenvorstand der St. Mariengemeinde bat im September 1936 in einem Schreiben an das Landeskirchenamt in Hannover um die Entlassung des unliebsamen Pastors. Das Anliegen wurde zunächst abgelehnt. Nach weiteren Turbulenzen in Gottesdiensten wurde Benfey im November 1936 aus dem Regierungsbezirk Hildesheim verwiesen und am 1. Juni 1937 von der Hannoverschen Landeskirche in den einstweiligen Ruhestand versetzt. Sophie Kunert-Benfey blieb die ganze Zeit an der Seite ihres Ehemanns und zog mit ihm im August 1937 nach Wernigerode. Dort konnte Benfey eine zeitlang in der örtlichen Bekenntnisgemeinde arbeiten. Wenig später wurde er allerdings verhaftet und ins Konzentrationslager Buchenwald verschleppt. Aus gesundheitlichen Gründen kam er in das Magdebur-

ger Gefängnis. Aufgrund seiner internationalen ökumenischen Kontakte und einer Einladung der lutherischen Gemeinde in Amsterdam konnten die Eheleute nach Amsterdam emigrieren. Dort hielt Sophie Kunert-Benfey abwechselnd mit ihrem Mann den deutschen Gottesdienst, als alle anderen deutschen Pastoren Amsterdam verlassen hatten. Die beiden blieben dort bis zur Befreiung der Niederlande von der nationalsozialistischen Besatzung im Jahre 1945. Danach konnte Pastor Benfey nach Deutschland zurückkehren. Sophie Kunert-Benfey wurde aufgrund ihrer Arbeit in der deutschen Gemeinde in Amsterdam dagegen zunächst verhaftet. Sie kam zwar noch am gleichen Tag wieder auf freien Fuß, aber ihr Antrag auf Rückkehr nach Göttingen wurde von den Alliierten erst drei Monate später genehmigt. Solange verdingte sie sich als Schneiderin in Amsterdam.
Benfey begann in Göttingen, seine Arbeit in der Pfarrstelle der St. Mariengemeinde wieder aufzunehmen. Die Anfänge nach dem Krieg waren in der Gemeinde schwer für alle Beteiligten. Sophie Kunert-Benfey engagierte sich auch nach dem Krieg in der Gemeinde und setzte sich zusammen mit ihrem Mann sehr für den ökumenischen Dialog ein. Sie übersetzte Zeitschriftenartikel aus ökumenischen Zeitschriften und leitete zusammen mit ihrem Mann einen ökumenischen Arbeitskreis, zu dem sie viele prominente Vertreterinnen und Vertreter aus dem In- und Ausland für Vorträge einluden. Sophie Kunert-Benfey hielt selbst Vorträge und machte noch bis kurz vor ihrem Tod Krankenhausbesuche. In Gemeindegottesdiensten predigen durfte sie in Göttingen trotz ihrer theologischen Ausbildung allerdings nicht. Die diesbezüglichen Kirchengesetze wurden erst Ende der sechziger Jahre geändert. Sophie Kunert-Benfey setzte sich aber stark dafür ein, daß 1959 die erste Vikarin in die St. Mariengemeinde eingeführt wurde. Anläßlich dieser Feierlichkeiten wurde auch daran erinnert, daß Sophie Kunert-Benfey nach langen mühsamen Kontroversen 1928, also schon einunddreißig Jahre vor diesem Datum, als Pfarrvikarin eingesegnet worden war. Im Januar 1960 starb sie nach kurzer Krankheit. Ihr Mann sprach die letzten Worte für sie bei der Beerdigung. Er zitierte seinen Ordinationsspruch, der auch der Trauspruch der Eheleute gewesen war: »Ich bin in guter Zuversicht, daß, der in euch angefangen hat das gute Werk, der wird's auch vollführen bis an den Tag Jesu Christi« (Phil 1,6).
Sophie Kunert-Benfey war eine engagierte und mutige Frau, die sich Zeit ihres Lebens für ihre beiden Herzensthemen einsetzte, die sie auf vielfältige Weise zu verknüpfen suchte: die Verkündigung der Heilsbotschaft Gottes und ihre konkrete Umsetzung in die Praxis durch soziales Engagement und Gerechtigkeitsstreben, durch Respekt der Anderen und den internationalen ökumenischen Dialog.

Kerstin Söderblom

Kunert, Sophie: Zu der Frage der weiblichen Seelsorge, in: Die Frau, 30. Jg. 1923, Heft 4, S. 117-120.
Dies.: Die Bitte um Ordination für den Dienst in Fuhlsbüttel, in: Hamburgische Kirchenzeitung, Januar 1926, Nr. 1, S. 1f.
Dies.: Ueber das Gesetz zur Verwendung theologisch vorgebildeter Frauen in der Hamburgischen Landeskirche, in: Die Frau, 35. Jg. 1927, Heft 3, S. 163-166.
Dies.: Theologin und Pfarramt, in: Die Frau, 36. Jg. 1929, Heft 8, S. 458-462.
Dies.: Straffälligkeit bei Frauen – ihre Entstehung und Beschaffenheit, Beihefte zur Zeitschrift für angewandte Psychologie 67, hg. v. William Stern und Otto Lipmann, Leipzig 1933.
Hering, Rainer: Frauen auf der Kanzel? Die Auseinandersetzungen um Frauenordination und Gleichberechtigung in der Hamburger Landeskirche. Von der Pfarramtshelferin zur ersten evangelisch-lutherischen Bischöfin der Welt, in: Zeitschrift des Vereins für Hamburgische Geschichte Bd. 79, Hamburg 1993, S. 163-209.
Söderblom, Kerstin: Sophie Kunert-Benfey, in: Des Kennenlernens werth. Bedeutende Frauen Göttingens, hg. v. Traudel Weber-Reich, Göttingen 1993, S. 276-288.
Timm, Marianne: Sophie Kunert-Benfey, in: Die Theologin, Heft 1/2, 20. Jg. 1960/61, S. 27-34.

Promotionsurkunde

Unter dem Rektorat von Eberhard Schmidt, Doktor der Rechte, ordentlichem öffentlichem Professor der Rechte, und während des Dekanats von Georg Thilenius, Doktor der Medizin, ordentlichem öffentlichem Professor der Völkerkunde, hat die Philosophische Fakultät

Fräulein Sophie Kunert aus Spandau,

nachdem sie durch ihre sehr lobenswerte Schrift ‚Abhängigkeit, eine personale Struktur straffälliger Frauen' und eine am 13. Mai 1933 bestandene Prüfung den Nachweis sehr guter wissenschaftlicher Befähigung und Bildung erbracht hat, die Würde als

Doktor der Philosophie

verliehen. Zum Zeugnis dessen ist diese Urkunde ausgestellt, mit dem Siegel der Fakultät versehen und vom Dekan unterzeichnet worden.

Hamburg, den 10. Oktober 1933.

Der Dekan

gez. *Thilenius*

 Staatsarchiv der Freien und Hansestadt Hamburg, Bestand: Personalakte Kunert, Dr.-Benfey, Abl. 1986 IV A 1291 Nr. 19a

Bericht über die 2. Tagung des Verbandes ev. Theologinnen Deutschlands zu Marburg vom 4.—7. August 1926.

Arbeitsbericht Kunert.

Frl. Kunert berichtet aus ihrer Arbeit: Die Anwartschaft für ihren jetzigen Dienst als Geistliche der Hamburgischen Strafanstalten hat sie sich durch eine etwa halbjährige ehrenamtliche Arbeit am Berliner Untersuchungsgefängnis erworben. Der dortige Pastor, Strafanstaltsoberpfarrer Diestel, vermittelte ihr die Anstellung nach Hamburg. Hier war sie nach kurzer Schulung durch den Aufsichtsdienst als Fürsorgerin tätig und meldete sich zu gleicher Zeit beim Hamburger Kirchenrat mit der Bitte, ihr das zweite theologische Examen abzunehmen. Der Kirchenrat gewährte die Zulassung. Naturgemäß enthielt diese Zulassung zum 2. Examen zugleich die Anerkennung des ersten Examens — das ein Fakultätsexamen vor der Berliner Fakultät gewesen ist — als ein kirchliches Examen, darin aber war wiederum die venia concionandi eingeschlossen. Daher kam es, daß sie seit dieser Zeit ihrer Zulassung zum 2. Examen vom Anstaltsgeistlichen an den Hamburgischen Strafanstalten zum Predigtdienst herangezogen wurde.

Die inneren Aufgaben des Dienstes in den Strafanstalten setzten sich für Frl. Kunert folgendermaßen zusammen. Neben den üblichen Verwaltungsarbeiten allgemeiner Art obliegt ihr sonntäglich je ein Gottesdienst in den beiden oben erwähnten Anstalten: Frauen-Zuchthaus — Gefängnis und Arbeitshaus; außerdem sonntäglich eine Andacht im Frauenlazarett der Anstalten. Dazu kommt Sonntags und Donnerstags je eine Bibelstunde. Der werktägliche Dienst setzt sich folgendermaßen zusammen: Briefzensur, Besuch der Neueinlieferungen, Besuch derer, die sich durch die Aufseherin vormelden ließen, außerdem die gesamte Fürsorge an den Zuchthäuslerinnen und danach soweit möglich, spontane Besuche auf den Isolierstationen und in der Krankenabteilung. Es sind im ganzen durchschnittlich ca. 350 Frauen ihrer Obhut anvertraut.

in: Bericht über die 2. Tagung des Verbandes ev. Theologinnen Deutschlands zu Marburg vom 4.-7. August 1926 (AKET, Abgabe Frieda Schindelin)

Katharina Müller-Krüger
1900 – 1994

Katharina Müller-Krüger

»Menschliches Leiden ist nicht aus der Welt zu schaffen,
aber Jesus Christus ruft seine Jünger auf,
sich ihm zu stellen durch opferbereiten Dienst.
Die Stunde Asiens ist gekommen,
diesen Ruf zu hören,
und Asiens Frauenwelt hat das Vorrecht, ihm zu folgen.«
(1967)

Am 4. August 1926 hielt cand. theol. Katharina Krüger in der Michaeliskirche in Marburg die Morgenandacht zu Beginn der 2. Tagung des Verbandes evangelischer Theologinnen Deutschlands: »Im Anschluß an das Wort Joh. 3,30 – Er muß wachsen, ich aber abnehmen – sprach sie zu uns von dem Ernst der Entscheidung, den Christus von uns verlangt, wenn wir wirklich von uns absehen wollen, um seine Sache in der Welt groß zu machen.«

Katharina Krügers Lebensweg führte in die Welt hinaus, von der Preußischen Kirche (APU) in die Rheinische Mission und nach Niederländisch-Indien/Indonesien. Wie sieht der Dienst der Theologin in der Kirche aus? So fragte sie sich auf allen Stationen ihres Lebensweges und gab Rechenschaft darüber in ihren Berichten. »Sie war bis zu ihrem Tode eine wache, wachsame Frau, die uns immer wieder zur Wachsamkeit rief,« wurde in ihrem Nachruf geschrieben. An den jährlichen Tagungen des Seniorenkreises der Vereinigten Evangelischen Mission in Wuppertal nahm sie bis kurz vor ihrem Tode teil, vorn sitzend, zuhörend, mitredend.

Katharina Krüger wurde am 6. Juli 1900 in Eidelstedt bei Pinneberg geboren. Nach dem Tode des Vaters zog die Familie nach Halle, wo Katharina Krüger 1920 das Abitur ablegte. Sie studierte Theologie von 1920 bis 1925 in Halle, Göttingen und Marburg. In Marburg legte sie auch 1925 ihr Erstes Theologisches Examen ab. Sie wurde in die Evangelische Gemeinde von Düsseldorf gerufen, um an der städtischen Mädchen-Berufsschule Religionsunterricht zu erteilen. In der Zeit der sozialen Notlage und »der inneren Verwahrlosung der unteren sozialen Schichten« wurde von der Kirche des Rheinlandes in den großen Städten der Religionsunterricht an den Berufsschulen neu aufgenommen.

Für die Theologinnen tat sich ein neues, bisher unerwartetes Arbeitsfeld auf. »Was muß dieser Jugend gesagt werden? ... Es gilt ihnen zu helfen, mit sich selber ehrlich umzugehen. Dann ist wieder Raum geschaffen für die Frage nach Gott.« So berichtete sie 1927 in ihrem Aufsatz: »Fragen zum Religionsunterricht an Berufsschulen.«

Als 1925 die erste Zusammenkunft von Theologinnen stattfand und der Verband evangelischer Theologinnen Deutschlands gegründet wurde, nahm auch Katharina Krüger daran teil. Schon 1927 wurde sie zur zweiten Vorsitzenden des Verbandes gewählt. Sie leitete von da an Tagungen und äußerte sich grundsätzlich zur Theologinnenfrage, so 1926 vor der Vereinigung evangelischer Frauenverbände in Berlin: »Wir haben eine organisierte Männerkirche, aber eine überwiegende Frauengemeinde ... Wir (die Theologinnen) wollen durch ein besonderes Frauenamt in die Arbeit der Kirche eingegliedert werden.«

Als sich eine Gruppe von Theologinnen um Dr. Carola Barth vom Verband getrennt hatte, weil sie das volle Pfarramt forderte, betonte Katharina Krüger 1930 in ihrem Bericht: »Die Theologin im Dienst der Kirche,« daß eine »Haltung der Freiheit zu jeglicher vorgeschlagener Form des Amtes« eingenommen werden sollte. Sie wurde im gleichen Jahr vom Theologinnenverband mit dem Dezernat für die Preußischen Kirchen beauftragt und verhandelte in dieser Eigenschaft mit Mitgliedern der Generalsynode über die Bedingungen, unter denen Vikarinnen in den Gemeinden tätig waren.

Als die Gesetzgebung der Kirche der Altpreußischen Union geändert wurde, konnte Katharina Krüger im Herbst 1930 in Koblenz ihr Zweites Theologisches Examen ablegen. Im November 1930 übernahm sie das Synodalvikariat in Aachen und wurde am 1. April 1931 auf Beschluß des Presbyteriums als Vikarin der Gemeinde Aachen und Burtscheid angestellt. Am 25. Mai 1931, dem zweiten Pfingsttag, wurde sie von Präses Wolf eingesegnet und in ihr Amt eingeführt. Es waren drei Arbeitspole: Religionsunterricht, weibliche Jugendarbeit und seelsorgerliche Arbeit in Krankenhäusern und Altenheimen, aber auch gelegentliche Gottesdienste fielen ihr zu. »Von wachsender Bedeutung ist mir selber die übertragene spezifische seelsorgerliche Arbeit geworden.« Aus diesem großen Arbeitskreis schied sie am 1. August 1932 aus: »Weil mein Lebensweg mich noch in die Ehe geführt hat, ... hoffe im Januar 1933 nach Sumatra auszureisen, um dort die Frau von Dr. Theodor Müller zu werden, der in der dortigen Arbeit der Rheinischen Missionsgesellschaft unter den Bataks (Tobagebiet) steht.« Am 22. März 1933 wurde das Ehepaar Müller-Krüger, – sie hatten ihre beiden Namen zusammengefügt – in Taroetoeng/Sumatra standesamtlich und nur wenige Stunden später in Sipholon kirchlich getraut. Zuerst wohnten sie in Simorangkir. Dort erreichte sie der Ruf nach Java. Ihr Mann wurde als theologischer Lehrer an die im Entstehen begriffene Theologische Hochschule in Batavia (später Jakarta) berufen. Katharina Müller-Krüger engagierte sich an der Seite ihres Mannes in der Hochschule. Ihr Haus wurde ein Ort der Begegnungen mit Diskussionen über die Welt und das Dritte Reich im Besonderen. In Deutschland hatten die Auseinandersetzungen mit dem Nationalsozialismus zugenommen, in die auch die Missionsgesellschaften hineingezogen wurden. Und so schreibt Katharina Müller-Krüger 1935 in einer Andacht über Joh 11,25.26: »Christi Wort läßt nicht ruhen ... es dringt auf Wahrheit und Entscheidung, auf ganzen Gehorsam und eindeutiges Bekenntnis.«

Von ihrem Leben in Java erzählte sie anschaulich in ihren Rundbriefen: (so 1937) von dem Weihnachten ohne Eis und Schnee, von den ersten selbstgesäten, nun blühenden Blumen, von dem Herrenhuter Stern, der neben der Tjirmara Tanne hängt und dem ruhigen Weihnachten mit denen, die kommen, weil sie selbst mit ihren von Ekzemen geschwollenen Füßen nicht fortgehen konnte.

Kurz vor dem Kriegsausbruch konnte das Ehepaar über Japan emigrieren. Sie nahmen eine Pfarrstelle in Düsseldorf an. Doch sie gehörten zu den Ersten, die 1949 wieder nach Indonesien zurückgerufen wurden und die Arbeit an der Hochschule wieder aufnahmen. Es war ein verändertes Asien, in das sie zurückkehrten. Die Völker Asiens hatten sich ihre Selbstbestimmung und die politische Freiheit ihrer Staaten erkämpft. Katharina Müller-Krüger nahm alles mit wachen Sinnen auf. Bis 1961 arbeitete das Ehepaar in Indonesien. Dann begleitete Frau Müller-Krüger ihren Mann nach Hamburg, der dort theologischer Referent in der Zentrale des deutschen Evangelischen Missionsrates wurde. Von 1968 bis 1970 kehrten Müller-Krügers noch einmal nach Süd – Ostasien zurück, um an der Ausbildungsstätte der Nias-Kirche zu unterrichten.

Das Ehepaar Müller-Krüger hat die Zeit des Aufbruches in Asien erlebt. »Die Stunde Asiens ist gekommen, die Stunde einer großen nationalen, wirtschaftlichen, sozialen und geistigen Revolution ist schon längst da! Es darf uns nicht mehr gleichgültig bleiben, was in Asien geschieht,« begann 1967 Katharina Müller-Krüger ihre Schrift: »Asiens Frauen – gelungene Emanzipation«. Darin faßte sie ihre großen Erfahrungen und Kenntnisse zusammen, die sie sich in Jahrzehnten erworben hatte: »Viele Jahre meines Lebens habe ich an der Seite meines Mannes im missionarischen Dienst gelebt. Auf manchen Reisen bis hin nach Japan und Indien lernte ich die unermeßliche Vielfalt kennen, die sich im Begriff Asiens verbirgt.« Sie lernte viele Menschen kennen, gewann viele Freunde, besonders auch in der jüngeren Pfarrergeneration Indonesiens. Von manchen schrieb sie die Eindrücke der Begegnungen auf. Sie hoffte, eine Brücke der Liebe zu den asiatischen Schwestern zu schlagen. »Die Stunde Asiens ist auch die Stunde der Frauen in Asien!«

Wo steht die christliche Frau? Welche Rolle spielt die Kirche, die in der Minderheit ist? Und sie gab als Antwort: Sie ist Friedensstifter in diesem brodelnden Asien. Christ sein heißt, als Christ leben, weil Christus der Befreier zum Dienst ist.

Man mußte Frau Müller-Krüger achten wegen ihres großen Wissens und ihrer geistigen Regsamkeit bis in das hohe Alter, so urteilten die, die ihr begegneten. 1980 starb ihr Ehemann; sie selbst starb am 3. November 1994 im hohen Alter von 94 Jahren in Tübingen. Sie wurde auf dem Friedhof von Tübingen beigesetzt. Am Ende ihres Lebens stand Psalm 56, 13.14:

> Ich schulde dir Gott, Gelübde;
> Dankopfer will ich dir bezahlen.
> Denn du hast mein Leben vor dem Tode errettet;
> Ja meine Füße vom Sturze, daß ich vor Gott wandle im Licht des Lebens.

Dietlinde Cunow

Krüger, Katharina: Grundsätzliches zur Theologinnenfrage, in: Nachrichtenblatt der Vereinigung evangelischer Frauenverbände Deutschlands, April 1926, Nr. 10, S. 61-62.

Dies.: Die Theologin im Dienst der Kirche, in: Theologische Blätter, Juni 1930, Nr. 6, S. 147-149.

Dies.: Asiens Frauen – gelungene Emanzipation, Schriftenreihe: Christus und die Welt Bd. 29, Bad Salzuflen 1967.

Menzel, Gustav: Die Rheinische Mission – Aus 150 Jahren Missionsgeschichte, Wuppertal 1978.

Ders.: Frau Katharina Müller-Krüger, in: In die Welt für die Welt. Berichte der Vereinigten Evangelischen Mission Wuppertal, 31. Jg. Jan./Febr. 1995, S. 22.

Katharina Müller-Krüger: Fragen zum Religionsunterricht an Berufsschulen (Ausschnitt)

Die Studentin

Eine Monatsschrift

Mit den Mitteilungen des „Bundes Hamburger Studentinnen", des „Studentinnensportvereins 1915" Berlin und der Arbeitsgemeinschaft der Studentinnen an den Berliner Hochschulen

4. Jahr | 1. September 1927 | Nr. 3

Fragen zum Religionsunterricht an Berufsschulen.

Von Katharina **Krüger**, cand. theol.

Mit dem Religionsunterricht, der seit kurzer Zeit in den großen Städten des Rheinlands von der Kirche an den Berufsschulen aufgenommen worden ist, hat sich auch der Theologin ein neues, bisher unerwartetes Arbeitsfeld aufgetan. Es sind bisher in Köln und Düsseldorf drei Theologinnen im Hauptamt mit dieser Unterrichtsarbeit an den kaufmännischen und gewerblichen Fortbildungsschulen für Mädchen beauftragt.

Diese Arbeit, die bisher weder nach ihrer technisch-organisatorischen noch ihrer sachlichen Seite durch eine Tradition festgelegt ist, hat gerade auf Grund dieser ihrer Neuheit ihre großen Schwierigkeiten und ihre besondere Verantwortlichkeit. Es liegt uns daran, alle diejenigen darauf aufmerksam zu machen, die sich für diese Aufgabe unserer Kirche interessieren.

Es sei zunächst ein kurzes Wort gesagt zu den **äußeren Möglichkeiten**, die sich dem Berufsschulreligionsunterricht anbieten. Er hat eine absolute Außenstellung im Rahmen des pflichtmäßigen sonstigen Unterrichts, d. h. er gilt als freiwillige Leistung der Jugendlichen (14 bis 17 Jahre) und liegt somit zeitlich in den sogenannten Eckstunden, also eine halbe Stunde **vor** Beginn oder **nach** Schluß des Unterrichts (morgens, mittags, abends). Das bedeutet für den Religionslehrer eine über den ganzen Tag verstreute Unterrichtstätigkeit, für den Schüler jeweils ein Opfer seiner sehr geschätzten freien Zeit — oftmals ein Anhängsel an einen ohnehin schon neunstündigen Unterrichtstag. Diese Bemerkung mag nur ein Hinweis sein darauf, in wie hohem Maße diese rein technischen Hemmnisse des Religionsunterrichts an der Berufsschule den sachlichen Schwierigkeiten und Problemen parallel laufen. Denn die Animosität der Jugendlichen gegen Kirche und ihr etwaiges Anerbieten an sie findet in diesen äußeren Momenten eine starke Stütze.

in: Die Studentin, 4. Jg. 1. September 1927 Nr. 3 (AKET)

Katharina Müller-Krüger: Asiens Frauen – gelungene Emanzipation? (Ausschnitt)

Gelungene Emanzipation der christlichen Frauenwelt?

Wie steht es nun in Asien mit der Emanzipation der christlichen Frau? In den europäischen Ländern zögern bekanntlich die Kirchen immer noch, die Frauen in verantwortlichen Diensten zuzulassen. Die harten Diskussionen auf der Kieler Synode 1965 der Vereinigten Evangelisch-Lutherischen Kirche in Deutschland machen zur Genüge deutlich, daß hier immer noch eine Welt von Männern den Vorrang hat. Im Gegensatz dazu zeigen sich die asiatischen Kirchen durchweg vorurteilsfreier und fortschrittlicher. Offenbar wirkt sich dabei das Erbe der Mission aus. Denn es war *die Mission,* die von Anfang an – bewußt oder unbewußt – als ein *Anwalt des Fortschritts* auftrat. Sie setzte sich ein für Mädchenbildung, sie nahm sich der Frauenwelt an und bereitete damit die Frauenemanzipation vor.

Indem die Mission das Schul- und Krankenhauswesen aufbaute, schuf sie schon an der Schwelle unseres Jahrhunderts die wichtigen und bis dahin unbekannten Frauenberufe der Lehrerin, der Krankenschwester, der Hebamme. Es mag dahingestellt bleiben, ob durch ihre Erziehungsarbeit die Mission in Asien stärker auf dem kulturellen als auf dem geistlichen Gebiet gewirkt hat – das sichtbare Ergebnis ist jedenfalls unverkennbar: der bemerkenswert niedrige Prozentsatz der Analphabeten im Bereich der jungen Kirchen und eine auf Grund der schon früh eingeführten Koedukation frei erzogene Jugend. Aus den Missionsschulen ging überall die erste Generation führender Frauen hervor – Christinnen wie auch hinduistische und muslimische Frauen – und in allen jungen Nationen gelangten aus dem christlichen Lehrerstand sowohl Männer wie Frauen zu einflußreichen Stellungen in Staat und Gesellschaft.

Dürfen wir also von einer gelungenen Emanzipation innerhalb der Kirche reden? In der Tat haben die Kirchen fast überall ohne Vorbehalt der Frau die Tore geöffnet. Nicht etwa, weil sie sich bei ihren relativ kleinen Gruppen leisten konnten, was in der allgemeinen nichtchristlichen Gesellschaftsordnung noch unerhört war. Es gibt einen viel tieferen Grund dafür: In Asien ist auch heute noch mit dem Christsein ein neues Leben und daher auch eine *neue Gemeinschaftsform* gegeben. Fremd und anziehend zugleich muß dem Nichtchristen die Tatsache erscheinen, daß Frauen und Männer gemeinsam ihre Gottesdienste feiern, daß blühende Frauenarbeit betrieben wird, in der die Pfarrer nur eine Gastrolle spielen. Staunenswert auch zahlreiche Kirchenordnungen, die der Frau einen Status einräumen, den sie außerhalb der Kirchen selten innehat. Aktives und passives Wahlrecht, Ausbildung und Einsatz zu kirchlichen Ämtern und Diensten, ja Zulassung zum vollen Pfarramt, selbst für die verheiratete Frau, das alles bedarf in den meisten asiatischen Kirchen keiner Diskussion[21]

in: Schriftenreihe Christus und die Welt, Heft 29, 1967, S. 21-22

Hannelotte Reiffen
1906 – 1985

Hannelotte Reiffen

»Es geht nicht um die Schaffung eines neuen Frauenamtes,
sondern die Kirche ist durch die Tatsache,
daß auf der einen Seite Frauen sind,
die sich theologisch auf das Predigtamt vorbereitet haben,
und daß auf der anderen Seite Gemeinden sind,
die die so vorgebildeten Frauen zum Predigtamt berufen wollen,
gefragt, ob dies wider die Schrift ist oder nicht.«
(1942)

Hannelotte Reiffen gehört zur ersten Generation von Theologinnen, denen volle pfarramtliche Aufgaben übertragen worden sind. Nach dem Studium der evangelischen Theologie in Marburg, Rostock und Bonn 1926 bis 1932 legte sie ihr Erstes Theologisches Examen beim Evangelischen Konsistorium der rheinischen Provinzialkirche in Koblenz ab. Prägend blieb für sie zeitlebens die Theologie Karl Barths, bei dem sie in Bonn studiert hatte. So engagierte sie sich von Beginn an in der Bekennenden Kirche und meldete sich im Jahr 1935 beim sog. »illegalen« Prüfungsausschuß des rheinischen Bruderrates zur Zweiten Theologischen Prüfung. Dabei verweigerte sie mit anderen Theologinnen die frauenspezifische Prüfung zu Fragen der Jugend- und Sozialfürsorge.

Nach dem zweiten Examen stand Hannelotte Reiffen vor dem Problem, als sog. »illegale« Theologin einen geeigneten Wirkungsbereich zu finden. Nach verschiedenen für sie nur wenig befriedigenden Tätigkeiten im Rahmen der Inneren Mission kam sie im Sommer 1937 zu Pfarrer Storck in Worbis im Harz, einem Theologen der Bekennenden Kirche, der sie zur Unterstützung in seinem Gemeindedienst aufnahm. Diese Tätigkeit sowie das theologische und kirchliche Engagement Storcks entsprachen ihren Vorstellungen weit mehr als die bisher ausgeübten sogenannten frauenspezifischen Tätigkeitsfelder. Hannelotte Reiffen blieb in Worbis bis Ende 1940. Die für sie theologisch zentrale Aufgabe der Verkündigung konnte sie hier relativ regelmäßig übernehmen. In der Anfangsphase war dieser Dienst auf Bibelstunden und Kindergottesdienste beschränkt.

Später wurden ihr zunächst Fürbittegottesdienste am Samstagabend und gelegentlich auch sonntägliche Gemeindegottesdienste übertragen. Damit war es ihr erstmalig in ihrem kirchlichen Dienst möglich, als Theologin Gottesdienste für die ganze Gemeinde durchzuführen.

Durch den von NS-Deutschland entfachten Weltkrieg veränderte sich auch ihr Arbeitsfeld.

Der Brandenburger Bruderrat beauftragte sie Ende 1940 mit der Verwaltung der Pfarrstelle von Pfarrer Kanitz in Illmersdorf. Hannelotte Reiffen zog nach Hohenseefeld, einem kleinen Dorf in der Nähe von Illmersdorf, wo sie in einem der Kirche gehörenden Haus ein Zimmer von ca. 16 qm bewohnte. Von Hohenseefeld aus betreute sie zeitweilig einen Bereich von 12 Dörfern mit fünf Pfarrämtern.

Zu ihren Aufgaben zählten nun umständehalber das regelmäßige Halten der Gottesdienste und die Übernahme von Amtshandlungen. Hannelotte Reiffen trug hier erstmals einen Talar, womit sie ihren Anspruch als Vertreterin der Pfarrstelle auch öffentlich zum Ausdruck brachte. Dies führte vereinzelt zu Konflikten, da einige Pfarrer der Bekennenden Kirche in ihrer Nachbarschaft sich nur schwer mit einer Frau in diesem Amt abfinden konnten.

Hannelotte Reiffen blieb als Pastorin ihrer eindeutigen Orientierung an den Grundsätzen der Bekennenden Kirche konsequent treu. So hielt sie auch weiterhin die von der Geheimen Staats-

polizei äußerst kritisch verfolgten Fürbittegottesdienste und verlas in den Sonntagsgottesdiensten die Fürbittenliste mit den Namen der Verhafteten.
Neben den vielfältigen gemeindlichen Aufgaben und kurzfristigen Vertretungsdiensten in der Nachbarschaft wurde Hannelotte Reiffen Mitglied im Brandenburgischen Bruderrat und verwaltete die Kasse der Bekennenden Kirche von Brandenburg. Damit war sie eine der wenigen Theologinnen, die faktisch in einer kirchenleitenden Funktion der Bekennenden Kirche gearbeitet hat.
Diese Tätigkeit galt als »illegal«, da allein die offizielle Reichskirche, nicht aber die Bekennende Kirche über die Finanzhoheit verfügte. Hannelotte Reiffen besuchte nun regelmäßig die Geschäftsstelle der Bekennenden Kirche in Berlin.
Die wohl wichtigste Aufgabe der Geschäftsstelle bestand darin, die Kanzelabkündigungen des Bruderrates zu erstellen, zu vervielfältigen und die Verteilung zu organisieren.
Die Informationen über wichtige Ereignisse und Beschlüsse, vor allem aber die Mitteilungen über bzw. von verhafteten Pfarrern wurden auf diesem Weg weitergegeben.
Auch Hannelotte Reiffen versteckte in ihrem Zimmer in Hohenseefeld zeitweilig ein Vervielfältigungsgerät, so daß sie wichtige Erklärungen für die Gemeinden ihrer Umgebung – aber auch für den Bruderrat – abziehen konnte. Das Risiko einer möglichen Verhaftung ging sie bewußt ein. Glücklicherweise ist ihr Zimmer von der Geheimen Staatspolizei nie durchsucht worden. Offensichtlich rechnete man nicht damit, daß einer Vikarin solch wichtige Aufgaben übertragen worden sind.
Obwohl Hannelotte Reiffen sowohl in der Gemeindetätigkeit als auch in der Leitung der Brandenburgischen Bekennenden Kirche arbeiten konnte, war sie den männlichen Theologen keineswegs gleichgestellt. Dies wurde insbesondere in der Frage der Einsegnung oder Ordination von Frauen deutlich.
Nach langen Auseinandersetzungen kam es in der Bekennenden Kirche schließlich auf der Synode 1942 zur Beschlußfassung über die Ordination und den Auftrag der Vikarinnen. Auf die bemerkenswerten theologischen Überlegungen gegen die Beschlüsse, wie sie u.a. Hannelotte Reiffen in der Diskussion vorbrachte, wurde von der Mehrheit der Synodalen überhaupt nicht eingegangen.
Zusammen mit den anderen Brandenburger Vikarinnen verfaßte Hannelotte Reiffen ein Protestschreiben gegen die Beschlüsse, das aber zu keinem Ergebnis führte.
Immerhin stimmte von den führenden Theologen der Bekennenden Kirche in Brandenburg vor allem Kurt Scharf mit dem Anliegen der Vikarinnen überein.
Am 12. Januar 1943 fand durch Präses Scharf unter Assistenz von Hermann Diem und Lieselotte Lawerenz die volle pfarramtliche Ordination von Hannelotte Reiffen und Ilse Härter in Sachsenhausen statt. Gegen den anfänglichen Widerstand von Otto Dibelius trugen beide Theologinnen den Talar und dokumentierten somit auch nach außen ihren Anspruch auf eine den Männern gleichgestellte Tätigkeit.
Auch nach der Ordination blieb die Rechtslage ungeklärt. In einer möglichen Durchführung der Hamburger Beschlüsse sah Hannelotte Reiffen ihre Arbeit grundsätzlich gefährdet, so schreibt sie im April 1934 an Hermann Diem: »Aber was soll dann werden? Mir ist eigentlich ganz klar, daß ich die Arbeit dann niederlegen muß. Aber das kann ich dann doch wohl kaum von heute auf morgen tun? ... Und was dann? Ist es recht, dann auf anderem Wege einen kirchlichen Auftrag zu erlangen?« Zu einer Klärung dieser Problemlage kam es nicht mehr. Die Arbeit von Hannelotte Reiffen verlief wie die der anderen Brandenburger Vikarinnen im Prinzip unberührt von den Hamburger Beschlüssen.

Hannelotte Reiffen gehörte innerhalb der Bekennenden Kirche zu dem insgesamt gesehen sehr kleinen Kreis derer, die verfolgten und untergetauchten Juden und Jüdinnen aktiven Beistand geleistet haben. Seit dem Herbst 1941 verschärfte sich die ohnehin bereits bestehende Situation weitgehender Rechtlosigkeit der Juden und Jüdinnen in Deutschland noch einmal in dramatischer Weise. Per Polizeiverordnung vom 1. September 1941 wurde allen Reichsjuden ab dem 19. September der Zwang auferlegt, in der Öffentlichkeit einen sog. Judenstern zu tragen. Angesichts der beginnenden Massenvernichtung des europäischen Judentums, bestand nur noch die Möglichkeit illegaler Hilfe mit den drohenden Risiken für die Betreffenden seitens der Geheimen Staatspolizei.

Die konkreten Aktivitäten Hannelotte Reiffens und ihrer Mitstreiter innerhalb des Brandenburger Bruderrates für verfolgte Juden und Jüdinnen sahen wie folgt aus: Ungefähr seit Herbst 1941 hatte sie bei den Bauern ihrer Gemeinden in Illmersdorf und Hohenseefeld Lebensmittel »gehamstert«. Ungeachtet der Tatsache, daß sie deshalb bei einzelnen Gemeindegliedern in Mißkredit geriet, erbettelte sie große Taschen von Lebensmitteln, die sie bei ihren Fahrten zur Geschäftsstelle des Brandenburger Bruderrates nach Berlin mitnahm. Von dort wurden diese an untergetauchte Juden und Jüdinnen verteilt.

Neben dieser Lebensmittelversorgung bestand die dringendste Aufgabe darin, eine meist kurz-, z.T. aber auch längerfristige Unterbringung für die Untergetauchten zu organisieren. Hannelotte Reiffen hat insbesondere vertrauenswürdige Pfarrfrauen der Bekennenden Kirche angesprochen, denen es aufgrund ihrer großzügigen Wohnsituation in Pfarrhäusern noch am ehesten möglich war, untergetauchte Juden und Jüdinnen aufzunehmen.

Da es häufig nur eine begrenzte Zeit möglich war, untergetauchte Juden und Jüdinnen an einem Ort zu versorgen und aufzunehmen, wurde es notwendig, ihnen gefälschte Pässe zu besorgen und sie, nicht selten quer durch Deutschland, nach Möglichkeit über Frankreich nach Spanien in Sicherheit zu bringen. Der in dieser Hilfe engagierte Kreis der Brandenburger Bekennenden Kirche hatte selbst nur schwer die Möglichkeit, solche Pässe in angemessener Qualität herzustellen, und so nahm man Kontakt zu einer in Berlin im Untergrund existierenden kommunistischen Gruppe auf. Mit Hilfe der von dieser Gruppe beschafften Pässe gelang es, eine ganze Reihe von Juden und Jüdinnen aus Deutschland herauszubringen und auf diese Weise zu retten.

Da Hannelotte Reiffen an verantwortlicher Stelle innerhalb des Brandenburger Bruderrates arbeitete und sich aktiv in der Judenhilfe engagierte, ist es verwunderlich, daß es nur zu einem direkten Konflikt mit nationalsozialistischen Dienststellen kam. Anlaß war die von ihr seit 1937 geübte Praxis der namentlichen Fürbitte für verhaftete Mitglieder der Bekennenden Kirche im Gottesdienst. Die Geheime Staatspolizei, der diese Form der Anprangerung staatlichen Unrechts stets ein Dorn im Auge gewesen war, wurde darüber informiert, daß Hannelotte Reiffen in Gottesdiensten in Illmersdorf auch Verhaftete aus der eigenen Gemeinde im Fürbittengebet genannt hatte. Daraufhin erhielt sie im Februar 1945 eine Vorladung beim Volksgerichtshof in Berlin. Das Verfahren endete mit einem scharfen Verweis und der Drohung, im Wiederholungsfall in ein Konzentrationslager eingeliefert zu werden. Dennoch führte sie weiterhin die namentliche Fürbitte für verhaftete Pfarrer und Gemeindeglieder durch. Aufgrund des rapiden Verfalls der nationalsozialistischen Machtstrukturen kam es zu keiner weiteren Verfolgung ihres Falls.

Das Ende der nationalsozialistischen Herrschaft erlebte Hannelotte Reiffen in ihrer Gemeinde in Hohenseefeld. Im Gespräch mit F. Sommerfeld erzählt sie: »Die Russen kamen am 20. April, das war Hitlers Geburtstag, ein Sonntag. Ich wollte Gottesdienst machen. Um viertel vor zehn kommt ein Ältester und sagt, der Gottesdienst könne nicht stattfinden, das Dorf stehe voller Russen, alles sei gesperrt. Ich ziehe den Talar an, setzte das Barett auf und gehe auf die Straße.

Ich denke, das werden sie kennen. Als ich gehe, wird mir Platz gemacht. Die Menschen guckten aus den Häusern, kamen, wir bildeten einen richtigen Zug zur Kirche. Wir gingen zwischen den Russen durch. Sie bildeten Spalier. Viele nahmen ihr Käppi ab. Da dachte ich: Vor Leuten, die mich so respektieren, brauche ich keine Angst zu haben.«

Diese Haltung gegenüber den Russen sowie ihr unerschrockener Einsatz für die Belange der Bevölkerung verschaffte ihr in der ganzen Umgebung ein großes Ansehen.

1947 entsandte die Kirchenleitung Hannelotte Reiffen in die Gemeinde Groß-Neuendorf/ Oderbruch, wo sie bis zu ihrer Pensionierung 1967 tätig blieb. Konflikte mit dem Staat der DDR ergaben sich wegen ihrer demonstrativen Weigerung, an den Wahlen teilzunehmen. Ihre in den letzten beiden Amtsjahren entwickelte strikte Ablehnung, Säuglinge zu taufen, führte zu kirchenrechtlichen Auseinandersetzungen.

Nach ihrer Pensionierung kehrte sie nach Bonn zurück, wo sie sich u.a. in der Friedensbewegung engagierte sowie im Rahmen der Herausgabe der Karl Barth Gesamtausgabe mitarbeitete.

Birgitt und Traugott Jähnichen

Reiffen, Hannelotte: Die Entwicklung der BK aus der Sicht einer Beteiligten, in: Reformierte Kirchenzeitung Heft 5, 1982, S. 5-8.

Dies.: Pastorin in einer Gemeinde im Oderbruch, in: Walter Kreck. Festschrift zum 75. Geburtstag, hg. v. Hannelotte Reiffen, Köln 1983.

Dies.: Durch Karl Barth im Gespräch, in: Begegnungen mit Helmut Gollwitzer. Festschrift Helmut Gollwitzer, hg. v. U. Kabitz; F.-W. Marquardt, München 1984, S. 111-113.

Karl Barth. Unterricht in der christlichen Religion. Erster Band. Prolegomena, hg. von Hannelotte Reiffen, Zürich 1985.

Eine unbequeme Deutsche. Hannelotte Reiffen im Gespräch mit F. Sommerfeld, Illustrierte Volkszeitung Heft 2 1985.

Bukowski, P.; Leske, H.; Mechels, E. (Hg.): Furcht ist nicht in der Liebe. Festschrift für Hannelotte Reiffen, Bonn 1974.

Härter, Ilse: Persönliche Erfahrungen mit der Ordination von Theologinnen in der Bekennenden Kirche des Rheinlands und in Berlin/Brandenburg, in: Zwischen Bekenntnis und Anpassung, hg. v. Günther van Norden, Schriftenreihe des Vereins für Rheinische Kirchengeschichte Bd. 84, Köln 1985, S. 193ff.

Jähnichen, Birgitt u. Traugott: Gehorsam und Widerspruch. Der Lebensweg der Theologin Hannelotte Reiffen, Waltrop 1996.

Aus der Besprechung der Vikarinnenfrage in Hamburg Bl. 2 (Ausschnitt)

Burgwitz: Wenn es nicht angeht, die Verkündigung im GemeindeGottes
dienst der Vikarin generell zu geben, so kann es auch nicht bei de
gleichen Vorbildung bleiben. Nach meinen Erfahrungen als Diakonisse
seelsorger, warne ich vor einem Beschluss, der den Vikarinnen die
rat verbietet.

Hesse: Das apostolische Wort darf nicht abgeschwächt werden. Darum
Teil I des Entwurfes mit Freudigkeit angenommen werden, Teil II nic

Frl. Asmus: Unsere Bedenken gegen Memorandum und Entwurf gründen si
in der Schrift. Was bisjetzt gegen die Übertragung des Predigtamtes
an die Frau von der Schrift her gesagt wurde, trifft uns nicht als
Gottes und kann uns darum nicht binden. Wie also auch der Beschlus
der Synode ausfallen mag, so können wir keine geistliche Entscheidu
darin sehen und anerkennen.

Frl. Reiffen: 1.) Es geht nicht um die Schaffung eines neuen Frauenamte
sondern die Kirche ist durch die Tatsache, dass auf der einen Seite
Frauen sind, die in der Gewissheit des ihnen gegebenen Charismas sic
theologisch auf das Predigtamt vorbereitet haben, und dass auf der
anderen Seite Gemeinden sind, die die so vorgebildeten Frauen zum Pr
digtamt berufen wollen, gefragt, ob das wider die Schrift ist oder
nicht.

2.) Die von der Frau geforderte ὑποταγή unter den
Mann wird im Memorandum in den grossen Zusammenhang der übrigen Ver-
hältnisse des Untertanseins gestellt, z.B. das Verhältnis des
Untertanen zur Obrigkeit oder des Sklaven zu seinem Herrn. Nun ist
es aber nie die Frage gewesen, dass ein Untertan, sofern er das Amt
der Wortverkündigung hat, dieses nicht auch gegenüber seiner Obrigke
auszurichten hat. Warum gilt das für das Verhältnis der Frau zum Mann

3.) Welcher Kirchenbegriff liegt dem 1. Teil des Entwurf
zugrunde? In der Augustana heisst es: "est autem ecclesia congregatio
in qua evangelium recte docetur et recte administratur sacramenta."
Wie ist von hier aus ein Unterschied zwischen einem Gemeindegottes-
dienst und einem Gottesdienst im Krankenhaus möglich?

4.) Der immer wieder auftauchende Widerspruch, dass auf
der einen Seite gesagt wird, das Gebot in 1. Kor. 14 muss wörtlich
aufrechterhalten werden und auf der anderen Seite zugegeben wird,
dass man es in bestimmter Hinsicht erweicht hat, und zwar schon im
N.T. selber, scheint mir zu zeigen, dass wir in der grundsätzlichen
Klärung des Verhältnisses von Gesetz und Evangelium noch nicht zu
Ende gekommen sind. Wenn im Memorandum gesagt wird, dass in Zeiten
der Not das Evangelium heller leuchte als das Gesetz, so muss das doch
wohl für alle Zeiten gelten. In unserer Besprechung erscheint das
Evangelium eigentlich nur als Ablösung des Gesetzes. Es ist doch zu-
gleich auch Erfüllung des Gesetzes. Müsse das nicht eher geklärt wer-
den, bevor ein Beschluss wieder der in Teil II gefasst werden kann.

Held: Regel und Richtschnur des Handelns ist allein die Schrift. Es
gibt kein Pfarramt der Frau. Es gibt keine Vikarin, es gibt nur ein
neues Frauenamt. Die pneumatische Erkenntnis wird begrenzt durch das
explizite Wort der Schrift. Auf den Notstand kann man kein Amt der
Vikarin gründen. Statt des Vikarinnenamts ist das altkirchliche Dia-
konissenamt neu zu bilden und voll auszugestalten.

Schniewind: Es gibt kein Amt ohne Charisma. Aber es gibt auch kein
Charisma ohne Amt. Jeder Dienst hat Autorität gegenüber dem anderen.
Die Charismen sind nicht erloschen. Unsere Theologie, auch die theo-
logische Ausbildung der Frauen, könnte Charisma sein. Das Amt der
Vikarin ist das altkirchliche Amt der lehrenden Diakonisse.

Brunner: Teil II hat mit dem Vikarinnenamt nichtsmehr zu tun. In Zeit
der Not gilt es für alle Frauen, dass sie predigen dürfen. Wenn es
aber dahin käme, dass kein Mann vorhanden wäre, ...
auftreten und den anderen predigen

Sammlung Ilse Härter

Annemarie Rübens
1900 – 1991

Annemarie Rübens

»Frech sind die Herren;
wer sanft ist, geht unter;
die Frechen breiten sich über den Erdball,
es gibt nicht Gerechte.«
(1933)

Am 27. Februar 1933 wurde das deutsche Parlamentsgebäude in Berlin angezündet. Dies diente den Nationalsozialisten als Vorwand, um eine systematische Verfolgung von Menschen aufgrund ihrer politischen Ansichten oder ihrer Abstammung auszulösen. Am 1. April 1933 werden die Maßnahmen handgreiflich und es kommt zum Boykott jüdischer Geschäfte durch die SA.
In dieser angespannten Atmosphäre bereitete die Vikarin Annemarie Rübens den abendlichen Gottesdienst für den 2. April 1933 vor. Der Bibelvers, der ihrer Predigt zugrunde lag, war Lk 12,49: »Ich bin gekommen, daß ich ein Feuer anzünde auf Erden; was wollte ich lieber, als es brennete schon.«
Annemarie Rübens legte diesen Vers so aus, daß das Feuer, das es auf Erden anzuzünden gilt, ein Feuer der Liebe sein muß. Und zwar einer Liebe, die sich nicht am Volksgedanken orientiert. »Wir sind nicht bloß Deutsche, wir sind Kinder Gottes.« Annemarie Rübens warnte ausdrücklich vor der »Flut des Hasses gegen unsere jüdischen Volksgenossen« und rief jede Christin und jeden Christen auf, nicht erst auf den Ruf der Amtskirche zu warten, sondern als »freie und verantwortliche Glieder« der Kirche zu handeln. Wie in dieser Predigt von 1933, so zog sich kritisches Denken und couragiertes Handeln als ein roter Faden durch ihr Leben.
Annemarie Rübens wurde am 24. Mai 1900 als Kind deutscher Eltern in Banfield bei Buenos Aires geboren. Die Familie kehrte 1909 nach Deutschland zurück. Nach dem Abitur arbeitete sie in der Landwirtschaft und begann anschließend eine Lehre als Gärtnerin. Erst zu Ostern 1924 entschloß sich Annemarie Rübens, in Marburg mit dem Theologiestudium zu beginnen.
Ihre familiäre Situation motivierte sie zu diesem Studium. Die Spannung zwischen dem aus einem streng katholischen Elternhaus, selber aber freidenkendem Vater und der aus einem streng evangelischen Elternhaus stammenden Mutter, sei für sie so interessant gewesen, daß sie wissen wollte, was von beiden nun »richtig« sei.
In Marburg begegnete sie in Ina Gschlössl, Aenne Schümer, verh. Traub und Elisabeth von Aschoff, verh. Bizer, drei Frauen, mit denen sie in den nächsten Jahren neben einer tiefen Freundschaft auch der gemeinsame Kampf um die Öffnung des Pfarramtes für Frauen verbinden sollte.
Seit 1925, dem Gründungsjahr des Verbandes Evangelischer Theologinnen, an dessen Entstehung die vier Frauen wesentlich beteiligt waren, kämpften sie sowohl innerhalb des Theologinnenverbandes als auch gegen die kirchliche Obrigkeit für ein volles Pfarramt für die Theologin.
Am 9. Mai 1927 verabschiedete die Evangelische Kirche der Altpreußischen Union, zu der auch Annemarie Rübens als Rheinländerin gehörte, das »Kirchengesetz betreffend Vorbildung und Anstellung der Vikarinnen«.
Das sog. »Vikarinnengesetz« legte die Arbeitsgebiete der Vikarinnen auf die Arbeit mit Frauen und Kindern fest.

Ausdrücklich ausgeschlossen blieben sie von den Funktionen des männlichen Pfarramtes wie dem Gemeindegottesdienst, der Sakramentsverwaltung und anderen herkömmlich vom Pfarrer zu vollziehenden Amtshandlungen. Lediglich im Ausnahmefall konnte Theologinnen die Sakramentsverwaltung in geschlossenen Frauenabteilungen übertragen werden.
Ina Gschlössl und Annemarie Rübens nahmen 1928 in der Zeitschrift »Christliche Freiheit« zu dem Gesetz Stellung. Abschließend kamen sie zu dem Ergebnis, daß »bei der Abfassung dieses Gesetzes nicht die Sache des Evangeliums und seiner Verkündigung maß- und ausschlaggebend gewesen ist; sondern daß hier letzten Endes bestimmend war Präventiv-Taktik verbunden mit einer höchst fragwürdigen ›Ontologie‹ der Frau, die wohl mit einer längst überholten Psychologie gleichzusetzen ist.«
Als deutlich wurde, daß die Mehrheit der Verbandsfrauen die scharfen und eindeutigen Forderungen der »Vier« nicht teilen wollte, traten sie 1930 aus dem Verband aus und gründeten zusammen mit vier weiteren Theologinnen die »Vereinigung evangelischer Theologinnen«, deren erklärtes Ziel die Durchsetzung des vollen Pfarramtes auch für die Theologin war.
Annemarie Rübens legte am 22. Dezember 1927 das Erste Theologische Examen vor der Marburger Theologischen Fakultät ab.
Sie begann 1928 ihr Lehrvikariat bei dem »roten Pfarrer« Fritze in einer Kölner Gemeinde.
Am 17. April 1932 legte sie das Zweite Theologische Examen vor dem Konsistorium der Rheinprovinz ab. Sie selbst erzählte dazu, daß ihre Mutter von ihr verlangte, sie solle einen Hut aufsetzen, damit die Prüfer an ihrem Äußeren keinen Anstoß nehmen konnten. Denn sie trug schon damals ihre Haare gegen alle Konventionen kurzgeschnitten. Als sie jedoch auf dem Weg zur Prüfung über eine Rheinbrücke kam, warf sie den Hut in den Rhein. Sie wollte wegen ihrer Leistungen und nicht wegen des Einhaltens von Konventionen die Prüfung bestehen.
Zusammen mit Elisabeth von Aschoff, Aenne Schümer und Ina Gschlössl, die nun auch in Köln arbeiteten, trat sie 1928 in die SPD ein. Aufgrund ihrer politischen Einstellung wurden alle vier Frauen 1933 entlassen. In knappen Worten formuliert Annemarie Rübens selbst ihren »politischen Lebenslauf«: »Durch und schon im Anfang des Studiums Sozialistin. Eintritt in die SPD bei Beginn der oekonomischen Unabhängigkeit in Köln. Aufgrund der Zugehörigkeit zur SPD im Juni 1933 Entlassung aus dem Kirchendienst, Emigration nach Holland im August 1933, 1936 nach Uruguay, dort Beteiligung an der Arbeit der Gruppe des ›Anderen Deutschland‹.«
Bereits im August 1933 mußte Annemarie Rübens aus dem faschistischen Deutschland fliehen. Als sie in Holland ankam, hatte sie nur ein paar Adressen, die ihr Georg Fritze mit auf den Weg gegeben hatte. Eine davon führt zu Bram Burger, einem Theologen, der damals eine Art Volkshochschule in Nordwijkerhout leitete. Er nahm Annemarie Rübens auf. Sie arbeitete in Haus und Garten, und, was noch wichtiger war, sie fand Verständnis für ihren Zorn über Nazi-Deutschland und die willfährigen Kirchenoberen in Köln. Es muß wohl ihre Initiative gewesen sein, die das Ehepaar Burger veranlaßte, fünf Kölner Arbeiterkinder aufzunehmen, deren kommunistische Eltern politisch schwer gefährdet waren.
1936 wanderte Annemarie Rübens nach Uruguay aus. Dort kaufte sie sich aus dem Erbe ihres verstorbenen Bruders eine Chacra in der Colonia Valdense.
Es war die Zeit, in der die große Auswanderungswelle aus dem nationalsozialistischen Deutschland begann. Jüdische EmigrantInnen kamen nach Uruguay, Einzelne und ganze Familien. Annemarie Rübens nahm viele, vor allem Kinder, in ihrer Chacra auf. Mit den Menschen in ihrem Haus entwickelte sie ein Leben eigener Art: Schwimmen und Wandern, Arbeit in Feld und Garten, Theateraufführungen, abends am Lagerfeuer singen. Hier zeigt sich das Erbe der Wandervogelzeit. »Die Gedanken sind frei« war eines ihrer Lieblingslieder.

Annemarie Rübens hatte sich immer ein Kind gewünscht. Ein Kind, aber keinen Mann. 1943 wurde ihr Sohn Thomas geboren.
Anfang der siebziger Jahre, als die demokratische Regierung in Uruguay zusammenbrach und die Militärdiktatur an die Macht kam, war Annemarie Rübens über 70 Jahre alt. Wieder holte sie Kinder von politisch Verfolgten in ihre Chacra. Es dauerte nicht lange, da stand Annemarie Rübens auf der Liste der Verdächtigen der Geheimpolizei. Nun mußte sie erneut fliehen. Ihr Weg führte sie zurück nach Deutschland. Hier schloß sie sich der Friedensbewegung an und beteiligte sich noch im hohen Alter an zahlreichen Demonstrationen.
Die letzten Jahre ihres Lebens verbrachte sie im Altenwohnstift in Göttingen. Hier starb sie am 8. Mai 1991.

Dagmar Henze, Heike Köhler

Rübens, Annemarie: Theologin und Pfarramt, in: Bericht über die vierte Tagung des Verbandes evangelischer Theologinnen Deutschlands, Oktober 1928, AKET.

Dies.: Zur Psychologie des Bubikopfes, in: Christliche Freiheit. Evangelisches Gemeindeblatt für Rheinland und Westfalen, 44. Jg. 1928, Nr. 14, Sp. 153-154.

Dies.; Gschlössl, Ina: Ein notwendiges Wort in Sachen der Theologinnen. An Herrn Generalsuperintendenten D. Schian, in: Christliche Welt, 44. Jg. 1930, Nr. 5, Sp. 216-220.

Dies.: Der Fall Furna. Zum Dienst der Frau in der Kirche, in: Die Frau, 39. Jg. 1932, S. 705-708.

Dies.: Probleme der Dogmenbildung in psycho-analytischer Beleuchtung, in: Zeitschrift für Religion und Sozialismus, 1933, S. 56-64.

Henze, Dagmar; Köhler, Heike; Flesch-Thebesius, Marlies: Annemarie Rübens, in: Deutsches Pfarrerblatt, 91. Jg. 1991, Heft 9, S. 360-364.

Bericht

über die

4. Tagung des Verbandes Evangelischer Theologinnen Deutschlands

zu Marburg

vom 24.–27. Oktober 1928.

Theologin und Pfarramt.

Referat von Annemarie Rübens, cand. theol., Köln.

Wir haben unserem Referat, das die grundsätzlichen Beziehungen der beiden Größen kirchliches Amt und Theologin erörtern und herausstellen soll, die Formulierung gegeben „Theologin und Pfarramt", um in dieser Formulierung schon das Endurteil vorwegzunehmen, daß eine Theologin wirklich sachgemäße Arbeit nur leisten kann, wenn ihr grundsätzlich das Pfarramt zugebilligt wird. Zwei Punkte dürften ausreichen, um dieses Endurteil zu rechtfertigen: 1. es muß gezeigt werden, daß es möglich ist, — und zwar theologisch und psychologisch möglich — der Theologin das Pfarramt zu öffnen, und 2. es muß aufgewiesen werden, daß es notwendig ist.

Wenn die Frage gestellt wird, ob vom theologischen Gesichtspunkt aus gesehen der Theologin ein kirchliches Amt zugestanden werden kann, so heißt das mit anderen Worten die Frage stellen nach dem evangelischen Kirchenbegriff, es heißt fragen: ist es für den evangelischen Kirchenbegriff tragbar, wenn das kirchliche Amt durch eine Theologin verwaltet wird?

Im Gegensatz zum biblizistischen Verständnis des Neuen Testaments steht ein echtes Verständnis, in dem der evangelische Christ den Anspruch zur Verkündigung hört. Allein von diesem aus und damit vom evangelischen Glaubens- und Rechtfertigungsbegriff aus kann unsere Frage beantwortet werden. Der Ort der Verkündigung der Rechtfertigung aus dem Glauben ist die Kirche. Daraus ergibt sich, daß die Frage des Amtes von der Kirche aus entschieden werden muß.

in: Bericht über die 4. Tagung des Verbandes Evangelischer Theologinnen Deutschlands zu Marburg vom 24.-27. Oktober 1928 (AKET, Abgabe Frieda Schindelin)

Bericht von Annemarie Rübens (Ausschnitt)

ERFAHRUNGEN MIT KINDERN POL. GEFAN-
GENER IN DEN JAHREN 1942–1945
IN EINEM LANDHAUS EINES SÜDAMERI-
KANISCHEN LANDES. [...]
TROTZ DES GROSSEN FREIRAUMES BEI
FAST ALLEN KINDERN VORLIEBE FÜR
GESCHLOSSENEN RAUM (SICHERHEITSBE-
DÜRFNIS), TÜREN ABSCHLIESSEN ("DA-
MIT DIE SOLDATEN NICHT HEREIN KÖN-
NEN") "MEINE ELTERN SIND AUCH EIN-
GESCHLOSSEN" (MAN WILL SICH MIT IH-
NEN IDENTIFIZIEREN).
UNGEWÖHNLICH STARKES SCHLAFBE-
DÜRFNIS, DÖSEBEDÜRFNIS, LIEBSTER
AUFENTHALT, AUCH BEI SCHÖNSTEM
WETTER: KUSCHELLAGE AUF DEM
BETT, SCHEU VOR DER AUSSENWELT,
FLUCHT IN SCHLAF, TRAUM, VERGES-
SEN, DAHINTER: TRAUMATIK, VER-
URSACHT DURCH MITERLEBEN VON
VERHAFTUNG VON VATER ODER MUTTER
ODER VON BEIDEN, HAUSDURCHSUCHUNG,
ZERSTÖRUNG VON HAUSRAT, MISSHAND-
LUNGEN, MAN HAT SONDERPROBLEME,
VATER ODER MUTTER ODER BEIDE
SIND NICHT MEHR ZUHANDEN,
MAN LEBT BEI GROSSVATER, GROSS-
MUTTER, ONKEL, TANTE ODER BEI
FREUNDEN DER ELTERN.

Nachlaß Annemarie Rübens, Sammlung Thomas Rübens

Dore Schellenberg
1904 – 1993

Dore Schellenberg

»Nun seid ihr nicht mehr Fremdlinge,
sondern Hausgenossen«
(Eph 2,19)

Dore Schellenberg war mit Leib und Seele Theologin und Diakonisse. In einer Zeit, in der sie als Volltheologin keine Hoffnung auf Anstellung hatte, fand sie in Bethel als Diakonisse eine »Heimstätte«. Eine Heimstätte, auch für die »Halbjüdin« Dore Schellenberg, die sie nicht als Fremdling« im Sinne nationalsozialistischer Rassenpolitik behandelte, sondern so schätzte, daß ihr keine Verschleppung drohte.

»Nun seid ihr nicht mehr Fremdlinge, sondern Hausgenossen« – das war das Segenswort nach dem Abendmahl, das Pastor Bodelschwingh ihrer Bankreihe mehrmals zusprach. Dore Schellenberg war sich sicher, daß diese Botschaft vor allem für sie bestimmt sei. Ein »schweigendes Zeichen«, um sie selbst und die anderen zu schützen.

Dore Schellenberg wurde am 11. März 1904 in Mannheim geboren. Ihre Mutter Anna Schellenberg, geb. Fürst, stammte aus einer jüdischen Familie und war verheiratet mit dem Apotheker Ernst Schellenberg. Beide waren nach Worten von Dore Schellenberg Christen und sehr national eingestellt. In den ersten Schuljahren wurde sie von ihrer Mutter unterrichtet, der sie auch später viel geistige Anregung verdankte. Anna Schellenberg selbst hatte Philosophie studiert (bei Prof. Troeltsch). Anschließend besuchte sie, wie ihre drei Geschwister, bis zum Abitur das humanistische Karl-Friedrich-Gymnasium in Mannheim. Auf Wunsch ihrer Eltern wechselte sie danach auf eine Hauswirtschaftsschule, die sie mit dem Staatlichen »Maiden-Examen« beschloß. 1923 bis 1927 studierte sie in Heidelberg, Tübingen und Göttingen Theologie. Zu ihrer Entscheidung, Theologie zu studieren, trug der damalige Vorsteher des Mannheimer Diakonissenhauses Pfarrer Scheel bei, der auch als einziger Pfarrer den Mut hatte, Dore Schellenbergs Mutter 1942 zu beerdigen. Dore Schellenberg bildete sich während der Studienjahre auch praktisch weiter, indem sie z.B. innerhalb der »Deutschen Christlichen Vereinigung Studierender Frauen« Bibelkreise leitete oder während der Semesterferien Krankenpflege im Diakonissenkrankenhaus in Mannheim lernte. Dort reifte auch ihr Wunsch, Diakonisse zu werden. Pfarrer Scheel empfahl ihr, erst ihr Studium zu beenden. So legte sie ihr Erstes und Zweites Theologisches Examen in Baden ab. Anschließend studierte sie noch ein Semester Theologie in England.

Danach tat sie ihren Entschluß kund, daß sie nun Diakonisse werden wolle. Nachdem sie sich schon mit Pastor Erich Meyer, dem damaligen Vorsteher von Sarepta in Bethel in Verbindung gesetzt hatte, nahm sie auf Anraten von Prof. E. Hirsch in Göttingen Kontakt mit dem Kaiserswerther Verband auf. Dort wurde ihr die Übernahme einer Religionsprofessur an einer dort zu gründenden Volksakademie angeboten. Den Ausschlag für Bethel gab letztendlich ihr Eindruck, daß in Kaiserswerth Pflegediakonie einfach als »Putzen« bezeichnet wurde.

Am 14. August 1928 trat Dore Schellenberg in Sarepta/Bethel als Diakonissenschülerin ein. Bereits in ihrer Zeit als Probeschwester ahnte sie etwas von den Schwierigkeiten, die der aufkommende Nationalsozialismus mit sich bringen würde. Als sie das in der Betheler Zeitung abge-

druckte Parteiprogramm der NSDAP las, war für sie klar: Ein dem Germanentum angepaßtes Christentum war kein Christentum mehr, das »den Juden ein Ärgernis und den Griechen eine Torheit war«.
Am 3. April 1932 wurde sie in Sarepta zur Diakonisse eingesegnet. Sie hatte dort verschiedene Aufgaben: die theologische Unterrichtung der jungen Schwestern, den Konfirmandenunterricht für behinderte Jugendliche, die geistliche Betreuung der altgewordenen Schwestern und die Schwesternbibliothek. Zudem wurde sie von verschiedenen Gruppierungen um Referate gebeten.
1936 war sie als Koreferentin zu einem Treffen von Theologinnen und Diakonissen aus der rheinischen und westfälischen Bekennenden Kirche in Münster eingeladen. Das Gesamtthema »Die Mutterhausfrage der Diakonie«, so schrieb Maria Weller im Oktober 1936 in einem Rundbrief, sollte den Beteiligten helfen, »in ein lebendiges Gespräch zu kommen über die Frau im Amt der Kirche«.
Dore Schellenberg sprach aus eigener Erfahrung zu dem Thema »Mutterhaus und Theologin«: »Sie definierte das Mutterhaus als ›stets einsatzbereiten Teil des stehenden Heeres der Kirche, wie es dem Wesen der Frau und der Kirche entspricht‹, die Theologinnen als eine ›Spezialtruppe in steter Einsatzbereitschaft‹«, berichtete Maria Weller in dem Rundbrief vom Oktober 1936. Im Bereich der Mutterhaus-Diakonie sah sie für die Theologin ein weites Feld von Arbeitsmöglichkeiten. Im Mutterhaus hatte sie als Theologin einen Ort gefunden, in einer Zeit, in der Theologinnen meist »ortlos« waren.
Ihre »nicht-arische Abstammung« brachte ihr und Pastor Bodelschwingh manche Schwierigkeit, da auch für die Diakonischen Anstalten der Arierparagraph galt. Ab 1933 wurde es für sie in Sarepta zu gefährlich. Da Dore Schellenberg nun nicht mehr öffentlich wirken durfte, verschaffte Pastor Meyer ihr ein neues Aufgabengebiet: Er übergab ihr die Hälfte seiner Seelsorgearbeit bei den nicht mehr im aktiven Dienst stehenden älteren Schwestern im Haus Abendfrieden. Dort hat sie »Bekenntnisstunden« gehalten, sie durfte alles machen, obwohl sie nicht ordiniert war. Zudem richtete sie im Mutterhaus die Bibliothek ein und überarbeitete und redigierte Predigtnachschriften oder Bibelstunden wie die von Pastor Bodelschwingh über Johannes 6. Obwohl Pastor Bodelschwingh sich für sie einsetzte, wurde sie von Verhören durch die Gestapo nicht verschont. 1944 entkam sie durch das mutige Eintreten von Pastor Erich Meyer der Verlegung in ein Konzentrationslager. Dore Schellenberg wollte durch ihren Austritt das Mutterhaus von dem abgelegten Gelübde entbinden. Pastor Meyer jedoch nahm ihren Austritt nicht an. Nur über seine Leiche hätte er Schwester Dore holen lassen – das wagte dann doch keiner. Sie durfte danach Bethel nicht verlassen, nicht öffentlich wirken und unterrichten – sie betreute aber weiterhin die Bücherei und hielt Bibelstunden im Feierabendhaus. Daß sie noch lebe, so Dore Schellenberg, verdanke sie erstens Herrn Pastor Meyer und zweitens den Feierabendschwestern.
Erst nach dem Krieg, am 2. Advent 1947, konnte sie durch die Westfälische Landeskirche ordiniert werden. Am 6. Januar 1950 begann sie in Scherfede mit der Gründung eines Mutterhauses für die evangelische Flüchtlings-Diaspora in Ostwestfalen, das immer eng mit Bethel verbunden blieb. Am 23. August 1958 wurde Dore Schellenberg dort als Priorin eingeführt. Sie entwarf für Scherfede eine neue Schwesterntracht, bildete junge Schwestern für Bethel aus und begründete ein Altersheim, das in erster Linie für ChristInnen jüdischer Herkunft gedacht war. Daneben bewältigte sie eine umfangreiche Vortragstätigkeit, sowie Gottesdienste und Bibelstunden in den Gemeinden außerhalb.
1976 begann sie ihren Feierabend in Haus Abendfrieden in Bethel. Bis zuletzt las sie die Bibel in den beiden Ursprachen. In dieser Zeit war sie »frei« für theologisches Arbeiten und überarbeitete

u.a. gründlich ihre Auslegung der Offenbarung des Johannes.
Ein unverzichtbares Element ihres gelebten Glaubens war die tägliche Fürbitte: Statt Mittagschlaf zu halten, betete sie alle Namen ihrer Familie und von Freunden durch, die sie sich in einem kleinen Heft aufgeschrieben hatte.
Obwohl Dore Schellenberg mit Leib und Seele Theologin und Diakonisse war, gestaltete sich ihr Verhältnis zum »Diakonisse-Sein« nicht ganz ohne Spannungen. Auf ihr Sein als Theologin hätte sie wohl nur schweren Herzens verzichtet: denn gerade in ihrer Arbeit als Theologin in Unterricht, Seelsorge und Amtshandlungen fühlte sie sich am rechten Platz. Gleichzeitig bewirkte diese Arbeit auch eine gewisse Distanz zu den Mitschwestern: Sie war eben Diakonisse und Theologin – ein, in der Zeit der ersten Theologinnen, überhaupt nicht häufig gewählter Weg. Obwohl doch das »Dienen« nicht allein »Vorrecht« der Diakonisse ist, sondern auch Merkmal der Arbeit der Theologin: Vielleicht hielten deshalb in Dore Schellenberg die Theologin und die Diakonisse ein bewegtes Leben hindurch einander die Treue.

Monika Ullherr-Lang

Erfahrungen im 3. Reich – Schicksal einer Halbjüdin in Sarepta, aufgezeichnet nach einem Gespräch mit Dore Schellenberg im Juli 1983, Hauptarchiv der Von-Bodelschwinghschen Anstalten, Bethel.

Gespräch mit Diakonisse Dore Schellenberg, Haus Abendfrieden am 17.4.1985 im Rahmen des Interviews mit Frau Lauterer-Pirner, Hauptarchiv der Von-Bodelschwinghschen Anstalten, Bethel.

Weller, Maria: Rundbrief an alle westfälischen Theologinnen vom 26.10.1936 und 7.12.1936, AKET.

Scharffenroth, Gerta mit Friederike Rupprecht, Doris Jehle, Erika Reichle u.a. und Schwestern der Evangelischen Schwesternverbände: Schwestern. Leben und Arbeit Evangelischer Schwesternschaften. Absage an Vorurteile, Kennzeichen Bd. 10, Offenbach 1984.

Hellmann, Manfred: Friedrich von Bodelschwingh d.J., Widerstand für das Kreuz Christi, Wuppertal 1990.

Diakonisse Dore Schellenberg, aus: Beilage zum Schwesternbrief Januar/Februar '94, Hauptarchiv der Von-Bodelschwinghschen Anstalten, Bethel.

Rundbrief an alle westfälischen Theologinnen vom 22. April 1937 (Ausschnitt)

Bibelstunden,
gehalten von Herrn Pastor Fritz v. Bodelschwingh über Johannes 6

Diese Worte sind keine leichte Lektüre. Johannes 6 ist wie ein weites, tiefes Meer. Man hört sein Brausen wie gewaltige Winde und wie das stille Atmen des tiefen Ozeans. Ich habe nur einige Tropfen aus diesem Meer schöpfen können, aber ich habe dabei empfunden, wie auch die wenigen Tropfen, die man mit zaghafter Hand schöpfen darf, jedesmal mächtige Verwunderung und heilige Bewegung uns schenken können.

Christus, so fasse ich zusammen, ist die lebendige Nahrung seiner Kirche. Indem ich diesen Satz zu erläutern versuche, rechne ich, daß sich manche Überschneidungen ergeben werden mit den Referaten; aber ich fürchte sie nicht und tröste mich mit Paulus: "Mir ist es nicht lästig, und euch prägt es sich umso besser ein."

1.Sat: Da ist Gemeinde Jesu, wo man miteinander arbeitet, um unvergängliche Speise von ihm zu empfangen.

2.Satz: Solche unvergängliche Speise ist das für die Welt in den Tod gegebene Fleisch Christi.

3.Satz: Diese harte Rede vom Sakrament versteht nur die Kirche, die aus dem Wort im Geist lebendig wird.

Vers 1 - 27

1.Satz: Indem Johannes an den Bericht von Kapitel 5 mit den Ereignissen von Jerusalem ohne geographische Vermittlung die Erzählung in Galiläa anknüpft, wird der Kontrast deutlich und absichtlich berichtet. Dort der schwere Zusammenstoß, aufsteigende Wolken. Hier in der Heimat sind dem Herrn die Herzen, wie es scheint, noch geöffnet. Tausende und Abertausende strömen ihm zu, und sie scheinen ihm unbedingte Gefolgschaft leisten zu wollen. Es scheint, als sollte aus dieser Bewegung Gemeinde entstehen um den Herrn Christus her, und man spürt, wie alle Herzen von dieser Möglichkeit ergriffen sind. Entsteht hier in diesen Massenversammlungen nicht eine Machtgruppe, die sich auch in das kirchliche und politische Geschehen - beides mischt sich immer eng ineinander - einschalten läßt? Die Beobachter von Jerusalem erfüllt es mit lebhafter Sorge: Was wird werden? Aber den Stillen im Lande werden die Herzen höher geschlagen haben. Diese Versammlung des Bekenntnisses, des Glaubens, des Dienstes, diese Bereitschaft, um die Ohren aufzuschließen! Brechen nicht die besten, größten Kräfte prophetischer Geschichte aufs neue hinein in die Gegenwart? Gespannte Herzen, helle Augen!

Und nun wird dieser Schar ein Gottesdienst geschenkt von einer Feierlichkeit und Freude, wie er kaum je auf Erden gewesen ist: Unter der Danksagung des Herrn empfangen sie das Brot. Aus dem kleinen Vorrat wird eine Fülle, daß alle satt werden. Und die Jünger, wie sie Werkzeuge seines Austeilens werden durften, so werden sie auch die Werkzeuge seiner hausväterlichen Sorgsamkeit. Sie nehmen die Körbe und sammeln, und dabei sind ihre Herzen erfüllt von der Hoffnung, daß Augen geöffnet würden, und sie sahen seine Herrlichkeit; nun entsteht um unsern Herrn Jesus her seine Gemeinde.

Diese Hoffnung hat sich nicht erfüllt. Die Menschen bleiben, so stark sie innerlich von dem Erlebnis angefaßt sind, schließlich an der Außenseite des Vergänglichen hängen. Das Wunder sehen sie; das Zeichen sehen sie nicht. Es ist wunderbar, wie durch den ganzen Bericht hindurch immer wieder die Erinnerung an das Manna in der Wüste auftaucht. "Kommt der, der unserm Sorgen und Quälen der irdischen Dinge ein Ende macht. Der für unsere Nation der Befreier wird? Der unserm Volk Ehre und Einheit wiedergibt?" So mischen sich leise in die innere Bewegung hinein die fremdartigen, abweichenden Gedanken: Ist

LKA Düsseldorf, Nachlaß Aenne Kaufmann 21

Bethel, den 4. 3. 35.

Lieber Herr Pastor!

3352

Im Auftrag von Herrn Prof. Schmitz schicke ich anbei eine Ausarbeitung Ihrer Bibelstunden über Joh. 6.

Mit herzlichem Gruß!

Ihre dankbar ergebene
Schwester von Schulenburg.

Hauptarchiv der Von-Bodelschwinghschen Anstalten, Bethel, Bestand 2/91-18

Hilde Schneider
* 1916

Hilde Schneider

»Da war alles andere weg,
nur das einzige war da,
worum es an Weihnachten geht,
das Wissen darum,
daß Gott bei uns ist und uns nicht fallen läßt,
ganz gleich was kommt.«
(1941)

Mit diesen Worten blickt Hilde Schneider auf Weihnachten 1941 im Ghetto von Riga zurück. Dorthin war sie wenige Tage zuvor mit 1.000 jüdischen Männern, Frauen und Kindern aus Hannover deportiert worden. SS-Einheiten hatten hier Anfang Dezember 25.000 lettische Jüdinnen und Juden aus ihren Häusern geholt und erschossen, um Platz für die Deportationen aus Deutschland zu schaffen. Auf einer Schwesternstation im Ghetto las die evangelische »Nichtarierin« an diesem Abend ihren jüdischen Leidensgenossinnen die Weihnachtsgeschichte vor, stimmte Weihnachtslieder an, und alle sangen mit. »Wir haben hier den schönsten Christbaum«, sagte sie in dieser eiskalten Nacht zu dem sternenklaren Himmel.
Der Glaube, daß Gott sie nicht fallen lasse, begleitete Hilde Schneider auch in den folgenden Jahren der Erniedrigung: Wenn sie als Schwester wie eine Handlangerin der SS-Henker alte Menschen anziehen und aus ihren Häusern holen mußte, bevor diese in Gaswagen weggefahren und ermordet wurden. Oder auf den stundenlangen Märschen durch die Stadt, um bei Wehrmachts- und SS-Einheiten Hilfsdienste zu verrichten. Und immer wieder bei den Selektionen, denen sie, obwohl monatelang krank liegend, nicht zum Opfer fiel. Sie sah sich als Einzelperson ohne Angehörige und darüber hinaus als Christin von den anderen Deportierten ausgegrenzt. Halt gab ihr in dieser Zeit oft die Bibel, die sie bei sich trug und aus der sie auch anderen vorlas.
Riga bedeutete für etwa 50.000 Juden und Jüdinnen aus Deutschland Ghetto, Konzentrationslager, Zwangsarbeit und Vernichtung. Nur wenige überlebten. Hilde Schneider kam Ende Januar 1945 bei Thorn, dem Außenlager des Konzentrationslagers Stutthof bei Danzig, frei. In Bromberg erfuhr sie am 2. Mai 1945 von der Befreiung Berlins. In einer katholischen Kirche versprach sie an diesem Tag, ihr Leben in den Dienst Gottes zu stellen. Sie gelobte, den Weg zu gehen, den der, der sie überleben ließ, mit ihr vorhabe. Einen Monat später kehrte sie in ihre Heimatstadt zurück.
Hilde Schneider wurde am 12. November 1916 in Hannover geboren, ihr Vater war Frauenarzt und stammte wie die Mutter aus Breslau. In der evangelischen Dreifaltigkeitskirche getauft und konfirmiert, war sie zum Zeitpunkt der Machtübernahme Hitlers eine 17jährige Gymnasiastin auf der Sophienschule. Nun galt sie fast über Nacht als »Nichtarierin«. Die Nürnberger Gesetze machten aus ihr eine Volljüdin, da drei ihrer Großeltern jüdischer Herkunft waren. Statt Abitur zu machen und Medizin zu studieren, trat sie 1935 in das Diakonissenhaus Henriettenstift ein. Der inzwischen Elternlosen bot das Haus, trotz der Begeisterung nicht weniger Diakonissen für den Nationalsozialismus, einige Jahre Schutz und wurde auch eine neue Heimat.
Mit der Progromnacht vom 9. November 1938 war es auch für sie mit der Sicherheit im Henriettenstift vorbei. Die Leitung des Hauses, ob im Gleichklang mit der nationalsozialistischen Vertreibungspolitik oder aus Fürsorge für ihre Novizin, empfahl ihr, »auszuwandern« und in das Diakonissenhaus in Philadelphia zu wechseln. Der Ton, mit dem ihr dieses Angebot schmack-

haft gemacht wurde, kränkte Hilde Schneider. Sie lehnte ab. Von da an fühlte sie, daß sie für das Henriettenstift eine Last sei. Zum 1. Juni 1939 legte sie ihre Schwesterntracht ab.
Der zunehmende Vertreibungsdruck des nationalsozialistischen Staates auf die Juden und Jüdinnen ließ auch sie erkennen, daß es für sie in Deutschland keine Zukunft gab. Als ihr einziger Bruder, der nach dem Novemberprogrom emigrierte, die Möglichkeit der Ausreise vermittelte, stellte auch sie sich darauf ein. Von Conrad Hofmann, Direktor des Committee on the Christian Approach to the Jews in New York, wurde ihr die Aufnahme im Missionshaus von Toronto zugesagt. Der Kriegsbeginn schien diese Hoffnung zunichte zu machen. Doch dann hieß es, sie könne Mitte Mai 1940 von Holland per Schiff ausreisen. Aber ihr Warten blieb vergebens. Wenige Tage vor dem festgesetzten Termin besetzte die deutsche Wehrmacht Holland. Hilde Schneider saß in der Falle.
Im Oktober 1940 setzte Hilde Schneider ihre Krankenschwesternausbildung im Jüdischen Krankenhaus in Hannover fort und absolvierte dort im Frühjahr 1941 das Examen. Bald erfolgte die Verpflichtung zur Fabrikarbeit und ab 1. September der Zwang zum öffentlichen Tragen des »Judensterns«. Während die jüdischen Familien aus ihren Wohnungen vertrieben wurden und in »Judenhäuser« ziehen mußten, durfte sie in dem zum Henriettenstift gehörenden Mädchenheim »Lydiahaus« wohnen. Bald wurde ihr untersagt, Gottesdienste im Diakonissenhaus zu besuchen, im November 1941 folgte das Hausverbot im Henriettenstift. Wenn auch vergebens, verbot Stiftsleiter Pastor Otto Meyer einer Diakonisse, sie am Tag vor der Abholung durch die Gestapo noch einmal im Lydiahaus zu besuchen. Genau an den Tagen, an denen sich Hilde Schneider mit den Jüdinnen und Juden Hannovers im Deportationszug der Deutschen Reichsbahn auf dem Weg nach Riga befand, trat der Geistliche Vertrauensrat der Deutschen Evangelischen Kirche zusammen und verfaßte sein am 22. Dezember 1941 veröffentlichtes »Rundschreiben«. Darin werden die obersten Kirchenbehörden in Deutschland gebeten, »geeignete Vorkehrungen zu treffen, daß die getauften Nichtarier dem kirchlichen Leben der deutschen Gemeinde fernbleiben«. Zu dem dreiköpfigen Geistlichen Vertrauensrat zählte auch der Hannoversche Landesbischof August Marahrens, dessen Amt auch der Vorsitz des Komitees des Henriettenstiftes war.
Nach der Rückkehr aus dem Lager erlebte Hilde Schneider bei Bekannten viel Freude wegen ihres Überlebens, im Henriettenstift wurde ihr, als ob nichts besonderes geschehen sei, die Weiterarbeit angeboten. Sie spürte und hörte jedoch, daß an ihrer Geschichte und an dem Schicksal der Deportierten wenig Interesse bestand. Sie ließ sich jedoch keine Zeit, darüber nachzudenken. Schon im Lager war ihr der Gedanke gekommen, falls sie einmal herauskommen würde, in die Gefangenenseelsorge zu gehen. So entschloß sie sich zum Theologiestudium, drückte 30jährig noch einmal die Schulbank im Kaiser-Wilhelm-Gymnasium und holte das Abitur nach. Vom Herbst 1946 bis 1951 studierte sie in Göttingen, wo Otto Weber, Gerhard von Rad und Joachim Jeremias ihre wichtigsten theologischen Lehrer waren.
Der durch die Lagerzeit gesundheitlich angeschlagenen Studentin wurde 1949 ein erster Erholungsaufenthalt in Locarno vermittelt, dem viele weitere folgten. In der »Casa Locarno«, einer Einrichtung des Ökumenischen Rates der Kirchen in Genf und des Hilfswerkes der Evangelischen Kirchen der Schweiz zur Erholung und zum Erfahrungsaustausch von Theologen aus den bis vor kurzem noch verfeindeten Ländern, kam Hilde Schneider mit der Ökumene in Berührung. Hier sah sie auch Propst Grüber wieder, den sie kurz vor ihrem gescheiterten Ausreisetermin im Frühjahr 1940 in Berlin aufgesucht hatte.
An ihrem Berufsziel hielt Hilde Schneider weiter fest. Während des Studiums war sie im Göttinger Landgerichtsgefängnis als Laienhelferin tätig. Doch ihre Landeskirche fand für sie keine

Verwendung als Gefängnisseelsorgerin, obwohl sich sogar die Göttinger Gefängnisleitung für sie, aber ohne ihr Wissen, in Hannover einsetzte. »Ausgesprochen seelsorgerlich und von nachgiebiger kritikloser Weichheit weit entfernt«, charakterisierte sie die angehende Theologin. Und der Gefängnisseelsorger Bruno Benfey, der als »Nichtarier« 1936 von der Landeskirche vom Dienst suspendiert und 1946 wieder in seine Göttinger Gemeinde zurückgekehrt war, ergänzte in einem Empfehlungsschreiben, sie verfüge über ein »feines Verständnis für die Situation der weiblichen Gefangenen und schwesterliche Liebe zu ihnen bei aller Wahrung der Autorität der Sache, die sie vertritt«.

Nach dem Zweiten Theologischen Examen im Jahr 1953 als »Hilfsvikarin« nach Bremerhaven versetzt, wurde ihr bei ihrer Einsegnung durch den Landessuperintendenten bedeutet, sie hätte auf einer Kanzel nichts zu suchen. Den Vordruck »Ordinationsschein« korrigierte dieser in »Einsegnungsschein« und machte aus »Kandidat des Predigtamts« eine »Kandidatin«. Doch schon wenige Tage später sprang sie für einen erkrankten Pastor ein und stand von da an fast jeden Sonntag auf einer Kanzel. Sie fand Gefallen an der Arbeit in Bremerhaven und erhielt eine feste Stelle als Stadtvikarin. Als »hüpfender Notnagel« ohne festen Ort wünschte sie sich jedoch auch eine Gemeinde. Als sie erfuhr, daß in Frankfurt am Main eine Pfarrstelle im Frauengefängnis eingerichtet werden sollte, bewarb sie sich mit Erfolg und wurde zum 1. November 1959 mit der Seelsorge am Frauengefängnis in Frankfurt-Preungesheim beauftragt. Sie war damit erste hauptamtliche Pfarrerin an der damals einzigen Frauenhaftanstalt in Hessen. Dank des im Frühjahr 1959 in der Evangelischen Kirche in Hessen und Nassau verabschiedeten Pfarrerinnengesetzes wurde sie zur Pfarrerin ernannt und am 3. Mai 1960, nun schon 44jährig, in der Alten Nikolaikirche in Frankfurt ordiniert.

13 Jahre war Hilde Schneider in der Gefängnisseelsorge tätig. In einem von Anna Paulsen 1963 zusammengestellten Band über »Amt und Auftrag der Theologin« schrieb sie in der damals noch üblichen männlichen Diktion: »Die Arbeit des Seelsorgers im Gefängnis ist darum fröhliche Arbeit, weil er im Auftrag Gottes Freude in die Trostlosigkeit hineinbringen darf und weil er in der Dunkelheit Zeugnis ablegen darf von Christus, dem wahren Licht der Welt.«

Hilde Schneider lebt in Kronberg/Taunus.

Hartmut Schmidt

Amt und Auftrag der Theologin, hg. v. Anna Paulsen in Verbindung mit dem Konvent evangelischer Theologinnen, Gelnhausen/Berlin 1963.

Buchholz, Marlies: Die hannoverschen Judenhäuser. Zur Situation der Juden zur Zeit der Ghettoisierung und Verfolgung 1941 bis 1945, Hildesheim 1987.

Gerlach, Wolfgang: Als die Zeugen schwiegen. Bekennende Kirche und die Juden, Studien zu Kirche und Israel Bd. 10, 2. Aufl. Berlin 1987.

... neue Wege, alte Ziele. 125 Jahre Henriettenstiftung Hannover, hg. v. Wolfgang Helbig, Hannover 1985.

Press, Bernhard: Judenmord in Lettland 1941-1945, Berlin 1992.

Einsegnung ~~Ordination~~sschein

~~Der~~ zum [illegible]

[illegible] ernannte bisherige

Kandidat~~. des Predigtamts~~ [illegible]

ist heute in der [illegible]

von dem Unterzeichneten eingesegnet ~~ordiniert~~ worden.

Stade, den 20. April 1953

Hoyer,

Landessuperintendent.

41644

Hilde Schneider: Seelsorge im Gefängnis (Ausschnitt)

Die Gefangenen hinter den Mauern und Gittern sind unsere Schwestern und Brüder, die zu uns gehören so wie wir zu ihnen. Und damit ist uns jede Möglichkeit genommen, sie nur als schwierige Fälle zu betrachten und zu behandeln.

Jedes falsche Pathos des Seelsorgers gegenüber seinen ihm anvertrauten Gemeindegliedern würde bei diesen den Anschein erwecken, als ob ihr Seelsorger etwas Besseres sei oder sein wolle. Während es doch seine Aufgabe ist, sie erkennen zu lassen, daß er einer der Ihren ist, der es nur besser hat, weil das Kreuz Christi, die Barmherzigkeit Gottes, ihm schon zur Wirklichkeit und zur Hilfe für sein Leben geworden ist.

Das Gefängnis ist ein düsterer Ort, was schon nach außen hin durch die hohen Mauern und kleinen vergitterten Fenster in Erscheinung tritt. Aber viel trostloser ist die Atmosphäre, die sich einem in einem solchen Hause aufdrängt. Bei allem Bemühen, die Gänge und Zellen durch hellen Anstrich freundlicher zu gestalten, legt sich doch schon dem Besucher eine Beklemmung auf die Brust. Er spürt etwas davon, daß in diesem Hause ein besonderer Geist wohnen muß.

Und gerade dieser Geist ist es, der die Arbeit im Gefängnis so schwer und auch gefährlich macht. Man kann es mit den Worten des Apostels Paulus aussprechen: „Denn wir haben nicht mit Fleisch und Blut zu kämpfen, sondern . . . mit den bösen Geistern unter dem Himmel."

Hier leben an einem engen Ort zusammengedrängt Menschen, die der Geist der Lüge und der Unreinheit nicht aus seinen Klauen lassen will. Die ihr Zusammenleben auch hinter den Mauern dadurch vergiften, daß sie sich durch unreine Reden immer tiefer in den Schmutz hineinzerren, sich durch Lügen gegenseitig aufhetzen und durch Neid und Mißgunst das Leben zur Hölle machen.

Alles das, was wir draußen im Leben als Not unserer Gemeinschaft in Gesellschaft, Nachbarschaft und Arbeitsbetrieben kennen, ist hier in dem nahen Zusammenleben und der unnatürlichen Abgeschlossenheit von der Außenwelt noch verstärkt.

Diese Not kann gewiß nicht — auch durch den besten Willen eines Menschen — behoben werden.

Alles eigenmächtige Denken, Reden und Handeln ist von vorne herein zum Scheitern verurteilt. Vielleicht wird es an diesem Ort noch deutlicher als bei aller anderen Seelsorgearbeit, daß der Seelsorger seinen Dienst nur tun kann in der Gewißheit, daß Gottes Verheißungen wahr sind und für alle Menschen gelten. Daß Gott heute noch wie zu allen Zeiten Wunder tut, indem er Menschenherzen öffnet für sein heiliges Wort.

in: Amt und Auftrag der Theologin, hg. von Anna Paulsen. In Verbindung mit dem Konvent evangelischer Theologinnen, Gelnhausen/Berlin-Dahlem 1963

Katharina Staritz
1903 – 1953

Katharina Staritz

»Laßt uns den Herren preisen,
singt ihm ein neues Lied!
Hinter den Kreuzen von Eisen
singt meine Seele mit.«
(1942)

Eigentlich war sie keine Heldin, sie empfand sich nicht als Kämpfernatur, sondern eher als ängstlich. Trotzdem gehörte sie zu den wenigen, die sich in der evangelischen Kirche für Christen und Christinnen jüdischer Herkunft einsetzten. Als sie dafür verhaftet wurde und ins Konzentrationslager Ravensbrück mußte, hielt sie trotz strengster Verbote »Gottesdienste« und erteilte Abendsegen. Nach dem Krieg engagierte sie sich für die Rechte von Theologinnen. Menschen, die sie gekannt haben, erzählen von ihrer menschlichen Wärme, von Würde und von Fröhlichkeit. Sie selbst beschrieb in Gedichten, was hinter ihrer sanften Kraft stand:

Herr, gib Kraft zu tragen,
was du auferlegst!
Keiner darf verzagen,
weil du selbst uns trägst.
Auch durch Nacht und Grauen
leitet uns dein Licht,
bis wir selig schauen
in dein Angesicht.

Gedichtet hat Katharina Staritz schon als Mädchen, zum Geburtstag ihrer jüngeren Schwester Charlotte zum Beispiel. Kindheit und Jugend waren behütet: Sie wurde am 25. Juli 1903 in Breslau geboren, als erste Tochter von Margarethe Staritz, geb. Ismer und dem Gymnasialprofessor Carl Staritz. Die Eltern förderten die Schulbildung ihrer Töchter.

Nach dem Abitur studierte sie Philologie in Breslau. Von der Theologie hatten die Eltern abgeraten – wegen der schlechten Berufsaussichten. Nach sechs Semestern wechselte sie doch zur Theologie. Als Schülerin von Professor Hans von Soden folgte sie ihm von Breslau nach Marburg. 1928 legte sie innerhalb kürzester Zeit ihr Erstes Theologisches Examen ab und promovierte zur Lizentiatin. Sie war die erste Frau, die an der theologischen Fakultät in Marburg promovierte. Als Vikarin in Breslau trat sie dem Verband evangelischer Theologinnen bei. 1933 wurde sie von der Kreissynode Breslau-Stadt im Privatdienstvertrag angestellt. In einem Bericht für den Theologinnenverband beschreibt sie ihre Arbeit. Sie war zuständig für die Seelsorge an Kindern und Frauen in der Uniklinik, für die kirchliche Betreuung des Breslauer Vororts Oswitz und für den Übertrittsunterricht. Vor allem nach 1933 wollten viele Menschen der evangelischen Kirche beitreten, da sie sich davon einen Schutz vor der nationalsozialistischen Verfolgung versprachen, KommunistInnen zum Beispiel, AtheistInnen oder Juden und Jüdinnen. Katharina Staritz mochte diese Arbeit: »Ich habe das frohe Bewußtsein, daß ich hier Menschen der Kirche zuführen darf, die empfänglich sind, aber um die sich sonst niemand kümmern würde«, schreibt sie in ihrem Bericht. Nach fünf Jahren im Amt wurde sie 1938 eingesegnet und als Beamtin angestellt.

Schon vorher, mit den Nürnberger Rassegesetzen von 1935, hatte sich die Arbeit von Katharina Staritz verändert: der Taufunterricht für Jüdinnen und Juden trat in den Vordergrund. Gerade dieser Unterricht hatte ihr immer viel Freude gemacht: hier konnte sie an ihre eigene Liebe zur Hebräischen Bibel anknüpfen. Als Pastor Heinrich Grüber in Berlin die »Evangelische Hilfsstelle für nichtarische Christen« gründete, bekam sie den Auftrag, die Breslauer Vertrauensstelle des »Büro Pfarrer Grüber« zu leiten. Möglichst vielen Menschen sollte die Ausreise aus Nazideutschland ermöglicht werden. Katharina Staritz aber ging noch weiter: Als 1941 per Reichsgesetzblatt das Tragen des Judensterns angeordnet wurde, verfaßte sie ein Rundschreiben an ihre Breslauer Amtsbrüder. Sie bittet darin, betroffene Gemeindeglieder nicht von Gottesdiensten oder Gemeindeveranstaltungen auszuschließen und sich ihrer besonders anzunehmen. »Sie haben das gleiche Heimatrecht in der Kirche wie die anderen Gemeindeglieder und bedürfen des Trostes aus Gottes Wort besonders«, schrieb sie. Wenige Pfarrer wagten es, das Schreiben auf der Kanzel zu verlesen. Katharina Staritz wurde einen Monat später von der Kirchenleitung beurlaubt und offiziell aus Breslau ausgewiesen.

Sie ging nach Marburg und nahm ihre Studien wieder auf. Besonders widmete sie sich der Orientalistik. Daneben predigte sie und gab Religionsunterricht in Vertretung für einberufene Pfarrer. Ihr Asyl dauerte nicht lang. Am 4. März 1942 holte die Gestapo sie ab, brachte sie erst ins Gefängnis und dann ins Frauenkonzentrationslager Ravensbrück.

Über das, was sie während ihrer Haft im Konzentrationslager erlebte, hat sie lange mit niemandem gesprochen. Erst kurz vor ihrem Tod diktierte sie ihrer Schwester ihre Erinnerungen. Sie wurden zusammen mit ihren Gedichten aus der Haft unter dem Titel »Des großen Lichtes Widerschein« von der Frauenhilfe veröffentlicht. Katharina Staritz schreibt darin von Hunger, Demütigungen und Schmutz, von Schwerstarbeit und Verhören. Sie registriert genau, daß all das dazu diente, die Menschenwürde der Gefangenen und ihre Individualität auszulöschen. Aber sie beschreibt auch, wie ihr gerade in dieser Zeit die Nähe und Kraft Gottes in nie gekannter Unmittelbarkeit deutlich wurde. Statt zu klagen, erzählt sie von den vielen »kleinen Freuden«, die ihr sogar Aufseher und SS-Männer machten.

Und sie, die ihr Leben lang ihrer Schwester von ihren vielen Ängsten berichtet hat, zeigte Mut: obwohl die Auslegung von Bibelstellen grundsätzlich unter Strafe stand, hielt sie jeden Sonntag »Gottesdienst«: »Das geschah in unserer Freistunde, wenn wir auf der Lagerstraße auf- und abgingen. Dann mußten wir immer zu 5 in einer Reihe gehen. Aber es durfte nicht bekannt werden, was wir sprachen. Ich ging in der Mitte von drei Fünferreihen. Lang konnte dieser Gottesdienst nicht sein, und ich nahm als Text stets ein Wort, das wie für unsere Lage geschrieben schien«, schreibt sie in ihren Erinnerungen. Fast jeden Abend kamen Frauen zu ihr, denen sie einen Abendsegen aus der Bergpredigt erteilte. Bibel und Gesangbuch waren im Lager verboten. Ein Glück für Katharina Staritz und ihre Gottesdienstbesucherinnen, daß sie zahlreiche Stellen auswendig wußte. Die Gedichte, die sie in der Zeit verfaßte und ihrer Familie schickte, wurden in der Frauenhilfe abgeschrieben und weitergegeben.

Seit ihrer Entlassung im Mai 1943 war sie gesundheitlich angeschlagen. Zurück in Breslau durfte sie nur kirchliche Büroarbeiten erledigen. Kurz bevor die russische Armee in Breslau einmarschierte, floh sie mit Mutter und Schwester. Nach dem Krieg verwaltete sie mehrere Gemeinden in Kurhessen-Waldeck – bis die Pfarrer aus dem Krieg zurückkehrten. Schließlich wurde ihr die kleine Gemeinde Albertshausen zugewiesen, zudem unterrichtete sie am Evangelischen Fröbelseminar und betreute die Frauenhaftanstalt Ziegenhain.

Trotz aller Arbeit wurde sie nicht wieder als Beamtin eingestellt, wie sie es in Breslau gewesen war. In Kurhessen-Waldeck gab es noch kein entsprechendes Gesetz. Sie selbst wies immer wie-

der darauf hin, daß sich das ändern möge und sie hatte Erfolg.
Aus dem gleichen Grund beantwortete sie eine Anfrage zur Mitarbeit bei der Frankfurter Frauenhilfe abschlägig: »Sie werden verstehen, daß ich nicht als Angestellte ... nach Frankfurt kommen kann, wenn ich die Zusage von Herrn Bischof Wüstemann habe, daß ich ... spätestens zum 1. Januar in Kurhessen Beamtin werde.« Sie schreibt außerdem, daß sie keine reine Verbandsarbeit tun, sondern in einer Gemeinde beheimatet sein wolle – inklusive Predigt, Sakramentsverwaltung und Amtshandlungen. »Ich habe keine neuen Forderungen gestellt, sondern nur nicht auf das verzichten wollen, was ich mir nicht erkämpft, sondern was mir aus der Arbeit heraus zugewachsen ist und was ich in Breslau und Kurhessen selbstverständlich geübt habe. Ich bin keine Kämpfernatur und kann nicht in einer Atmosphäre der Opposition auf Dauer arbeiten.«
Erst als die Hessen-Nassauische Landeskirche ihr 1949 eine Beamtenstellung in der Katharinengemeinde in Frankfurt anbot, nahm sie an. Sie predigte regelmäßig, feierte das Abendmahl, hielt zahlreiche Taufen und engagierte sich in der Frauenhilfe. Aber ihre Kraft kehrte nur unvollständig zurück. Am Karfreitag, dem 5. April 1953, starb sie an Krebs.

Corinna Raupach

Staritz, Katharina: Augustins Schöpfungsglaube dargestellt nach seinen Genesisauslegungen, Diss. theol. Marburg 1928, Breslau 1931.

Dies.: Zu Offenbarung Johannis 5,1, in: Zeitschrift für die neutestamentliche Wissenschaft Bd. 30, Gießen 1931, S. 157-170.

Dies.: Vikarin in Breslau, in: Mitteilungen des Verbandes evangelischer Theologinnen Deutschlands, 3. Jg. 1933, S. 9-13.

Dies.: Zur Frage des Übertritts und des Übertrittsunterrichtes, in: Die Theologin, 11. Jg. 1941, S. 29-34.

Dies.: Des großen Lichtes Widerschein. Berichte und Verse aus der Gefangenschaft, hg. von der Evangelischen Frauenhilfe e.V., Münster 1953.

Gerlach, Wolfgang: Als die Zeugen schwiegen. Bekennende Kirche und die Juden, Berlin 1987.

Grünzinger, Gertraud; Walter, Felix (Bearb.): Fürbitte. Die Listen der Bekennenden Kirche 1935-1944, Göttingen 1996.

Schwöbel, Gerlind: Ich aber vertraue. Katharina Staritz eine Theologin im Widerstand. Schriftenreihe des Evangelischen Regionalverbandes Frankfurt am Main Nr. 15, Frankfurt 1990, 2. Aufl. 1992.

Sommer, Hanna; Bader, Claudia; Drewes, Gerda: In Memoriam Lic. theol. Katharina Staritz am 3. April 1953, in: Die Theologin, 14. Jg. Heft 1, 1954, S. 9-16.

Eintrag von Katharina Staritz nach ihrer Entlassung aus dem KZ Ravensbrück in das Gästebuch der Familie Hansjürgen Schmidt von Puskás

Cantate 1943.

Nun ist ein heller Freudentag
in unsern Herzen angebrochen,
wo Finsternis gekauert lag,
hat Gott sein „Werde Licht!" gesprochen.

Und wie ein Traum umfängt mich wieder
der Mai in Duft und Blütenpracht,
drum singet mit mir Jubellieder
zu preisen Gottes Liebesmacht!

22.–24. Mai 1943.

Katharina mit Mutter und Charlottchen.

Sammlung Brigitte-Maria Rother

Nachruf, In Memoriam Lic. theol. Katharina Staritz, ✝ 3. April 1953 (Ausschnitt)

Die Theologin

Rundbrief des Konventes evangelischer Vikarinnen in Deutschland

14. Jahrgang | Heft 1 | 1954

In Memoriam Lic. theol. Katharina Staritz, † 3. April 1953

I.

Als am 9. 1. 1944 Käthe Staritz einige Monate nach ihrer Entlassung aus dem Konzentrationslager Ravensbrück (von März 1942 bis Mai 1943 war sie in Haft) mit uns im Kreise der Schwestern und Brüder der Bekennenden Kirche Schlesiens in Breslau noch einmal Ernst Lohmeyer hörte, war es bereits wie eine Abschiedsvorlesung von ihm für uns Breslauer in mehrfacher Beziehung. Eine große Zahl der Brüder fehlte, für immer die meisten von ihnen. Lohmeyer lehrte mehrere Jahre schon nicht mehr an der geliebten Breslauer Universität. Unvergeßlich bleibt den Herzen der Freunde der Anblick der Begrüßung, da Lohmeyer Käthe nach ihrer Entlassung zum ersten Male sah, nahm er die still aber fröhlich Kommende in den Arm, wie der ältere Bruder es wohl tut, wenn die kleinere Schwester nach längerer und nicht gefahrloser Reise heimkommt. Der nicht ganz drei Jahre danach getötete Lehrer hielt damals seinen Vortrag über „Die rechte Interpretation des Mythologischen".

Für uns, die wir mit Käthe Staritz Lohmeyers Worten als denen eines besonders verehrten Lehrers besondere Bedeutung zumaßen, mögen vielleicht zwei Wendungen aus dem Schlußabschnitt seines Vortrages für Käthes Arbeitsziel charakteristisch sein. Er sagte: „Es gehört zum Wesen des protestantischen Glaubens und der protestantischen Theologie, daß sie nirgends sich eine Provinz vorbehält, in der sie unberührt von allen Regungen und Bewegungen ihres eigenen Gehaltes genösse". Und „dieser Theologie ist es darum auch eigen, allen wissenschaftlichen Richtungen sich nahe zu verbinden und von allen Bäumen wissenschaftlicher Erkenntnis zu pflücken". Die Heimgegangene war eine Theologin, die durch ihre Begabung des scharfen und doch umsichtigen Denkens, durch der Theologie vorangegangenes Studium der Philologie mit den Fächern Geschichte und Deutsch besonders gut geschult, ihr Leben hätte ganz in den Dienst der Theologie als Wissenschaft stellen können.

Ihre Behutsamkeit und eine sehr lebhafte Freude am Lebendigen waren wohl auch die Gaben, die ihr den Weg leicht machten von der Wissenschaft hin zum Dienst an solchen, die sehr weit entfernt vom akademischen Denken lebten.

in: Die Theologin. Rundbrief des Konventes evangelischer Vikarinnen in Deutschland, 14. Jg. Heft 1 1954

Marianne Timm
1913 – 1993

Marianne Timm

*»Denn nicht der Mann soll sich in der Kirche die Frauen unterordnen,
sondern die Frau muß die Möglichkeit haben,
sich als ›gleichbegnadeter‹ Mensch einzuordnen in einer Weise,
die dem Aufbau der heutigen Gemeinde dient.«
(1963)*

Spontanes, aktives Handeln über Grenzen und Hindernisse hinweg – so engagierte sich die Theologin Marianne Timm für die Menschen. Sie überwand Grenzen der Religionen, der Politik, der Generationen, der Geschlechter und nicht zuletzt auch der kirchlichen Hierarchie und der gesellschaftlichen Konventionen. Ihr Einsatz galt den Schülerinnen und Schülern als Autorin zahlreicher Lehrbücher und Diapositivwerke, den Studierenden als reisefreudige Sekretärin für die Evangelischen Studentengemeinden und als Seelsorgerin, den Lehrerinnen und Lehrern als Dozentin in Fortbildungsveranstaltungen und auf Studienreisen, den Theologinnen als Vertrauensvikarin und als Schriftleiterin des Rundbriefes des Konventes evangelischer Theologinnen in Deutschland sowie dem christlich-jüdischen Dialog als Leiterin zahlreicher Gruppenreisen nach Israel und als Förderin des Kinderheimes Neve Hanna. Sie war eine prägnante Vorkämpferin für die Gleichberechtigung der Theologinnen, kümmerte sich intensiv um die in der Kirche tätigen Frauen und prägte Generationen von Religionslehrerinnen und -lehrern mit ihren Unterrichtswerken und Kursen.

Nach dem Abitur studierte die 1913 geborene Tochter eines Hamburger Studienrates evangelische Theologie in Marburg, Bonn und Rostock, wobei sie mit ihrem Lehrer Ernst Wolf (1902–1971) zeitlebens durch einen intensiven Schriftwechsel in enger Verbindung blieb. Als eine der wenigen Studentinnen in diesem Fach in einer politisch brisanten Zeit wollte sie nicht isoliert bleiben, sondern mit anderen für andere wirken: Seit 1932 war sie in der »Deutsch-Christlichen-Studentinnen-Bewegung« aktiv, 1934 trat sie in den Verband evangelischer Theologinnen Deutschlands ein und nahm an der Bekenntnis-Synode in Barmen teil. 1937 absolvierte sie die Erste Theologische Prüfung in Hamburg und war in einer Gemeinde in Hamburg-Winterhude tätig. 1938 und 1939 hielt sie Bibelkurse im Evangelischen Frauenbund Sachsen-Anhalt ab.

Obwohl Landesbischof Franz Tügel (1888–1946) es 1935 Frauen per Gesetz untersagt hatte, das Zweite Theologische Examen abzulegen, gab sie nicht auf und verfolgte ihr Ziel, Geistliche zu werden, weiter: Sie wandte sich nach Hannover, wo sie 1939 diese Prüfung bestand. Immerhin konnte sie anschließend in ihrer Hamburger Gemeinde Nord-Winterhude weiterarbeiten und gleichzeitig bis 1949 in der StudentInnenseelsorge tätig sein. Nachdem der Studentenpastor Heinz Mülbe (geb. 1912) zum Heeresdienst eingezogen worden war, wirkte sie faktisch als alleinige Seelsorgerin für die Studierenden in der Hansestadt. 1941 begann die Angehörige der Bekennenden Kirche und Anhängerin Karl Barths (1886-1968) ihre Tätigkeit als Reisesekretärin für die Evangelischen Studentengemeinden und organisierte mindestens zweimal im Jahr illegale Tagungen für 30 bis 50 Vertrauensstudentinnen. Die dabei gesammelten Kollekten wurden zum Erwerb von Lebensmittelgutscheinen für versteckte Jüdinnen und Juden verwendet, zu denen sie Kontakte hatte.

1942 nahm Marianne Timm – zusammen mit anderen Vikarinnen, wie Anna Paulsen (1893–

1981), Frieda Schindelin (geb. 1895) und Aenne Schümer (1904–1992) – an der 3. Sitzung des Vikarinnenausschusses der Bekennenden Kirche in der Altpreußischen Union teil und war Mitglied der Kleinen Kommission (»Kommission von Halle«) dieses Gremiums. Gemeinsam mit Pastor Hermann Diem (1900–1975) setzte sie sich dort dafür ein, daß Frauen nicht nur in Zeiten eines Notstandes predigen dürften. Sie äußerte sich, so Christiane Drape-Müller, fast belustigt darüber, daß eine Frau erst einen Gottesdienst halten solle, wenn überhaupt kein Mann mehr da sei, »der noch eine Predigt irgendwie vorlesen kann«.
Der Studentenpastor von 1945 bis 1949, Horst Bannach (1912–1980), urteilte über ihre Arbeit: »Vikarin Timm hat seit langer Zeit die evangelischen Studentinnen in Hamburg betreut. Ihrer Arbeit ist es zu danken, daß die hiesige Studentengemeinde auch in schwerster Zeit zusammenblieb. Ihre rasche Initiative brachte die gesamtkirchliche Studentenarbeit bald nach dem Zusammenbruch wieder in Gang. Ihre Erfahrungen, ihre Kenntnis der Hamburger Verhältnisse und ihre Verbindungen zu den studentischen Gruppen sind mir bei meiner Arbeit eine unentbehrliche Hilfe«. Doch Marianne Timms Wirken wurde in der Hamburger Kirchenleitung nicht nur geschätzt: 1946 untersagte ihr diese ihre überregionale Reisetätigkeit und das Abhalten von Andachten und Bibelstunden, die ihr während des Zweiten Weltkriegs noch zugestanden worden waren. Jetzt aber wurden diese allein dem Studentenpastor übertragen, Marianne Timm sollte sich nur noch um die sozialen Belange der Studierenden kümmern. So organisierte sie einen Mittagstisch im Hauptgebäude der Universität und sorgte sich um Kleidung und Unterkunft. Doch ihre theologische Kompetenz, ihr Amtsverständnis und ihre starke Persönlichkeit kollidierten mit den Vorstellungen ihrer Vorgesetzten. 1948 bat sie um ihre Versetzung und im folgenden Jahr wechselte sie an die Evangelische Akademie Hamburg, wo sie für Religionspädagogik zuständig war; später übte sie diese Funktion am neugeschaffenen Katechetischen Amt aus. Der Kontakt zu jungen Menschen blieb aber bestehen: Weiterhin nahm sie zahlreiche Studierende, vor allem aus dem Ausland, in ihrem Haus auf. In der Evangelisch-lutherischen Kirche im Hamburgischen Staate war sie Vertrauensvikarin und kümmerte sich um die anderen Theologinnen und deren Belange. Von 1955 bis 1967 war sie Schriftleiterin des Rundbriefes des Konventes evangelischer Theologinnen in Deutschland (»Die Theologin«) und ab 1966 als Geschäftsführerin Mitglied des Vorstandes.
Am 1. Juli 1953 erfolgte Marianne Timms Ordination durch Bischof Simon Schöffel (1880–1959). Anstelle der sonst üblichen Einsegnung wurde sie zusammen mit Annemarie Buhr (geb. 1919), Irmgard Grell (geb. 1925) und Anneliese Sudhoff (1909–1984) auf der Grundlage des Ordinationsformulars der alten Hamburger Agende für Pastoren ordiniert und erhielt das Recht der Wortverkündigung und der Sakramentsverwaltung, das Frauen vorher nur in wenigen Ausnahmefällen für ein eng begrenztes Arbeitsgebiet verliehen worden war. Dies blieb aber ein Sonderfall, dessen Rechtmäßigkeit später bezweifelt wurde. Ordiniert wurden Frauen erst, nachdem 1969 in der Hamburger Landeskirche ein Pastorinnengesetz verabschiedet worden war, durch das auch Marianne Timm zur Pastorin ernannt wurde. 1970 wurde sie als erste Theologin in den Kirchenrat gewählt, zugleich gehörte sie der Synode an.
Schwerpunkt ihrer Tätigkeit in Hamburg war der Religionsunterricht. Sie gab zahlreiche Bücher und Sammlungen für den Unterricht in diesem Fach heraus und wirkte in der religionspädagogischen Lehreraus- und fortbildung. Im »Arbeitsausschuß für Kirchliche Unterweisung« diskutierte sie seit 1948 mit Lehrerinnen und Lehrern aller Schulgattungen Fragen des Religionsunterrichts. Unter ihrer Leitung wurden mehrere hundert Lehrkräfte in zweijährigen Abendkursen und anderen religionspädagogischen Arbeitsgemeinschaften für den Unterricht vorbereitet. Dabei war sie in der Lage, die Inhalte sehr engagiert zu vermitteln und komplizierte Zusammen-

hänge zu konkretisieren. Der Rat der Evangelischen Kirche in Deutschland berief sie als einzige Frau zum Mitglied des »Ausschusses für Bild und Film im Religionsunterricht der Evangelischen Kirche in Deutschland« und ernannte sie zugleich zu dessen Geschäftsführerin. Dort wurde eine Fülle von Bildmaterial für Unterrichtszwecke herausgegeben. Marianne Timm fotografierte sehr viel und erstellte selbst zahlreiche Bildserien zur christlichen Kunst.

Seit den fünfziger Jahren begleitete Marianne Timm Lehrergruppen auf insgesamt neun Studienreisen ins Heilige Land und engagierte sich seit 1960 zudem im christlich-jüdischen Dialog. Der Kontakt zu Israel, insbesondere der zu ihren dort lebenden ehemaligen Mitschülerinnen, war ihr ein wichtiges Anliegen und prägte ihr Leben über ihren Eintritt in den »Ruhestand« 1979 hinaus. Sie unterstützte das Kinderheim Neve Hanna und warb weitere Förderer in Hamburg, die den Kontakt bis heute gehalten haben.

Marianne Timm wirkte »gemeindebildend« und zog mit ihrem Engagement viele in ihren Bann. Dennoch war sie im Umgang nicht immer einfach und konnte sehr autoritär werden. Sie war vielen Männern in der Kirche mit ihren Kenntnissen und ihrem Durchsetzungsvermögen weit überlegen, was zu zahlreichen Auseinandersetzungen führte. Gleichzeitig konnte sie aufgrund ihrer starken Persönlichkeit den Mut und die Tatkraft aufbringen, die nötig waren, um sich über alle Grenzen hinweg für Menschen und Menschlichkeit einzusetzen.

Rainer Hering

Timm, Marianne: Die biblische Aussage über den Dienst der Frau in der Verkündigung, in: Die Theologin im Dienst der evangelischen Kirche. Ein Gutachten des Konvents evangelischer Theologinnen Deutschlands (Die Theologin. Rundbrief des Konventes evangelischer Theologinnen in Deutschland Sondernummer März 1963), Hamburg 1963, S. 9-20.

50 Jahre Evangelische Studentengemeinde. 1938–1988. Versuch einer Spurensicherung, Hamburg 1989.

Hering, Rainer: Frauen auf der Kanzel? Die Auseinandersetzung um Frauenordination und Gleichberechtigung der Theologinnen in der Hamburger Landeskirche, in: Zeitschrift des Vereins für Hamburgische Geschichte 79 1993, S. 163-209.

Ders.: Timm, Marianne, in: Biographisch-Bibliographisches Kirchenlexikon. Begründet und hg. v. Friedrich Wilhelm Bautz; fortgeführt von Traugott Bautz, Bd. XII., Herzberg 1996.

Arbeitsausschuß
für kirchliche Unterweisung
Vikarin M. Timm

HAMBURG-FU., den
Nußkamp 12
Fernsprecher: 595391 18.Juli 1958

Sehr verehrter, lieber Herr Professor !

Es ist ein etwas ungewöhnliches Anliegen, das ich Ihnen heute vorlegen möchte. Eine der Hamburger Theologinnen, deren Vertrauensvikarin ich ja bin, ist in eine so schwierige und zugleich bedrückende Situation hineingeraten, daß man ihr m.E. nicht zumuten dürfte, ihren Dienst weiter in einer der norddeutschen Landeskirchen zu tun. Ich möchte Ihnen den Fall möglichst kurz darlegen und Sie herzlich bitten, mir zu raten, an wen man sich weiter damit wenden könnte, d.h. welche Kirche eventuell in der Lage wäre, dieser unhaltbaren Lage durch die Übernahme dieser Theologin in ihren Dienst so rasch wie möglich ein Ende zu machen.

Sie wissen, daß die Lübecker Kirche seit einiger Zeit vorhatte, ein neues Theologinnengesetz zu schaffen, das für eine VELKD-Kirche außergewöhnlich war. Der gute Wille war offensichtlich stärker als die Möglichkeit zur Durchführung: von der lutherischen Bischofskonferenz, insbesondere den Bischöfen Lilje und Herntrich, ist Bischof Meyer so zugesetzt worden, daß er sich genötigt sah, die wesentlichsten Punkte aus dem eigentlichen Gesetz zu streichen, um sie den einzelnen zu berufenden Theologinnen in die Dienstanweisung zu setzen.

Bei dem ersten Theologinnenamt, das für Lübeck vorgesehen war, dachte man an die Leitung der Landeskirchlichen Frauenarbeit in Verbindung mit einer eigenen kleinen Stadtgemeinde (die Innenstadt Lübecks ist ja nicht sehr dicht besiedelt). Die alte, kleine Katharinenkirche sollte selbständige Gemeinde werden, der neuen "Pfarrerin" sollte das volle Pfarramt einschließlich Leitung des Kirchenvorstandes übertragen werden.

Marianne Timm: Dokumente zur Weiterentwicklung der Vikarinnengesetze in den letzten Jahren (Ausschnitt)

Die Theologin

Rundbrief des Konventes evangelischer Vikarinnen in Deutschland

18. Jahrgang — Heft 4 — 1958

Dokumente zur Weiterentwicklung der Vikarinnengesetze in den letzten Jahren.

Zusammengestellt von Marianne Timm.

Die Nachkriegszeit hat zunächst für die Vikarinnen manche Veränderungen ihrer Arbeitsgebiete mit sich gebracht. Im Bereich der westdeutschen Landeskirchen wurde manche Vikarin aus ihrer Arbeit im Gemeinde-Pfarramt durch die zurückkehrenden Pfarrer abgelöst. Diese Vikarinnen wurden vorwiegend eingesetzt in den Arbeitsgebieten der sog. „übergemeindlichen" kirchlichen Ämter. Die Kirchen sahen, daß über die Arbeit in den Parochialgemeinden hinaus der Einsatz in einer ganzen Reihe von missionarischen Arbeitsgebieten erheblich verstärkt oder neu eingerichtet werden mußte. Jede westdeutsche Landeskirche hat heute eine wesentlich höhere Zahl von Geistlichen in diesen „übergemeindlichen" Ämtern als früher der Fall war. Ein großer Teil der westdeutschen Vikarinnen ist daher zur Zeit in diesen Ämtern eingesetzt.

In der DDR war diese Entwicklung infolge des großen Pfarrermangels nicht möglich. Die Vikarinnen stehen auch hier fast ausschließlich in den Arbeiten, in denen der stärkste Kräftemangel besteht: im Pfarramt oder in der Katechetenausbildung.

Diese Entwicklung zieht allmählich gewisse gesetzliche Regelungen nach sich. In einigen Landeskirchen entsprechen die Gesetze bereits dem tatsächlichen Stand des Amtes und des Arbeitsbereiches der Vikarin.

Im Juni 1951 wurde von der VELKD ein Vikarinnenausschuß eingesetzt. Dieser Ausschuß sollte unter Leitung von Vizepräsident Zimmermann Vorschläge für die Regelung des Dienstverhältnisses der Theologinnen innerhalb der VELKD erarbeiten. Als einzige Theologin gehörte diesem Ausschuß Frau Dr. Haseloff an.

in: Die Theologin. Rundbrief des Konventes evangelischer Vikarinnen in Deutschland, 18. Jg. Heft 4 1958 (AKET)

Maria Weigle
1893 – 1979

Maria Weigle

*»Fragt nur ruhig alles,
die Bibel hält es aus und Gott auch.«*

Am 9. April 1958, kurz nach dem 65. Geburtstag von Maria Weigle, versammelten sich ihre ehemaligen Schülerinnen aus dem Gemeindehelferinnenseminar in Stein bei Nürnberg zu einem »Wiederholungskurs«. Maria Weigle wunderte sich sehr, als sie von ihrer Freundin Dr. Antonie Nopitsch, der Gründerin des Bayerischen Mütterdienstes in Stein, bedrängt wurde, doch ein möglichst grundlegendes Referat über die Methode der Bibelarbeit zu halten und noch einmal zum Friseur zu gehen. Noch mehr wunderte sie sich, als sich nach ihrem Vortrag über »Was bedeutet uns die Bibelarbeit?« Prof. Ernst Kinder von der Universität Münster im vollen Professorenornat erhob und ihr die Ehrendoktorwürde der Universität Münster verlieh. Damit, so Magdalene Trillhaas in ihrem Nachruf auf Maria Weigle, wurde das Lebenswerk einer Frau geehrt, die über manche Klippen hinweg unbeirrt ihren Weg gegangen und für viele Frauen »Lehrerin der Heiligen Schrift« und geistliche Mutter geworden war.
Maria Weigle wurde am 15. Februar 1893 in Gruiten im Rheinland geboren. Ihr Vater, Pfarrer Wilhelm Weigle, war ein Pionier der Jugendarbeit in Essen. Er gab seiner Tochter entscheidende Dinge mit auf den Weg: eine intensive Jesusfrömmigkeit und einen wahrnehmenden, liebevollen Blick für die Menschen, denen er etwas weitergeben wollte. Mit 14 Jahren erkrankte sie schwer an Scharlach, der auch ihre Augen angriff; sie verließ die Schule und arbeitete mehrere Jahre im Haushalt der Eltern. 1916, als 23jährige, beschloß sie, ihr Abitur nachzuholen und zu studieren. Von 1919 bis 1924 studierte sie evangelische Theologie, anfangs auch Deutsch und Geschichte, in Bonn, Tübingen und Berlin. Besonders prägend war für sie die Begegnung mit Adolf Schlatter in Tübingen. Seine Art, die Bibel auszulegen, wurde ihr zum Vorbild. Parallel ließ sie sich in Köln pädagogisch ausbilden und legte 1923 das Lehrerinnenexamen für Mittelschulen und Lyzeen ab.
Nach ihrer Ersten Theologischen Prüfung in Bonn 1924 unterrichtete sie als Lehrerin an einer Mädchenmittelschule in Opladen im Rheinland, da sie als Frau keinerlei Aussicht auf eine Arbeitsstelle im kirchlichen Bereich hatte. Ab 1926 arbeitete sie – zuerst ehrenamtlich, ab 1928 fest angestellt – als theologische Mitarbeiterin beim Reichsverband der Evangelischen Frauenhilfe in Potsdam. Anfangs war sie dort für die Herausgabe von zwei Zeitschriften verantwortlich, doch bald entdeckte sie, so Magdalene Trillhaas, ihre Leidenschaft: die Bibelarbeit mit Frauen, das »Lesen der Heiligen Schrift lernen und lehren«. 1929 legte sie die Zweite Theologische Prüfung vor dem Konsistorium der Rheinprovinz in Koblenz ab und wurde im Jahr darauf in Potsdam als Vikarin eingesegnet. Aus der Schulung für Leiterinnen von Frauenkreisen entwickelte sie ab 1933 methodische Ausbildungslehrgänge für Bibelarbeit, aus denen 1936 die »Bibelschule der Evangelischen Reichsfrauenhilfe« in Potsdam erwuchs, deren Leitung ihr übertragen wurde. In der Broschüre der Bibelschule schreibt sie, diese soll dazu helfen, »daß die Heilige Schrift Alten und Neuen Testaments wieder Lebensbuch im Werktag der Gemeinde und ihrer Familien wer-

de«, und bot dafür halbjährige Kurse für Hauptamtliche aus der Frauenarbeit an.
1938 veröffentlichte Maria Weigle zwei Bücher über ihre Methode. Darin beschreibt sie wie eine Bibelarbeit vor sich gehen sollte: »Der Text wird vorgelesen, die Teilnehmerinnen an der Bibelarbeit lesen ihn ganz in der Stille noch einmal für sich durch und merken sich dabei, was sie nicht verstehen und was sie zum Verständnis des Textes fragen müssen, die Leiterin läßt sich diese Fragen sagen, ergänzt sie und beginnt dann ein Gespräch, indem die Fragen in gemeinsamer Arbeit aus dem Text selbst und aus dem Ganzen der Schrift heraus beantwortet werden.«
Das Besondere an dieser Bibelarbeit war nicht die dahinterstehende Theologie, sondern das Ernstnehmen der Fragen und damit der Fragenden. Im Unterschied zu den Bibelstunden in den Gemeinden, wo Pfarrer meist in langen Monologen Texte auslegten, ermutigte Maria Weigle im Gespräch die Frauen, ihre Fragen zu stellen und dabei auch ihren Lebenskontext mit in den Blick zu nehmen. So war ihre Methode Teil des Inhaltes, den sie vermitteln wollte: es lohnt sich, Gott zu fragen, denn er antwortet. Von den Leiterinnen der Bibelarbeit verlangte sie zweierlei: daß sie das auszulegende Wort selbst verstanden und daß sie einen Blick für die Lage der Menschen entwickelt hätten, mit denen sie es auslegen wollten. Gelungen war die Bibelarbeit, wenn die Frauen sagten: »Das ist ja für uns geschrieben.«
Neben ihrer Tätigkeit als Lehrerin an der Bibelschule war Maria Weigle auch Referentin im Reisedienst und hielt in ganz Deutschland Bibelarbeiten. Außerdem war sie von 1939 bis 1951 Vorsitzende des Verbandes Evangelischer Theologinnen Deutschlands. Dort wuchs ihr als einer der ersten und ältesten Theologinnen »ein mütterliches geistliches Amt der Betreuung und Seelsorge« an den deutschen Theologinnen zu, wie Christine Bourbeck 1953 schreibt.
1945, als Potsdam in Schutt und Asche fiel, lud Antonie Nopitsch Maria Weigle ein, nach Bayern zu kommen. Kennengelernt hatten die beiden sich durch eine Bibelarbeit, die Maria Weigle 1936 auf der ersten Tagung für Helferinnen des Bayerischen Mütterdienstes hielt. Obwohl die »Bayerin« und die »preußische Vikarin« anfangs große Vorbehalte gegeneinander hatten, verband die beiden schnell eine Freundschaft, die ihr Leben lang halten sollte. Maria Weigle kam im Frühjahr 1945 in einem Erholungsheim des Mütterdienstes in Sulzbürg unter und stieß dort auf zwei junge, theologisch interessierte Frauen. Sofort begann sie, die beiden zu unterrichten und legte so das Fundament für eine neue Bibelschule. Diese Schule, »Gemeindehelferinnen-Seminar« genannt, wurde 1946 offiziell aus der Taufe gehoben und nahm ihre Arbeit unter der Leitung von Maria Weigle zuerst in Mittelberg im Allgäu und dann in Stein bei Nürnberg auf dem Gelände des Mütterdienstes auf.
Da theologisch interessierte Frauen damals nicht zum Theologiestudium ermutigt wurden, wandten sich viele junge Frauen diesem neu geschaffenen kirchlichen Beruf zu. Generationen von kirchlich engagierten und erfolgreichen Frauen sind durch diese Schule gegangen. 1970 als die kirchliche Situation sich gewandelt hatte, mußte die Schule aus Mangel an Bewerberinnen geschlossen werden – ein schwerer Schlag für die pensionierte Maria Weigle.
Bis zu ihrer Pensionierung im Jahr 1961 herrschte Maria Weigle als strenge, aber auch liebevolle Matriarchin über ihre Schülerinnen, die sie als »ihre lieben Kinder« titulierte, auch wenn sie längst verheiratet waren und eigene Kinder hatten. Sie teilte ihr Leben mit ihren Schülerinnen und wohnte – wie viele Mitarbeiterinnen des Mütterdienstes – auf dem Gelände in Stein. Magdalene Trillhaas, ihre Nachfolgerin am Gemeindehelferinnenseminar, beschreibt sie als »groß und stattlich, mit sehr starken Brillengläsern, ehrfurchtgebietend und zugleich überaus freundlich«. Sie rauchte Pfeife, trug ihre Haare zeitlebens im Knoten und hatte einen Pudel. Der Bayerische Mütterdienst und besonders die Bibelschule waren ihre Familie; darum blieb sie auch im Ruhestand in Stein. Am 28. Juni 1979 starb Maria Weigle.

Die starke Konzentration auf die Bibel und ihre Auslegung war bei Maria Weigle nicht primär kirchenpolitisch, sondern religiös motiviert. Sie trat nie als große Kämpferin für die Rechte der Frau in Kirche und Gesellschaft in Erscheinung; doch ist sie nicht ohne Einfluß gewesen: Durch ihre Methodik der Bibelarbeit leitete sie in der Zeit des Nationalsozialismus viele Frauen dazu an, mündig zu werden, eigenständig zu denken und die nationalsozialistische Ideologie kritisch zu hinterfragen. Ihren Schülerinnen eröffnete sie einen neuen Blick auf die Rolle der Frauen in der Bibel und vermittelte ihnen, daß Jesus sie von allen Beschränkungen befreit hatte. Den Schritt in die politische Umsetzung überließ sie dann anderen.
In der Frage der Frauenordination vertrat Maria Weigle die Schaffung eines eigenen geistlichen Amtes für die Frau und nicht die gleichberechtigte Teilhabe der Frauen am traditionellen geistlichen Amt. Sie selbst verzichtete 1947 bei ihrer Aufnahme in die bayerische Landeskirche auf die weitergehenden geistlichen Rechte, die sie in Potsdam genossen hatte, und weigerte sich auch später auf Tagungen des Theologinnenkonventes, das Abendmahl einzusetzen. Ihre Kollegin Christine Bourbeck schreibt 1953 dazu: »Du hast es bei unseren Zusammenkünften gelehrt und hast es in Deinem eigenen Tun bewiesen, daß es zuerst um den Dienst und nicht um den Rang geht.«
Maria Weigle war eine fromme Frau, durchdrungen von der Aufgabe, sich und anderen die Bibel zu öffnen, darin einseitig, beharrlich und leidenschaftlich. Sie selbst sagte über ihr Leben ein Jahr vor ihrem Tod: »Daß ich durch die mancherlei Fragen und besonderen Nöte der zwanziger und dreißiger Jahre dazu genötigt wurde, biblische Texte in den verschiedensten Kreisen von Frauen zu erarbeiten und zu besprechen, ist der Reichtum und das große Geschenk meines Lebens geworden. Nie kann ich dafür dankbar genug sein. In der Arbeit hat es sich bewahrheitet, daß *wir* nur das Wort, so gut und sorgfältig wir es können, weiterzusagen haben und daß Gott dann das Entscheidende dazu tut, sein Wort lebendig und wirksam werden läßt. ... Ich habe den unerschöpflichen Reichtum des biblischen Wortes erfahren und kann nur wünschen und bitten, daß die Gabe weitergeht und immer neu ihre Fülle öffnet.«

Beate Hofmann-Strauch

Weigle, Maria: Bibelarbeit. Methodische Anleitung zur Besprechung von Bibeltexten mit Frauen
1. Heft: Methodik der Bibelarbeit mit Frauen, Potsdam 1938.
2. Heft: Jesus und die Frauen (Praktische Beispiele), Potsdam 1938.
Dies.: Nold, Liselotte: Gottbüchlein für die Mutter, 1. Folge: »Die Kindheit des Herrn«, Nürnberg 1947.
Dies.: Jesus und Petrus. 12 Bibelarbeiten zum Leben des Apostels Petrus, Nürnberg 1949.
Dies.: Die Methodik der Bibelarbeit, in: Am Leben lernen. Ein Handbuch für Frauenarbeit, hg. v. Liselotte Nold, Nürnberg 1959, S. 117-154.
Dies.: Bibelarbeit mit Frauen. Methode und Auslegungen sowie ein Beitrag zum Thema »Machen Frauen eine andere Theologie als Männer?«, hg. v. Ilse Ückert, Gelnhausen/Berlin/Stein 1979.

Die Theologin

13. Jahrgang Heft 1 März 1943

Zur Methodik der kirchlichen Arbeit mit Erwachsenen.

Vikarin Maria Weigle, Potsdam.

Das Geheimnis jeder Methodik ist, daß einerseits der zu vermittelnde Stoff, andrerseits die Menschen, denen er zugänglich gemacht werden soll, ganz ernst genommen werden. In der kirchlichen Arbeit erliegen wir — zumal heute — am ehesten der Gefahr, diejenigen, mit denen wir arbeiten sollen und wollen, nicht in der ganzen Wirklichkeit ihrer Existenz zu sehen und zu erfassen. Reden wir also von der Methodik der Erwachsenenarbeit, so müssen wir zuerst nach der Lebenswirklichkeit der Erwachsenen fragen. Was dazu gesagt werden soll, erscheint sehr selbstverständlich, muß aber doch immer wieder bedacht werden, — nicht nur grundsätzlich und theoretisch, sondern ganz praktisch, in Bezug auf die uns jeweils obliegende Aufgabe.

Eine nüchterne Betrachtung der Lebenswirklichkeit ergibt aber noch ein Weiteres. Freilich, wir haben es mit Erwachsenen zu tun, aber doch nicht mit Menschen, die fertig wären. Wohl sind sie ausgestattet mit einer bestimmten Sicht vom Leben und von den Menschen, aber da gibt es so viele Lücken und Widersprüche und Sinnlosigkeiten und die Sicherheit ihrer Lebensführung ist oft nur ein Schein. Sie sind zum Glauben gerufen; aber ihr Wissen darum ist, wenn überhaupt vorhanden, meist unsagbar dürftig. Manchesmal zwar kann man nur staunen, wie aus so geringem bewußten Besitz des Evangeliums, der noch dazu in fast entleerten, formelhaften Begriffen in Erscheinung tritt, so viel wirkliches Leben mit Gott entspringt; meist aber steht man vor einer unbeschreiblichen inneren Armut, die sich in erschreckender Weise auf das Leben überträgt. Was die reine Kenntnis religiösen Gutes angeht, so ist allermeist nicht einmal mehr das, was der Konfirmand besaß, vorhanden, das Gewußte aber ist ohne lebendigen Inhalt und steht unverbunden neben dem sonstigen Leben.

in: Die Theologin, 13. Jg. Heft 1, März 1943 (AKET)

Die Evangelisch-Theologische Fakultät der Westfälischen Wilhelms-Universität verleiht unter dem Rektorate des ordentlichen Professors der Anorganischen Chemie Dr. Dr. h.c. Wilhelm Klemm durch ihren Dekan, den ordentlichen Professor der Systematischen Theologie, Dr. Ernst Kinder,

Frau Vikarin Maria Weigle

in Stein bei Nürnberg,

die in jahrzehntelangem Wirken in Wort und Schrift eine eigene Bibelarbeit der evangelischen Frauen methodisch begründet und gefördert, die so die Aufgabe der Frau in der Kirche an einem wesentlichen Punkte recht erkannt, fruchtbar ausgeübt und als Leiterin des Gemeindehelferinnen-Seminars in Stein mit großem Segen gelehrt und die damit einen wichtigen Beitrag zur Umsetzung theologischer Arbeit in das geistliche Leben der Kirche gegeben hat, die Würde eines

Doktors der Theologie ehrenhalber

Münster (Westf.), den 21. Februar 1958

Der Dekan der Fakultät

Dr. Ernst Kinder

Archiv des bayrischen Mütterdienstes, Stein

Maria Weller
1893 – 1976

Maria Weller

»... der Pionierweg war doch hart und lang.«
(1928)

Maria Weller, die erste Vikarin in Westfalen, hat sich während ihrer ganzen Berufstätigkeit auf einer Gratwanderung zwischen berechtigten Forderungen und unvermeidlicher Demut bewegt, wobei ihr das letztere weniger lag! Von ihrer Veranlagung her war sie eine Kämpfernatur und hat diese zum Leidwesen anderer nie ganz ablegen können.
Für sie war das Berufsziel klar: Sie wollte eine Gemeinde übernehmen. Als Pfarrerstochter hatte sie diese Arbeit lieben gelernt. Sie scheute sich nicht, ihren Berufswunsch offen auszusprechen. Das erschreckte in der früheren Zeit nicht nur die vorgesetzten Behörden, sondern auch manche Kollegin. Trotzdem hat sie diesen Wunsch nie aufgegeben. 1950 bat sie das Landeskirchenamt offiziell, eine Gemeinde übernehmen zu dürfen. Aber sie bekam trotz wiederholter Anfragen nicht einmal eine Antwort. Der Gedanke, daß eine Frau eine Gemeinde leiten würde, war damals offenbar so abwegig, daß sich eine Antwort erübrigte.
Maria Weller stand als erste Vikarin in Westfalen einer Wand von Vorurteilen gegenüber, so daß ihr Berufsweg zu einem Pionierweg wurde. Sie selbst beschrieb ihre ständigen Zurücksetzungen an ihrem 80. Geburtstag mit dem Satz: »Gott hat mich treulich gedemütigt.« Sie ist ihren Weg, der für sie nie die in ihn gesetzte Hoffnung erfüllte, nur deshalb froh und dankbar gegangen, weil sie ihn als einen von Gott auferlegten akzeptierte und weil sie ihre Arbeit über alles liebte.
Um aber überhaupt bis zu diesem Beruf zu gelangen, mußte sie viele Umwege gehen, denn für Frauen war zu dieser Zeit solch eine Ausbildung noch nicht gesetzlich geregelt.
Auch ihre Schulbildung entsprach nicht der Voraussetzung für ein Studium. Sie hatte 1914 auf dem Oberlyzeum die Lehrbefähigung erlangt, konnte damit aber nicht studieren.
So begann sie 1914 ihre Lehrtätigkeit, zunächst an einer Mittelschule in Frankfurt/Main, ab 1915 als Privatlehrerin in verschiedenen Familien im Osten Deutschlands. Diese Zeit nutzte sie, um an humanistischen Kursen für Nachabiturienten teilzunehmen. Sie legte 1919 die Ersatzprüfung in Latein und Griechisch ab.
Zum Erstaunen der Eltern begann sie danach nicht mit dem Studium der Philologie, sondern der Theologie. Nach ihrer Überzeugung war bis zum Ende ihres Studiums die rechtliche Lage geregelt. Doch da hatte sie sich gründlich getäuscht: Ihr Erstes Theologisches Examen konnte sie 1925 noch nicht vor einem kirchlichen Prüfungsausschuß ablegen, sondern sie mußte sich zu einem Fakultätsexamen an der Universität in Münster melden. Auch eine Lehrvikariatsstelle gab es für sie in Westfalen nicht. Die Evangelische Pastorale Hilfsgesellschaft der Rheinprovinz half ihr, daß sie von Pfarrer Pathe in Elberfeld ins Lehrvikariat übernommen wurde. Er war als einziger dazu bereit. In der Pfarrerschaft, so berichtete sie, erfuhr sie viel Widerstand. Wie aussichtslos für sie eine Anstellung in diesem Beruf war, merkte sie, als das Konsistorium in Münster sie nach acht Monaten Lehrvikariat bat, die stellvertretende Leitung der Bibelschule in Witten zu übernehmen. Da auch Maria Weller in dieser Zeit wenig Hoffnung hatte, ihr Zweites Theologi-

sches Examen ablegen zu können, stimmte sie zu und brach ihr Lehrvikariat ab.
Als 1927 eine gesetzliche Regelung für den Vikarinnenberuf in Aussicht stand, bat sie um die Zulassung zum Zweiten Theologischem Examen. Damit begann ein Papierkrieg zwischen Maria Weller und den kirchlichen Behörden. Immer wieder wurde sie vertröstet, auf weitere gesetzliche Bestimmungen zu warten. Als diese dann 1928 vollständig vorlagen, stellte der Evangelische Oberkirchenrat in Berlin fest, daß Maria Wellers Vikariatszeit nicht dem Vikarinnengesetz entsprach. Ihr fehlten vier Monate Gemeindevikariat und zweieinhalb Monate Arbeit in einer sozialen Anstalt. Ihre mehrjährige Lehrtätigkeit wurde nicht berücksichtigt und der Abbruch des Lehrvikariats, der ja auf Bitten des Konsistoriums erfolgt war, nicht honoriert. Sie mußte noch einmal für vier Monate in eine Gemeinde und bekam für zweieinhalb Monate die gewünschte Stelle zur Ausübung »christlicher Liebestätigkeit« in den »Krüppelanstalten« in Volmarstein. Dazu schrieb dann allerdings der enttäuschte Anstaltspfarrer an das Konsistorium: »Fräulein Weller ist ja zwar nicht das, was wir dringend nötig haben und hoffentlich auch bald bekommen, nämlich einen männlichen Hilfsprediger. Wir wollen aber gleichwohl damit einverstanden sein, sie für zweieinhalb Monate in unsere Anstalten aufzunehmen.«
Am 10. Juli 1929 durfte sie dann endlich ihr Zweites Theologisches Examen ablegen, vier Jahre nach dem Ersten Theologischen Examen. Erstaunlich unkompliziert gestaltete sich durch die Vermittlung des Konsistoriums in Münster ihre Anstellung als »Vikarin für Krankenhausseelsorge und andere gemeindliche Zwecke« in Dortmund bei den drei Altstadtgemeinden St. Reinoldi, St. Petri-Nicolai und St. Marien. Sie wurde dort am 1. Januar 1930 von dem Superintendenten und den Gemeinden sehr herzlich empfangen.
Trotzdem zeigte sich auch hier, daß in der Handhabung dieses neuen Frauenberufes noch vieles unklar und für die Vikarinnen demütigend war. So stellte man ihr den Superintendenten als Koordinator ihrer Arbeit zur Seite. Die Presbyterien wollten sie dadurch vor einem Übermaß an Arbeit schützen, da ihr Dienstvertrag sie zum »Mädchen für alles« machte. Aber Maria Weller fühlte sich mehr beaufsichtigt als beschützt.
Sie sehnte sich nach verantwortlicher selbständiger Arbeit. Das sagte sie auch Adolf Schlatter, den sie aus ihrer Studienzeit in Tübingen kannte. Dieser sah in ihrer Arbeit aber hoffnungsvolle Ansätze und meinte, sie solle sich nicht »Gelegenheitsarbeiter« nennen, sondern lieber »Feuerwehr in Alarmbereitschaft«. Sie solle auch nicht um die vollen Amtsbefugnisse kämpfen, sondern »still und treu arbeiten«.
Maria Weller hat ihre isolierte Stellung als Frau in diesem Beruf sehr stark empfunden. Darum war ihr der Verband evangelischer Theologinnen Deutschlands ein großer Halt. Als sie 1934 in dessen Auftrag die Landesgruppe Westfalen gründete, schuf sie einen Ort, der für die westfälischen Theologinnen Heimat wurde und Anlaufstelle für die vielen Probleme in dem neuen Beruf.
Unter der Leitung Maria Wellers trat die Landesgruppe Westfalen im Kirchenkampf des Dritten Reiches 1936 geschlossen der Bekennenden Kirche bei. Doch auch hier blieben die Theologinnen in der Isolation, denn sie wurden nicht der westfälischen Pfarrerbruderschaft zugeordnet, sondern der Bruderschaft westfälischer Hilfsprediger und Vikare. Nur schwer hat Maria Weller die Demütigung nach dem Krieg verkraftet, als die Vikarinnen nach einem z.T. vollständigen Einsatz in den Gemeinden während des Krieges wieder ins zweite Glied zurückgestellt wurden. Alle in der Not gemachten Zugeständnisse an die Vikarinnen waren wieder zurückgenommen worden.
Müde von soviel vergeblicher Mühe, wie sie sagte, legte sie 1947 die Leitung der Landesgruppe Westfalen nieder.

Als Maria Weller 1955 in den Ruhestand ging, durften Frauen immer noch kein Pfarramt übernehmen. Sie trugen weiterhin den Titel Vikarin. Weitere zwanzig Jahre wirkte sie im Ruhestand sehr aktiv in den Dortmunder Gemeinden. Während dieser Zeit vollzog sich endlich das, was sie sich immer gewünscht hatte: Die Gesetze von 1964 und 1974 ermöglichten den Vikarinnen in Westfalen, daß sie eine Gemeinde übernehmen durften. Sie erhielten den Titel Pastorin bzw. Pfarrerin und wurden den männlichen Amtsinhabern gleichgestellt.
So erlebte sie es noch, daß ihr steiniger Pionierweg nicht umsonst gewesen war, wenn sie auch selbst die Früchte dieses Weges nicht mehr für sich ernten konnte.

Erika Kreutler

Weller, Maria: Arbeitsbericht aus Dortmund in Westfalen, in: Mitteilungen des Verbandes evangelischer Theologinnen Deutschlands, Nr. 6 1930, S. 1-4.

Dies.: Abendandacht über Jesaja 40,6-8, in: Mitteilungen des Verbandes evangelischer Theologinnen Deutschlands, 1. Jg. 1931, S. 1-3.

Westfalen: Theologinnentreffen am 14. und 15. März 1936 auf dem Lutherhof in Dortmund-Barop, in: Mitteilungen des Verbandes evangelischer Theologinnen Deutschlands, Jg. 6 1930, Heft 2.

Maria Weller: Rundbrief an alle westfälischen Theologinnen vom 26.10.1936 (Ausschnitt)

Rundbrief an alle westfälischen Theologinnen.

Dortmund, den 26. 10. 36.
z. Zt. Kreuzstr. 109 bei Jaspert.

Meine lieben Schwestern,

Nach langem Schweigen kommt endlich einmal wieder ein Rundbrief, der erste seit unserm Märzentreffen auf dem Lutherhof. Als erstes will er Sie bitten, am 21. und 22. November an einem Wochenendtreffen in Münster teilzunehmen. Oberin Dorothea Petersmann hat uns eingeladen, im Diakonissenhaus zu wohnen und zu tagen. Der Preis beträgt von Samstag 3 Uhr bis Montagmorgen 2.50 Mk. Bettwäsche brauchen wir nicht mitzubringen. Das genaue Programm geht Ihnen auf Anmeldung hin zu. Das Gesamtthema ist die Mutterhausfrage der Diakonie, die Fliedner von Anfang an, Löhe erst nach Umwegen bejahte. Schwester Dorothea wird darüber referieren, ~~ob~~ aber auch das Zusammenleben im Diakonissenhaus, der ~~Anstalt~~ Austausch mit Lehr- und Pflegeschwestern, die Aussprache, zu der wir auch Vertreter anderer Mütterhäuser bitten werden, der von uns zu haltende Gottesdienst usw. 2) uns helfen 1) sollen, in ein lebendiges Gespräch zu kommen über die Frau im Amt der Kirche. Man hat mir gesagt, daß die Kirche die Frau nur als Diakonisse einordnen könne. ~~Sie~~ Ich habe erwidert, daß wir zwar das Vikarinnenamt, dessen klare Schaffung wir begehren, als Diakonie auffassen, aber daß nur einzelne den Ruf, Diakonisse zu werden, hören und ihm folgen. Darüber wird uns Schwester Dore Schellenberg - Bethel wohl einiges zu sagen haben.

Ihre Maria Weller.

LKA Düsseldorf, Bestand: Nachlaß Aenne Kaufmann 21

gewesen. Ich gab zum Schluß einen kurzen Einblick in die Mühsal des Ausmarschierens und bekannte, daß Gott mich in allen Führungen „herrlich gedemütigt" hat, und da, wo er mich ganz anders führte als ich geplant, sodaß wirklich alles zum Guten mitwirken mußte.

„Was aus Schmerzen kam,
war Vorübergang,
und das Ohr vernahm
nichts als Lobgesang."

Cornelia Weyrauch
1912 – 1968

Cornelia Weyrauch

»Durch Krankheit meiner Mutter war ich gezwungen,
das Studium zeitweise zu unterbrechen.«
(1944)

Wie viele Frauen ihrer Generation übernahm auch Cornelia Weyrauch selbstverständlich Verantwortung für den elterlichen Haushalt, wann immer dies nötig war. 1932 setzte sie mit dem Studium aus und 1942 mußte sie ihre Stelle aufgeben, um der erkrankten Mutter zur Seite zu stehen. 1947 schließlich suchte sie eine Anstellung, die ihr ermöglichte, sich dauerhaft um die Pflege der Eltern zu kümmern. Doch sie hat nie die eigenen Ziele und Überzeugungen für die Bedürfnisse der Familie aufgegeben.

Geboren wurde sie am 23. April 1912 in Wuppertal-Elberfeld. Sie wurde nach ihrer Mutter Cornelia, geb. Gossel genannt, ihr Vater Max Weyrauch war Oberstudiendirektor. Direkt nach dem Abitur begann sie 1931 in Bethel mit dem Studium der Theologie. Nach dem Sommersemester 1932, in dem sie sich um den elterlichen Haushalt kümmerte und auf die Latinumsprüfung vorbereitete, wechselte sie nach Marburg. 1933 zog sie nach Bonn, wo sie sich gegen den Willen der Eltern der Bekennenden Kirche anschloß.

Am 26. November 1934, also nach Beginn des Semesters, wurde Karl Barth vom Dienst suspendiert. 204 StudentInnen, die zur Bekennenden Kirche gehörten, protestierten öffentlich gegen diesen Schritt. Sie erklärten, daß sie den vom Kultusminister bestellten Vertreter nicht anerkennen würden und weigerten sich, dessen Veranstaltungen zu besuchen. Cornelia Weyrauchs Unterschrift unter diese Erklärung ist ein erstes Zeugnis ihrer Zugehörigkeit zur Bekennenden Kirche. Sie besuchte auch die Ersatzkurse, die ab dem Wintersemester 1934/35 von der Bekennenden Kirche für die Fächer angeboten wurden, die an der Bonner Fakultät von Deutschen Christen gelehrt wurden.

Im März 1935 erbaten 180 StudentInnen der theologischen Fakultät Bonn die Errichtung einer theologischen Hochschule der Bekennenden Kirche. Cornelia Weyrauch war eine von ihnen. Sie weigerte sich, die Theologie zu lernen, die deutschchristliche Professoren vermittelten. So gehörte sie im Wintersemester 1935/36 zu den 28 Erstimmatrikulierten der Kirchlichen Hochschule Elberfeld, die schon am Tag ihrer Gründung, dem 1. November 1935, vom Staat verboten wurde. Damit hat sie nicht nur eine Entscheidung über ihren theologischen Weg getroffen, sie hat sich auch für die Illegalität entschieden.

Am 7. Juni 1937 legte sie ihr Erstes Theologisches Examen in Wuppertal-Barmen vor der Prüfungskommission der Bekennenden Kirche ab. Auf das Lehrvikariat in Wuppertal-Barmen und Anhausen bei Neuwied folgte am 2. Oktober 1939 das Zweite Theologische Examen, ebenfalls vor der Prüfungskommission der Bekennenden Kirche.

Anschließend wurde sie von der Bekennenden Kirche beauftragt, in der Gemeinde Wuppertal-Wichlinghausen die Kirchliche Unterweisung aufzubauen. Ihr erstes Arbeitsgebiet war also Kinder- und Jugendarbeit. Am 1. April 1940 wechselte sie ins Evangelische Mädchenheim Ratingen. Hier war sie nach ihren eigenen Worten »Anstaltsgeistliche«, ihr Arbeitsgebiet umfaßte alle

anfallenden Tätigkeiten vom Unterricht bis zum Gottesdienst. Diese Berufsbezeichnung korrigierte der zuständige Mann der Bekennenden Kirche allerdings sofort in »Anstaltsvikarin«. So machte er deutlich, daß Cornelia Weyrauch – anders als Geistliche – nur für Frauen und Kinder zuständig war und keine gemeindeleitenden Funktionen ausüben durfte.
Im Mai 1942 mußte sie sich von dieser Arbeit beurlauben lassen, um der wieder erkrankten Mutter in Wiesbaden zur Seite zu stehen. Nach einem halben Jahr Erwerbslosigkeit fand sie im November im Reisedienst der nassauischen Frauenhilfe eine berufliche Tätigkeit, die sich mit der Sorge für den elterlichen Haushalt verbinden ließ.
Ihre berufliche Zukunft sah sie allerdings weiterhin in der rheinischen Bekennenden Kirche, auch von Wiesbaden aus nahm sie an den Treffen der rheinischen Theologinnen der Bekennenden Kirche teil. Als Arbeitsfeld strebte sie das volle Pfarramt an. Die Leitung der rheinischen Bekennenden Kirche gestattete Theologinnen jedoch nur im äußersten Notfall pfarramtliche Tätigkeiten wie die Leitung des sonntäglichen Gottesdienstes oder Amtshandlungen. Mit fortschreitendem Krieg mußten immer mehr Gemeinden auf ihre Pfarrer verzichten, die zum Kriegsdienst eingezogen wurden. Wenn es irgend möglich war, wurden andere Männer eingesetzt, um die Lücken notdürftig zu schließen. Den äußersten Notfall sah die rheinische Bekennende Kirche nur gegeben, wenn wirklich kein Mann mehr gefunden werden konnte. Erst dann griff sie auf die Vikarinnen zurück. Dies war zuerst in der Region an Nahe und Glan nötig.
So wurde im Frühjahr 1943 vorgeschlagen, Cornelia Weyrauch für die Versorgung der Gemeinde Sien einzusetzen. Sie nahm diesen Auftrag ohne Zögern an und wurde am 23. Mai 1943 in der Gemeinde eingeführt. Damit war sie, nach Milly Schroeder, die zweite Vikarin, die in der rheinischen Bekennenden Kirche für die geistliche Versorgung einer Gemeinde eingesetzt wurde. Die Gemeindeleitung wurde allerdings nicht in die Hände der Vikarinnen gelegt, sie blieb weiterhin Männern vorbehalten.
Für die Leitung der Gemeinde Sien war Pfarrer Helmut Teschemacher aus Löllbach zuständig, ein entschiedener Gegner der Frauenordination. Cornelia Weyrauch, eine ebenso entschiedene Befürworterin, verstand ihren Auftrag so, daß sie in Sien die vollständige Vertretung übernehmen sollte. Pfarrer Teschemacher hingegen behielt sich vor, gemeindeleitende Funktionen wie die Feier des Abendmahls, des Konfirmationsgottesdienstes oder die Leitung der Presbyteriumssitzungen selber auszuüben. In der Praxis bedeutete das: Cornelia Weyrauch teilte den Alltag der Gemeinde und erledigte alle anfallenden Aufgaben, während Pfarrer Teschemacher je nach seinem Terminplan einen kurzen Besuch abstattete, einen Abendmahlsgottesdienst hielt oder eine Presbyteriumssitzung leitete und wieder aus dem Leben der Gemeinde verschwand. Diese Lösung stellte auch die Gemeinde nicht zufrieden, es kam zur offenen Auseinandersetzung. Auf der einen Seite standen Helmut Teschemacher und sein Kollege Johannes Hötzel, sie wußten sich einig mit der Leitung der rheinischen Bekennenden Kirche. Auf der anderen Seite stand Cornelia Weyrauch mit Presbyterium und Gemeinde.
Der Konflikt eskalierte an der Frage, wer von den beiden im Frühjahr 1944 den Konfirmationsgottesdienst halten sollte. Die Gemeinde wünschte, daß die Jugendlichen von Cornelia Weyrauch konfirmiert würden, die auch den Unterricht gehalten hatte. Helmut Teschemacher verwies auf die Beschlüsse, die die Synode der Bekennenden Kirche der Altpreußischen Union im Oktober 1942 gefaßt hatte und bestand darauf, daß ein Mann – also er – die Konfirmation durchführen müsse. Der Fall wurde der Leitung der rheinischen Bekennenden Kirche vorgelegt, die erklärte, die Beschlüsse der Synode vom Oktober 1942 seien bindend. Damit stand die Spitze der Hierarchie gegen die Basis der Gemeinde. Das Presbyterium reagierte am 12. April 1944 mit folgendem Beschluß:

»Nach eingehender Aussprache über die gegenwärtige Lage und Verhältnisse in der Pfarrei kam das Presbyterium zu folgender Entschließung, die mit sechs Stimmen gegen zwei Enthaltungen angenommen wurde:
Das Presbyterium ist nicht mehr in der Lage, die gegenwärtige Leitung der Bekennenden Kirche als ihre geistige Leitung anzuerkennen. Die glaubensmäßige Stellung der Gemeinde zu Schrift und Bekenntnis bleibt davon unberührt.«
Die Gemeinde traf also eine theologische Entscheidung. Wie schon 1934, war sie auch jetzt nicht gewillt, sich einer Kirchenleitung unterzuordnen, deren Theologie sie nicht teilen konnte. Diese Konsequenz in der Frage des Amtes der Theologin war einmalig in der Bekennenden Kirche der altpreußischen Union. Die rheinische Bekennende Kirche sanktionierte diese theologische Konsequenz, indem sie kurzerhand die Gehaltszahlungen für Cornelia Weyrauch einstellte. Jetzt blieb nur noch ein Weg übrig, Cornelia Weyrauch ordnungsgemäß für die pfarramtliche Vertretung in Sien anzustellen und zu bezahlen. Das Presbyterium stellte bei der offiziellen Kirchenbehörde, dem Ev. Konsistorium der Rheinprovinz, am 29. Mai 1944 den Antrag, »daß Frau Vikarin Weyrauch, die seit dem 1. Mai 1943 den zur Wehrmacht einberufenen Gemeindepfarrer vertritt, für die Dauer des Krieges weiterhin die Vertretung übernehmen darf.« Cornelia Weyrauch mußte dazu ihre illegalen Examina von der offiziellen Kirchenbehörde anerkennen lassen. Ihre Legalisierung wurde am 4. September 1944 mit einer Nachprüfung abgeschlossen, am 16. September folgte ihre Einweisung in den Dienst der Kirchengemeinde Sien. Obwohl sie jetzt dem Vikarinnengesetz von 1927 unterstand, liest sich ihre Dienstanweisung wie die eines Pfarrers. Ihr wurden wirklich alle Aufgaben übertragen, bis hin zur Übernahme des Vorsitzes des Presbyteriums, zur Führung der kirchlichen Register und der amtlichen Briefwechsel nach Vorschrift. So ist sie 1944 die einzige Frau, der offiziell die Leitung einer Gemeinde übertragen wurde.
Im Oktober 1945 kehrte der Gemeindepfarrer zurück, damit war Cornelia Weyrauchs Auftrag in Sien beendet. Sie zog zu den Eltern nach Wiesbaden und suchte eine neue berufliche Perspektive. Sie entschied sich für die Arbeit als Religionslehrerin, zunächst in Wiesbaden, später in Mainz. Am 1. März 1956 wurde sie zur Studienrätin ernannt, am 14. Oktober 1957 übernahm die rheinland-pfälzische Landesregierung sie als Beamtin auf Lebenszeit, 1965 folgte die Ernennung zur Oberstudienrätin. Nun konnte sie sich einerseits der Pflege der Eltern widmen und mußte sich andererseits nicht mit der untergeordneten Position zufriedengeben, die nach 1945 in der rheinischen Kirche für Vikarinnen festgeschrieben wurde.
In den letzten Lebensjahren ließen die gesundheitlichen Kräfte von Cornelia Weyrauch nach, nun mußte sie ihre Arbeit wegen eigener Krankheit immer öfter unterbrechen. Am 11. März 1968 starb sie im Alter von 55 Jahren.

Dagmar Herbrecht

Johannes Hötzel an Johannes Schlingensiepen, 30. April 1943

Evangel. Bekenntnissynode an der Nahe.

Meckenbach über Kirn, am 30.April 1943.

Lieber Bruder Schlingensiepen!

Frau Vikarin Cornelia Weyrauch hat nach einer Vorbesprechung, die
sie zusammen mit Frau Vikarin Schroeder/Winterburg hier bei mir hatte,
an die anschließend sie auf einen Tag nach Sien gefahren war, um selbst
den vorgesehenen Pflichtenkreis kennen zu lernen, gleich ihre Sachen mit
Fracht dorthin gesandt, ohne daß ich davon wußte. Ich fand diesen Schritt
etwas voreilig, da ja noch keine Einweisung erfolgt war. Sie hat dann auf
meine Veranlassung hin vorgestern an unserer Bruderschaftstagung teilge=
nommen und bei dieser Gelegenheit auch mit Br.Sup.Algayer Rücksprache ge=
nommen, der ihre Mitarbeit in Sien freudig begrüßte. Seit Mittwoch Abend
wohnt sie nun im Siener Pfarrhaus, wohin hoffentlich bald eine bombenge=
schädigte Frau aus Br.Vetters Gemeinde zur Haushaltführung kommen wird.
Frau Vikarin Weyrauch wird nun zunächst sich in der Gemeinde etwas ein=
fühlen, ehe sie mit dem Dienst beginnt. Br.Röhrig und Br.Teschemacher ha=
ben am 2.und 9.5.noch Predigtgottesdienste, da Röhrig noch das Konfirman=
denabendmahl, Teschemacher noch einen Gedächtnisgottesdienst zu halten ha
ben. Am 16.5.hat sie den Vikarinnenkonvent noch mitzumachen, sodaß sie
erst zum 23.5.eingeführt werden kann. Ich hatte sie gefragt, ob sie dann
gleich ordiniert werden sölle, aber sie lehnte dies zu meiner Überraschun
ab, da das vorliegende Ordinationsformular "nichts sei"! Es sei auch ohne
Befragung der Vikarinnen entstanden, was ich bezweifeln möchte. Sie will
die Frage auf ihrem Konvent vorbringen. Nun ist es mir fraglich, ob eine
Vikarin einfach ein Ordinationsformular, das im Auftrag der Preußensynode
geschaffen wurde und doch sicher vom Preußenrat genehmigt ist, ablehnen
kann? Sie will nur eingeführt werden, wie es mit Frau Vikarin Schroeder
auch geschah. Genügt das, wenn doch jetzt ein Ordinationsformular da ist?

56

Ich bitte in dieser Angelegenheit um Weisung des Rates, die wir g.F.ja
noch in übernächster Woche mündlich besprechen können. Vor allem erbitte
ich dann ein Formular zur Einführung in den Siener Dienst. Die Dienstan=
weisung wird sich mit der der Vikarin Schroeder ziemlich decken, ich muß
sie mit den Presbytern noch aufstellen.
Ferner bitte ich um eine Gehaltsberechnung für Vikarin Weyrauch, damit
ich ihr das Maigehalt überweisen kann, auch die Steuerberechnung dazu.
Es wird unter diesen Umständen wohl ratsam sein, wenn ein Ratsmitglied
an den Beratungen der Vikarinnen teilnimmt, ne quid detrimenti.....

In den nächsten Tagen wird es sich entscheiden, ob Br.Becker/Kellenbach
einberufen wird; das Kons.hat sich derhalben an das Kalmit? Mundo in
Wiesbaden gewandt. Wenn er fortmuß, haben wir die Pfarreien Hennweiler
mit 3, Simmern u.Dhaun mit 5, Kellenbach mit 4, St.Johannisberg (da von
Eynern sich Anfang Mai in Frankfurt operieren lassen muß und auf 8 Woche
mindestens ausfällt!) mit 3, Monzingen mit 3 Orten vakant dichtnebenein=
ander, dazu die Pfarrei Bergen bei Kirn und eine Kirner Pfarrstelle, die
beide nicht zu uns gehören, aber das Gesamtloch vergrößern.

Der zweite Sohn von Br.Garschagen/Windesheim, Obergefr.Friedrich Garscha
gen, ist laut amtlicher Mitteilung seit 28.1.1943 bei Woronesch vermißt.
Der Rat schreibt ihm wohl ein fürbittendes Wort? Gerd Garschagen liegt
wieder in Behandlung in Bad Kreuznach.

Die Nahebruderschaft fragt an, ob der aus unsern Listen gestrichene Hilfs
prediger Hermann Henn vom Konsistorium in die Liste der rheinischen Kandi
daten tatsächlich aufgenommen worden ist, trotzdem Br.Algayer, den das
Kons.amtlich um Auskunft fragte, ein eindeutig ablehnendes Urteil abge=
geben hatte?

Wir wünschen Dir weiterhin gute Besserung und grüßen Dich und die
Deinen in herzlichem Gedenken!

Dein Johannes Hötzel.

LKA Düsseldorf, Bestand: Sammlung Beckmann, Kirchenkampf A 11/55,56

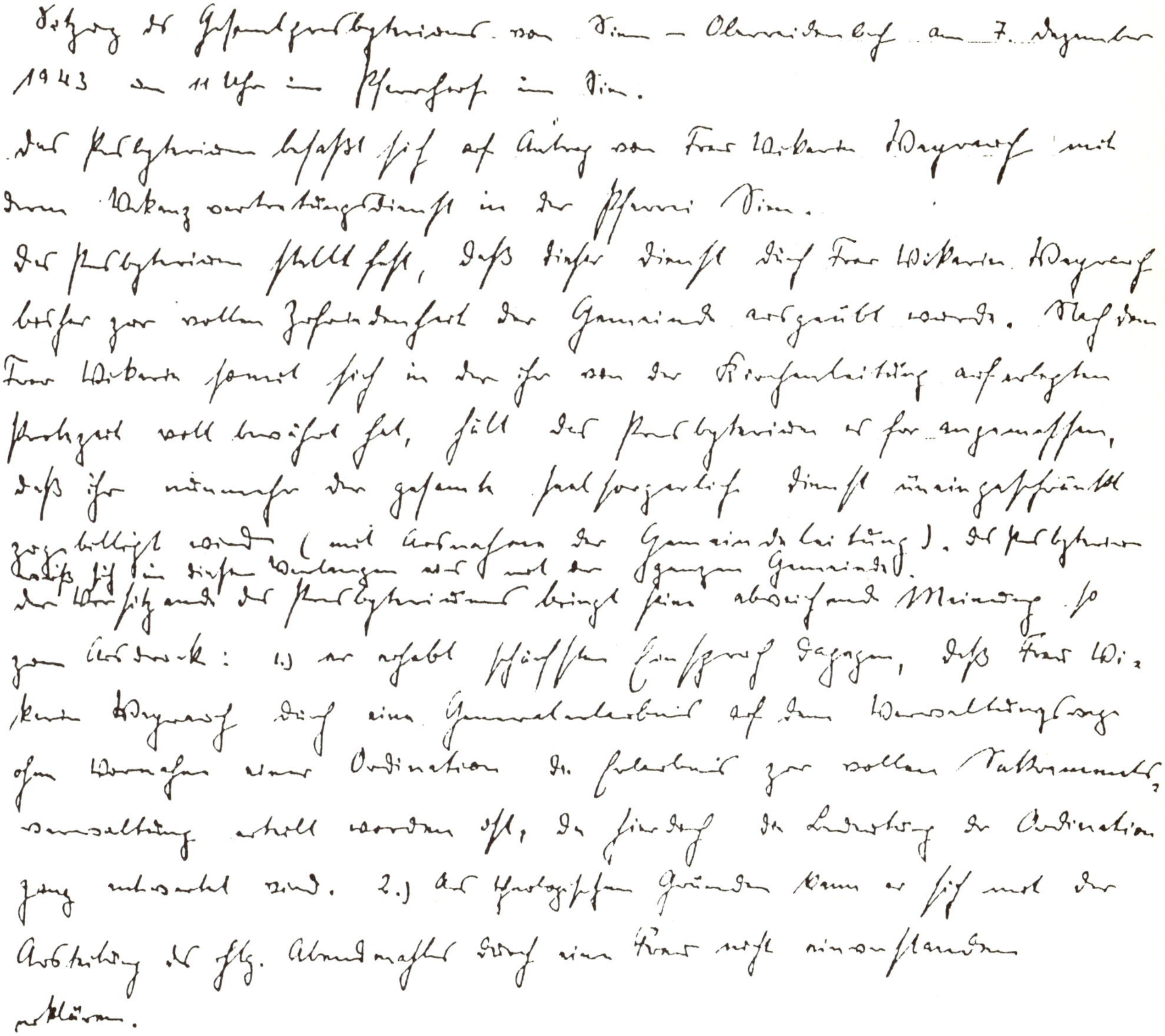

Sitzung des Gesamtpresbyteriums von Sien – Oberreidenbach am 7. Dezember 1943 um 11 Uhr im Pfarrhaus in Sien.

Das Presbyterium befasste sich auf Antrag von Frau Vikarin Weyrauch mit dem Umfang des Vertretungsdienstes in der Pfarrei Sien.

Das Presbyterium stellt fest, dass dieser Dienst durch Frau Vikarin Weyrauch bisher zur vollen Zufriedenheit der Gemeinde ausgeübt wurde. Nachdem Frau Vikarin sonst sich in der ihr von der Kirchenleitung auferlegten Probezeit voll bewährt hat, hält das Presbyterium es für angemessen, dass ihr nunmehr der gesamte seelsorgerliche Dienst uneingeschränkt zugebilligt wird (mit Ausnahme der Gemeindeleitung). Das Presbyterium weiß sich in diesem Verlangen eins mit der ganzen Gemeinde.

Der Vorsitzende des Presbyteriums bringt seine abweichende Meinung so zum Ausdruck: 1.) er erhebt schärfsten Einspruch dagegen, dass Frau Vikarin Weyrauch durch einen Generalerlass auf dem Verwaltungswege ohne Vornahme einer Ordination die Erlaubnis zur vollen Sakramentsverwaltung erteilt worden ist, da hierdurch die Lehre von der Ordination ganz entwertet wird. 2.) Aus theologischen Gründen kann er sich mit der Austeilung des hlg. Abendmahls durch eine Frau nicht einverstanden erklären.

Allgemeine Literatur zur Theologinnengeschichte

Barthel, Frieda: Stellung und Aufgabe der theologisch vorgebildeten Frau im kirchlichen Arbeitsgebiet und Erziehungswesen, Diss. phil. Erlangen 1942.

Bertinetti, Ilse: Frauen im geistlichen Amt. Die theologische Problematik in evangelisch-lutherischer Sicht, Theologische Arbeiten Bd. 21, Berlin 1965.

Bieler, Andrea: Konstruktionen des Weiblichen. Die Theologin Anna Paulsen im Spannungsfeld bürgerlicher Frauenbewegungen der Weimarer Republik und nationalsozialistischer Weiblichkeitsmythen, Gütersloh 1994.

Drape-Müller, Christiane: Frauen auf die Kanzel? Die Diskussion um das Amt der Theologin von 1925 bis 1942, Pfaffenweiler 1994.

Enzner-Probst, Brigitte: Pfarrerin. Als Frau in einem Männerberuf, Stuttgart/Berlin/Köln 1995.

Field-Bibb, Jacqueline: Women Towards Priesthood. Ministerial Politics and Feminist Praxis, Cambridge 1991.

Frauenforschungsprojekt zur Geschichte der Theologinnen, Göttingen: »Darum wagt es, Schwestern ...« Zur Geschichte evangelischer Theologinnen in Deutschland, Neukirchen-Vluyn ²1994.

Frauenforschungsprojekt zur Geschichte der Theologinnen, Göttingen: Querdenken. Beiträge zur feministisch-befreiungstheologischen Diskussion. Festschrift für Hannelore Erhart zum 65. Geburtstag, Pfaffenweiler 1992.

Globig, Christine: Frauenordination im Kontext lutherischer Ekklesiologie. Ein Beitrag zum ökumenischen Gespräch, Göttingen 1994.

Groß, Walter (Hg.): Frauenordination. Stand der Diskussion in der katholischen Kirche, München 1996.

Henze, Dagmar: Zwei Schritte vor und einer zurück. Carola Barth – eine Theologin auf dem Weg zwischen Christentum und Frauenbewegung, Neukirchener Theologische Dissertationen und Habilitationen 2, Neukirchen-Vluyn 1996.

Janowski, J. Christine: Umstrittene Pfarrerin. Zu einer unvollendeten Reformation der Kirche, in: Martin Greiffenhagen (Hg.), Das evangelische Pfarrhaus. Eine Kultur- und Sozialgeschichte, Stuttgart 1984, S. 83-107.

Linnemann, Hans-Martin (Hg.): Theologinnen in der Evangelischen Kirche von Westfalen. Drei Erfahrungsberichte, Bielefeld 1990.

Mielke, Ruth: Lebensbild einer westfälischen Pfarrerin. Erfahrungen mit Theologinnengesetzen von 1927 bis 1974, Minden 1991.

Paulsen, Anna (Hg.): Amt und Auftrag der Theologin, Der Dienst der Frau in den Ämtern der Kirche Bd. 1, Gelnhausen/ Berlin 1963.

Reichle, Erika: Die Theologin in Württemberg. Geschichte-Bild-Wirklichkeit eines neuen Frauenberufes, Bern/ Frankfurt 1975.

Reichle, Erika: Frauenordination. Studien zur Geschichte des Theologinnen-Berufs in den evangelischen Kirchen Deutschlands (BRD), in: Claudia Pinl; Mechthild Fischer; Erika Reichle; Anneliese Lissner; Maria de Groot; Rachel C. Wahlberg; Elisabeth Moltmann-Wendel, Frauen auf neuen Wegen. Studien und Problemberichte zur Situation der Frauen in Gesellschaft und Kirche, Gelnhausen/Berlin 1978, S. 103-180.

Senghaas-Knobloch, Eva: Die Theologin im Beruf. Zumutungen-Selbstverständnis-Praxis, München 1969.

Spörri, Gertrud: Die Frau am Altar, Stuttgart 1931.

Strauss, Hildegard: Die Rechtstellung der Vikarin im deutschen evangelischen Kirchenrecht unter besonderer Berücksichtigung der Gesetzgebung der evangelischen Landeskirchen, Diss. jur. Erlangen 1958.

Volz, Lenore (Hg.): Frauen auf der Kanzel? Eine brennende Frage unserer Kirche, Stuttgart 1967.

Volz, Lenore: Talar nicht vorgesehen. Pfarrerin der ersten Stunde, Stuttgart 1994.

Wagner-Rau, Ulrike: Zwischen Vaterwelt und Feminismus. Eine Studie zur pastoralen Identität von Frauen, Gütersloh 1992.

Wir danken Hilde Bitz, Irmingard Contag, Marlies Flesch-Thebesius, Ilse Härter, Irmela Hunsche, Margarete Jäkel, Iris Kaczmarczyk, Erika Kreutler, Hartmut Ludwig, Ilse Meseberg-Haubold, Dietgard Meyer, Gerdi Nützel, Ursula Radke und Karl-Heinz Rosemann für die freundliche Überlassung von Photographien. Ebenso danken wir dem DEF-Archiv, Hannover, dem Kirchenkreisarchiv Göttingen, dem Bildarchiv der Vereinigten Evangelischen Mission, Wuppertal und dem Archiv des Konvents Evangelischer Theologinnen in Deutschland.

Kurzbiographien der AutorInnen

Hilde Bitz

geb. 1929, Studium der Theologie in Heidelberg, 1955 Zweites Theologisches Examen, 1955–1971 hauptamtliche Religionslehrerin am Elisabeth-Gymnasium in Mannheim, 1971–1982 Gemeindepfarrerin der Paul-Gerhardt-Gemeinde in Mannheim, danach Krankenhauspfarramt, seit 1989 im Ruhestand.

Dietlinde Cunow

geb. König, geb. 1931 in Breslau, Studium: Theologie und Katechetik, Katechetisches Oberseminar Naumburg, Humboldt Universität Berlin, 1957 Erstes Theologisches/Katechisches Examen Naumburg/Halle, Vikarinnenseminar der EKU Potsdam, Heirat, Zweites Theologisches Examen Magdeburg. Pfarrfrau, drei Kinder. Ordination 1972, Gemeindepastorin (Lilienthal/Hannoversche Landeskirche), Partnerschaftsarbeit Südafrika und Vorsitzende des Konvents Evangelischer Theologinnen i.d. Bundesrepublik Deutschland.

Hannelore Erhart

geb. 1927, Studium der Theologie in Marburg, Mainz und Göttingen, Fakultätsexamen Göttingen, 1952 wissenschaftliche Mitarbeiterin am Institut für Evangelisches Kirchenrecht Göttingen für die Herausgabe der hessischen Kirchenordnungen des 16. Jahrhunderts, 1955 Promotion, Vikariat an der Reformierten Gemeinde Göttingen, 1958 Zweites Theologisches Examen, wissenschaftliche Assistentin, 1963 Habilitation für Reformierte Theologie in Göttingen, 1968 Professorin, Mitbegründerin und Mitarbeiterin des Göttinger Frauenforschungsprojektes zur Geschichte der Theologinnen, seit 1989 im Ruhestand.

Marlies Flesch-Thebesius

geb. 1920 in Frankfurt a. M., war 10 Jahre lang Journalistin, studierte dann Theologie in Hamburg und Heidelberg, 1965–1972 Leiterin des Diakonischen Jahres der Evangelischen Kirche im Rheinland, 1972–1983 Gemeindepfarrerin und Beauftragte für Mission und Ökumene in Frankfurt a.M., lebt im Ruhestand.

Dagmar Henze

geb. 1963, Studium der evangelischen Theologie in Göttingen, Mitbegründerin und Mitarbeiterin des Göttinger Frauenforschungsprojektes zur Geschichte der Theologinnen, 1993 Promotion über Chancen und Grenzen von Frauenemanzipation in der Zeit von 1900-1933, Vikariat in der hannoverschen Landeskirche, arbeitet als wissenschaftliche Mitarbeiterin an der Universität Gesamthochschule Kassel.

Dagmar Herbrecht

geb. 1963, Studium der evangelischen Theologie in Wuppertal, Strasbourg/Frankreich, Tübingen und Marburg, 1990–92 Vikariat in Urmitz-Mülheim bei Koblenz, seit Oktober 1992 Sondervikariat und Hilfsdienst im Göttinger Frauenforschungsprojekt zur Geschichte der Theologinnen, Forschungsauftrag »Vikarinnenausschuß der Bekennenden Kirche der Altpreußischen Union«, seit 1994 Pfarrerin in der Reformierten Gemeinde Göttingen.

Rainer Hering

geb. 1961, Studium der evangelischen Theologie, Geschichtswissenschaft und Erziehungswissenschaft in Hamburg, 1989 Promotion mit einer Arbeit über die Gründungsgeschichte der Evangelisch-Theologischen Fakultät an der Universität Hamburg, seit 1987 am Staatsarchiv Hamburg tätig, daneben Lehrauftrag am Historischen Seminar der Universität Hamburg für Archivwissenschaft und Neuere deutsche Geschichte.

Beate Hofmann-Strauch

geb. 1963, Studium der evangelischen Theologie in Bethel, Heidelberg, Evanston (USA), Hamburg und München, 1988 Master of Theological Studies (Evanston) mit Schwerpunkt feministische Theologie, 1991–1993 Vikariat in München, seit 1993 Gemeindepfarrerin im Teildienst in München und Arbeit an einer Dissertation über die Geschichte des »Bayerischen Mütterdienstes der ev.-luth. Kirche in Bayern«.

Birgitt Jähnichen

geb. 1961, Studium der evangelischen Theologie und Mathematik. Studienrätin an einem Gymnasium in Gladbeck, Veröffentlichungen zur kirchlichen Regionalgeschichte und zur Erforschung der Geschichte der Theologinnen.

Traugott Jähnichen

geb. 1959, Dr. theol., Dipl.-Oek. Wissenschaftlicher Mitarbeiter am Lehrstuhl für christliche Gesellschaftslehre an der evangelisch-theologischen Ruhr-Universität Bochum, Veröffentlichungen zur Wirtschafts- und Sozialethik sowie zur kirchlichen Zeitgeschichte.

Heike Köhler

geb. 1964, Studium der Theologie in Göttingen und Wien, 1992–1994 Vikariat in der Hannoverschen Landeskirche, Mitbegründerin und Mitarbeiterin des Göttinger Frauenforschungsprojektes zur Geschichte der Theologinnen, seit 1994 Kandidatin des Predigtamtes mit Gemeindeauftrag und Freistellung zur Erstellung einer Dissertation zum Thema »Das Evangelische Frauenwerk in Deutschland und seine ›Führerin‹ Meta Eyl. Formen der Machtwahrnehmung von Frauen im Nationalsozialismus«.

Erika Kreutler

geb. 1927, Studium der evangelischen Theologie in Mainz, Göttingen, Tübingen, Bethel und Münster, ab 1961 als Vikarin der Evangelischen Kirche in Westfalen tätig, 1964 Übernahme eines Gemeindepfarramtes in Lüdenscheid, 1975 in Hagen, 1972–1980 Leitung des Konvents der evangelischen Theologinnen von Westaflen, seit 1987 im Ruhestand.

Ilse Meseberg-Haubold

geb. 1938, Studium der evangelischen Theologie an der Humboldt-Universität Berlin (Ost), mehrjähriger Aufenthalt in Brüssel, evangelischer Religionsunterricht an der Europaschule Brüssel und an einem Frankfurter Gymnasium, Promotion 1979 an der J.W. Goethe-Universität Frankfurt/Main (Dr. phil), Habilitation für das Fach Kirchengeschichte ebd. 1990, Lehraufträge in Kirchengeschichte an der Universität Oldenburg von 1979–1990, seit 1991 Professur für Kirchengeschichte an der Carl von Ossietzky-Universität Oldenburg.

Dietgard Meyer

geb. 1922 in Berlin. Nach Abitur und Kriegsende Studium der Theologie in Heidelberg, Göttingen, Marburg und Basel, Fakultätsexamen in Göttingen 1951, Zweites Theologisches Examen in der Landeskirche Kurhessen-Waldeck 1953, Ordination 1955, Sprengelvikarin für Hanau und Kassel, von 1963 an Landespfarrerin, Leiterin des Amtes für kirchliche Frauen- und Elternarbeit, seit 1982 im Ruhestand.

Gerdi Nützel

geb. 1961, Studium der evangelischen Theologie in Erlangen und Heidelberg, 1988/89 Studien- und Praxisaufenthalt in Brasilien, ab 1990 Mitarbeit im Göttinger Frauenforschungsprojekt zur Geschichte der Theologinnen, Promotionsprojekt: Die Kontextualität der Arbeit von Theologinnen – dargestellt an der Entwicklung der Theologinnearbeit in den lutherischen Kirchen Bayerns, Mecklenburgs und Brasiliens, 1993–95 Gastvikariat und 1996 Ordination in der Evangelischen Kirche in Berlin-Brandenburg.

Ruth Pfisterer

geb. 1930 in Heidelberg, nach dem Abitur 1950 Landfrauenschule Großsachsenheim/Württ., dann Studium der Theologie in Heidelberg und Basel, 1957 Erstes Theologisches Examen, Lehrvikariat beim Bayrischen Mütterdienst, Wintersemester 1957/58 Vikarinnenseminar Berlin-Spandau, danach Kandidaten-Konvikt der badischen Landeskirche in Heidelberg, Herbst 1958 Zweites Theologisches Examen und Ordination, 1958–60 Vikariat im Evangelischen Gemeindedienst und Jugend- und Altersheimhilfe e.V. Pforzheim, 1960–62 in der Luther- und Gottesauerpfarrei Karlsruhe, Mai 1962 Versetzung in die Frauenarbeit, ab 1963 als Pfarrerin und theologische Leiterin des Frauenwerks der Evangelischen Landeskirche in Baden (Nachfolgerin von Dr. Grete Gillet), ab 1982 Krankenhauspfarrerin in Heidelberg-Rohnbach, ab 1. Juli 1993 im Ruhestand lebend.

Ursula Radke

geb. 1933 in Görlitz/Schlesien, 1952–1957 Theologiestudium in Leipzig, Lehrvikariat im Burckhardthaus Berlin bei Ingeborg Becker, 1958/59 Vikarinnenseminar der EKU in Potsdam und Spandau bei Christine Bourbeck, 1959 Zweites Theologisches Examen in Görlitz, dort 1960 ordiniert, Prov. Stelle für weibliche Jugendarbeit im Görlitzer Kirchengebiet bis 1969, 1970–1978 Dozentin im Burckhardthaus DDR, Berlin für den Fernunterricht, 1969–1977 Mitglied der Synode des BEK in der DDR, 1973–1977 auch synodales Mitglied der Konferenz der Kirchenleitungen, 1979–1985 Referentin im Sekretariat des BEK und Sekretär der Kommission für Zeugnis und Gestalt der Gemeinde, 1985–1992 Gemeindepfarrerin in Berlin-Marzahn/Nord (Aufbau einer Neubaugemeinde), seit 1993 im Ruhestand.

Corinna Raupach

geb. 1965, Studium der evangelischen Theologie in Bonn, Göttingen, Wien und Berlin, eineinhalb Jahre freie Mitarbeiterin der taz, Ausbildung zur Redakteurin an der Berliner Journalisten-Schule, seit 1995 freie Mitarbeiterin der Deutschen Welle tv.

Birgit Schäfer

geb. 1961, Diplomtheologin und Soziotherapeutin, studierte evangelische Theologie in Bonn, Bochum, Wuppertal, Marburg und Hamburg, seit 1994 Mitarbeiterin im Göttinger Frauenforschungsprojekt zur Geschichte der Theologinnen.

Hartmut Schmidt

geb. 1942, Studium der Publizistik und Germanistik in Berlin, 1972 M.A., bis 1975 wissenschaftlicher Assistent am Institut für Publizistik der Freien Universität Berlin, seit 1981 Redakteur beim Evangelischen Pressedienst, Landesdienst Hessen und Nassau.

Kerstin Söderblom

geb. 1963, Studium der evangelischen Theologie und Diplompädagogik in Heidelberg, Montpelier/Frankreich und Hamburg, seit 1989 Mitarbeiterin des Göttinger Frauenforschungsprojektes zur Geschichte der Theologinnen, seit 1993 Stipendiatin des Marburger Graduiertenkollegs »Religion in der Lebenswelt der Moderne«, z.Z. kurz vor Abschluß einer Dissertation zum Thema »Die Bedeutung christlicher Religion in den Lebensgeschichten lesbischer Frauen und ihre (Heraus-) Forderungen an die EKD«.

Monika Ullherr-Lang

geb. 1957, Studium der evangelischen Theologie in Erlangen, Tübingen, Oslo, Neuendettelsau. 1985–1987 Vikariat in der Ev. luth. Kirche in Bayern; seit 1988 Familienpause (verheiratet, 1 Sohn); seit 1992 ehrenamtliche Arbeit im Konvent Evangelischer Theologinnen in der Bundesrepublik Deutschland als Kassenführerin sowie Mitarbeit an der Dokumentation »70 Jahre Konvent Ev. Theologinnen«.